世界哲學家叢書

殷　海　光

章　清　著

1996

東 大 圖 書 公 司 印 行

國立中央圖書館出版品預行編目資料

殷海光／章清著.--初版.--臺北市：
東大發行：三民總經銷，民85
　　面；　　公分.--(世界哲學家叢書)
參考書目：面
含索引
ISBN 957-19-1952-7（精裝）
ISBN 957-19-1953-5（平裝）

1.殷海光-學術思想-哲學　2.哲學-
中國-現代（1900-　　）

128　　　　　　　　　　　　　85005407

網際網路位址　http://Sanmin.com.tw

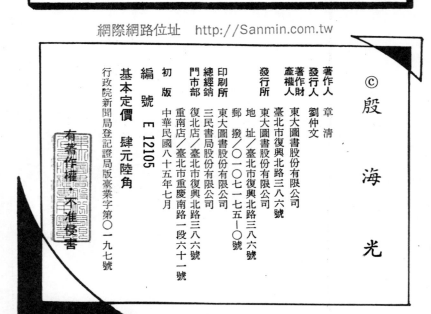

© 殷海光

著作人　章清
發行人　劉仲文
著作財產權人　東大圖書股份有限公司
發行所　東大圖書股份有限公司
　　　　地址／臺北市復興北路三八六號
　　　　郵撥／○一○七一七五─○號
印刷所　東大圖書股份有限公司
總經銷　三民書局股份有限公司
門市部　復北店／臺北市復興北路三八六號
　　　　重南店／臺北市重慶南路一段六十一號
初版　　中華民國八十五年七月
編號　　E 12105
基本定價　肆元陸角
行政院新聞局登記證局版臺業字第○一九七號

ISBN 957-19-1953-5（平裝）

「世界哲學家叢書」總序

　　本叢書的出版計畫原先出於三民書局董事長劉振強先生多年來的構想，曾先向政通提出，並希望我們兩人共同負責主編工作。一九八四年二月底，偉勳應邀訪問香港中文大學哲學系，三月中旬順道來臺，即與政通拜訪劉先生，在三民書局二樓辦公室商談有關叢書出版的初步計畫。我們十分贊同劉先生的構想，認為此套叢書（預計百冊以上）如能順利完成，當是學術文化出版事業的一大創舉與突破，也就當場答應劉先生的誠懇邀請，共同擔任叢書主編。兩人私下也為叢書的計畫討論多次，擬定了「撰稿細則」，以求各書可循的統一規格，尤其在內容上特別要求各書必須包括（1）原哲學思想家的生平；（2）時代背景與社會環境；（3）思想傳承與改造；（4）思想特徵及其獨創性；（5）歷史地位；（6）對後世的影響（包括歷代對他的評價），以及（7）思想的現代意義。

　　作為叢書主編，我們都了解到，以目前極有限的財源、人力與時間，要去完成多達三、四百冊的大規模而齊全的叢書，根本是不可能的事。光就人力一點來說，少數教授學者由於個人的某些困難（如筆債太多之類），不克參加；因此我們曾對較有餘力的簽約作者，暗示過繼續邀請他們多撰一兩本書的可能性。遺憾的是，此刻在政治上整個中國仍然處於「一分為二」的艱苦狀態，加上馬列教

條的種種限制，我們不可能邀請大陸學者參與撰寫工作。不過到目前為止，我們已經獲得八十位以上海內外的學者精英全力支持，包括臺灣、香港、新加坡、澳洲、美國、西德與加拿大七個地區；難得的是，更包括了日本與大韓民國好多位名流學者加入叢書作者的陣容，增加不少叢書的國際光彩。韓國的國際退溪學會也在定期月刊《退溪學界消息》鄭重推薦叢書兩次，我們藉此機會表示謝意。

　　原則上，本叢書應該包括古今中外所有著名的哲學思想家，但是除了財源問題之外也有人才不足的實際困難。就西方哲學來說，一大半作者的專長與興趣都集中在現代哲學部門，反映著我們在近代哲學的專門人才不太充足。再就東方哲學而言，印度哲學部門很難找到適當的專家與作者；至於貫穿整個亞洲思想文化的佛教部門，在中、韓兩國的佛教思想家方面雖有十位左右的作者參加，日本佛教與印度佛教方面卻仍近乎空白。人才與作者最多的是在儒家思想家這個部門，包括中、韓、日三國的儒學發展在內，最能令人滿意。總之，我們尋找叢書作者所遭遇到的這些困難，對於我們有一學術研究的重要啟示（或不如說是警號）：我們在印度思想、日本佛教以及西方哲學方面至今仍無高度的研究成果，我們必須早日設法彌補這些方面的人才缺失，以便提高我們的學術水平。相比之下，鄰邦日本一百多年來已造就了東西方哲學幾乎每一部門的專家學者，足資借鏡，有待我們迎頭趕上。

　　以儒、道、佛三家為主的中國哲學，可以說是傳統中國思想與文化的本有根基，有待我們經過一番批判的繼承與創造的發展，重新提高它在世界哲學應有的地位。為了解決此一時代課題，我們實有必要重新比較中國哲學與（包括西方與日、韓、印等東方國家在內的）外國哲學的優劣長短，從中設法開闢一條合乎未來中國所需

求的哲學理路。我們衷心盼望，本叢書將有助於讀者對此時代課題
的深切關注與反思，且有助於中外哲學之間更進一步的交流與會通。

　　最後，我們應該強調，中國目前雖仍處於「一分為二」的政治
局面，但是海峽兩岸的每一知識分子都應具有「文化中國」的共識
共認，為了祖國傳統思想與文化的繼往開來承擔一分責任，這也是
我們主編「世界哲學家叢書」的一大旨趣。

傅偉勳　韋政通

一九八六年五月四日

自　序

　　關於知識者所成就的知識與成就的道德不可混為一談，而各自具有不同意義，已經是歷時久遠的老話題。在我決定以殷海光先生為考察對象，查閱前人的評析、並不失時機地訪問殷先生的友朋與學生們的時候，最初所得來的印象也由此而來。那就是對殷先生一生的奮鬥，在道德與知識層面有著截然不同的評價，並以這樣的區分為殷先生蓋棺論定。無庸諱言，筆者也是因為深深體驗著殷先生基於純真理想奮鬥的那份苦志與情懷而進入他的世界及其所屬的時代的，只是在系統考察了殷海光思想成長的脈絡，既希望能溝通其在大陸與臺灣不同階段的思想，又試圖結合現代中國思想演進的問題結構與發言模態作為討論的基點，才深信殷先生可以有另一種更為豐富的形象。愛因斯坦（Albert Einstein）在悼念瑪麗・居里（Marja Curie）的一篇演講中，曾耐人尋味地道出，那些取得卓越才智成就的偉大人物，其在道德方面的成就往往被人們所忽視。或許相似的情形也出現在那些富於道德力量的偉大人物身上，他們在才智方面的努力常常為人們所忘卻。從某種意義上講，殷海光大致可歸於後一種人。

　　殷海光先生五十年的生命歷程，恰好前三十年在大陸度過，後二十年生活於海峽對岸。雖說三十年的生命歷程對於一個思想家的

思想進程有不可估量的意義，但由於離開大陸時無論在政治上還是在學術上殷海光都還只是默默無聞的邊緣人物，留下的歷史印痕並不多；其俗世聲名如日中天主要發生在五〇、六〇年代的臺灣社會，而到臺灣以後殷海光的形象與在大陸時代相比不啻如天淵之別。這樣儘管只是試圖打通一個人的前半生與後半生，也並不是易於為之的。

　　大陸與臺灣1949年以後三十多年的隔絕，也實際造成了探討像殷海光這樣曾經生活於海峽兩岸的思想家思想演進歷程的困難。從大陸這邊來說，殷海光作為自由主義思想家的形象，是近年來才為學界所知的。五〇年代初，金岳霖在一篇自我批評的文字中，曾提及殷海光與沈有鼎、王浩是他三個跟不上時代的學生，或許這也是相當一段時期大陸有關殷海光的唯一記錄。直到八〇年代，情況才有所改變。這主要是由於殷海光的學生林毓生先生的論著在大陸出版時，其中收有論述殷海光的文字。以後，隨著殷海光本人的代表作《中國文化的展望》一書在大陸出版，大陸思想界對殷海光的思想也有所瞭解。去年上海的遠東出版社還出版了殷、林二人的論學書信《殷海光・林毓生書信錄》。而反觀臺灣方面，結合殷海光在大陸時期思想成長的脈絡來討論其思想的文字也並不多見，對於殷海光在大陸時期的活動，人們知之甚少，其中尚有不少得自於印象的模糊認識。這也並不足奇，因為主要所依據的材料——殷海光本人口述的自傳，不僅過於簡略，本身還有不少回憶有誤的地方。

　　近年來，隨著海峽兩岸的學術交流漸漸深入，結合殷海光在大陸與臺灣的活動進行系統的考察也才有了可能。而且經由這樣的溝通，殷海光另一種更為全面的形象也得以凸顯，或許這也是促使筆者從事這項工作的主要原因。那就是結合五四以來現代中國思想發

展的理路，為殷海光一生的主要工作進行評析。就殷海光生活的時代來說，他在大陸的三十年不僅是其思想成長的基礎，而且當他來到陌生的臺灣社會，其實也並沒有從生活於其中的社會中抽離出某種特殊的問題意識，他的發言模態及問題結構都與現代中國思想演進的歷程密切相關。因此將殷海光的思想置於現代中國思想演進的脈絡中進行系統的考察，似乎也是必要的。

　　賦予殷海光在現代中國思想脈絡中一定的位置，是本書關照的重點。基本上，筆者希望能給予殷海光「五四後期人物」的自詡有比較確定的內涵，即通過比較思想史的觀點，以五四一代所形成的基本理路與相應的問題意識，作為討論殷海光思想的基點。就五四一代來說，他們的學業養成以及由此形成的關於中西文化的觀點，學界大致形成了這樣的共識，那就是他們大體上屬於跨文化的一代。作為出生於十九世紀末二十世紀初的一代人，其初年的文化養成與中國的文化傳統有密切的關係，差不多都是在接受了數年、十數年傳統教育後才進入新式學堂或負笈海外接受西方近代型知識體系，可以說傳統文化的基本特性在他們身上留有不可磨滅的印記。由此五四一代所確立的基本發言模態與問題意識，一方面建基於對傳統文化在精神上有深刻的把握，他們特殊的生活際遇，無疑也決定了無論是批評傳統，還是借助於傳統，首先取決於傳統於他們來說是可以藉典籍文獻或親身的經歷予以實實在在把握的，其運思也無法完全游離於傳統之外。另一方面五四一代對西方文化的瞭解還處在相當浮泛的階段，西方的政治、社會與文化各方面經他們的化約成為輕易就被理解的綜合體。於是承襲了西方啟蒙運動理性精神的五四思想，對於科學理性、進步觀念所抱持的高度樂觀，甚至超過西方對理性主義尚不乏批判意識的啟蒙運動。而反觀殷海光，作為生

平意義上的五四之子,是誕生於一個以告別過去文化為榮光的年代。由於1919年在中國文化史上所具有的特殊的象徵意義,因此殷海光初年的文化養成,足以使他成為一代文化新人,所接受的完全是西式近代型教育,而生活本身也已昭示了與文化傳統的疏離。亦即是意味了,殷海光學業養成的土壤,更具實質性意味的是五四以來在中國思想舞臺所形成的那套發言模態與問題意識。只是由於傳統的思想學說是他所不甚熟悉的,難以作為認知對象,這樣,殷海光只能努力於對西方文化的瞭解上傾注更多的精力,建構一套新的認知模式來表達其見解。我們也將重點討論到,無論是殷海光引介邏輯經驗論與倡導認知的獨立,還是賦予中國自由主義思想理知的詮釋與道德的尊嚴,抑或是其所確立的立足於「傳統之外」省視中國傳統文化的發言位置,從某種程度上講,都意味著殷海光沿著五四所形成的基本理路,作了推衍性的發揮,代表著五四思想新的進程。更有意義的是,在其生命的晚年,逐漸擺脫了對於西方似乎是確定無疑的已知量的認同,在現代中國思想界實現了某種轉型,對於西方理性精神、現代性內涵以及進步觀念,都進行了深刻的反省。簡言之,筆者大致是將五〇、六〇年代臺灣的思想形態納入現代中國思想演進的脈絡中,並希望藉著傳統與現代在殷海光那裏較之五四時代人物具有的不同蘊涵,為其「五四後期人物」的身分定位,也由此獲得討論殷海光思想的恰當背景。

筆者並不諱言殷海光在學術性建構方面的嘗試並不很成功,但對於現代中國徘徊於政治與學術之間的知識分子,吾人差不多都可從知識與道德兩方面進行相應的評判。問題正在於,沒有學術上的意義,並不意味著同樣就沒有歷史上的意義。對於殷海光來說,當我們立足於現代中國思想的演進,就可發現,無論其所確立的為學

的基石邏輯經驗論，還是其對自由主義理想的捍衛，以及反思中國文化傳統的發言模態，都有其歷史性貢獻，而他的悲劇性命運，也足以構成這一歷史轉型期彌足珍貴的遺產。如果通過本書的揭示，能夠有助於理解殷海光的思想在現代中國思想學術演進歷程中的位置，並彌補殷海光單一的道德英雄的形象，則余願已足。

注意到殷海光先生和他的論著，約在1989年夏天，起因於撰寫《胡適晚年思想研究》的碩士論文。也許從那個時候開始，就有了系統考察殷海光思想的願望。但那時我的主要精力差不多全部放在胡適思想的研究上，及至這項工作告一段落，才轉而投入對殷海光思想的研究。

1991年胡適百歲誕辰時，我以〈中國自由主義：從理想到現實——胡適與殷海光簡論〉的論文出席了由香港中文大學中國文化研究所舉辦的「胡適與現代中國文化」國際學術研討會，因此機緣，我的這項研究有幸得到港臺學界的一些前輩學者的熱情鼓勵。由於他們的幫助，我能夠較為完整地搜集到包括《殷海光全集》在內的殷海光本人的著述，以及海外研究殷先生的論著；在1992、1993年兩度赴香港訪問研究期間，還有機會系統研讀在殷海光生活的時代港臺思想文化界流行的報刊雜誌（這些報刊雜誌在大陸各大圖書館是極不完備的）。或許到那個時候，研究殷海光的思想才真正有了可茲憑藉的基礎，不再為基本資料的匱乏而倍感艱辛。

一本書的寫作，總是包含著除形成的文字之外更為豐富的內容。這不僅是指個人在研究中體驗著傳主的那份苦志與情懷，還包含著為從事這項研究分享著許多師長的隆情高誼。要在這裏向所有對我慷慨幫助的師長一一致謝是不可能的，但對一些師長，我希望能藉此機會向他們表達由衷的謝意。

6 殷海光

我很高興藉此機會向臺灣胡適研究會的陳宏正先生致以深深的謝意。感謝他為我撰寫這本書所做的一切。這些年陳先生是我與臺灣學界相聯繫的最主要的管道。作為卓有成就的企業家,在百忙的工作中,他一直為我撰寫這本書分心勞力,在多次見面與頻頻的通信中,他對我鼓勵有加,並解答了許多問題;還慷慨地惠贈了包括《殷海光全集》在內的許多書籍,並及時提供海外出版的最新材料和研究成果。如果沒有陳先生的盡心的幫助與熱情的鼓勵,這本書的寫作幾乎是不可能的。而我的研究生導師姜義華教授,一直以他的教誨與學識為我的研究樹立著富於熱情與洞察力的榜樣。幾年前,我在他的直接指導下,通過研究胡適思想進入了二十世紀中國思想文化的研究領域;為本書的寫作,他既以他的卓有成就的研究為我的工作進行著示範,還不斷地向我介紹海外的前輩學者和提供他所掌握的資料,尤其是提供了許多指導性的意見,並對我個人的一些想法及其表述提出了必要的批評。與韋政通先生相識於上海。在出席香港中文大學中國文化研究所舉辦的「民族主義與現代中國」的國際學術研討會上,他慨然邀請作為大陸的青年學人研究臺灣著名思想家殷海光的思想,並列入他與傅偉勳先生主編之「世界哲學家叢書」的一種。其中所包含的對事業的執著追求與膽識,對我展開這項工作,是極大的精神鼓舞。而且在那次會上,韋先生除了向我積極引介熟悉殷海光的前輩學者,還為本書的撰寫提供了他個人思考的成果。

我也希望能向林毓生先生、墨子刻(Thomas Metzger)先生、張灝先生、陳鼓應先生、許冠三先生、傅樂成先生、夏道平先生、傅正先生、盧蒼先生、林正弘先生、張忠棟先生、傅大為先生等殷海光的友朋及學生們、或者是殷海光思想卓有成就的研究者,致以

我的感激之情。有的我有機會親自向他們請教一些問題；而無緣識
見的，我也在他們回憶與研究殷海光的著述中汲取了豐富的素材。

　　最後，我對妻子周毅的感激是難以表達的，這些年來，在我的
這項必須傾注大量精力的研究工作中，她始終扮演著一個愉快的支
持與協助者的角色。

　　如果沒有上面提到的這些前輩學者及友朋們的幫助，以及其他
雖未提到但卻以他們的著述影響著我的寫作的師友們的幫助，這本
書不可能問世。當然他們與我在書中所表達的觀點，尤其是在史實
與評判上不可避免的錯誤，都不負任何責任。於我來說，本書在臺
灣問世，或許只是研究殷海光思想的一個嘗試性的開端，遠不是追
求一個結果。對於書中所討論的許多問題，生活於臺灣社會五〇、
六〇年代的許多前輩學者，應該遠比我更有發言權。使我尤其感到
遺憾的是，如同過去海外從事中國問題研究的學者，極少有機會直
接與中國接觸；我在完成這本書的寫作後，也才有機會有我的初次
臺灣之行。因此，通過此書在臺灣的出版，能夠獲得師長們的批評
指正，對我來說，也是這項研究工作最好的回報。

　　　　　　　　　　　　　　　　　　　　章　　清

　　　　　　　　　　　一九九六年三月於上海復旦大學

殷　海　光

目　次

第一章　「五四後期人物」的心路歷程

　　躺在病榻上與死神頑拒的最後一段日子裏，殷海光回視自己一生的奮鬥，仍在瀝盡心血吐盡最後的「蠶絲」。 這些最後的話語，也為他未及五十年的生命旅程留下最真切的寫照：

> 我是五四後期的人物（a post May-fourthian），正像許多後期
> 的人物一樣，沒有機會享受五四時代人物的聲華，但卻遭受
> 著寂寞、淒涼、和橫逆。……
> 三十年來，我有時感到我有無數的同伴，但有時卻又孤獨地
> 孑丁獨行；我有時覺得我把握著什麼，可是不久又覺得一切
> 都成了曇花泡影。然而無論怎樣，有這麼多不同的刺激，吹
> 襲而來，有這麼多的問題，逼著我反應並求解答，使我不能
> 不思索，並且焦慮的思索。❶

　　殷海光這一段袒露其心路歷程的最後獨白，既包含著對時代際遇的無限感慨，同時也展現了在不斷碰壁中仍然為理想奮鬥的那份苦志和豪情。與許多悲劇性人物的處境相似，殷海光所面對的也是一個有負於他的社會，不能企望分享這個時代的價值；然而他卻希望為這個「恨由愛生」的社會，增添一份光彩。正因為如此，他能

夠成為他所生活的那段歷史永遠的見證；其道德英雄的形象，也影
響著一代又一代的知識分子。

　　羅素（Bertrand Russell）嘗言：「哲學家們既是果，也是因。
他們是他們時代的社會環境和政治制度的結果。他們（如果幸運的
話）也可能是塑造後來時代的政治制度信仰的原因。」❷ 那麼，殷海
光「五四後期人物」的自詡，並實際成為他一生最真實的寫照，究
竟有什麼特殊的意味呢？或許首先需從其成長的時代環境與思想背
景入手。

一、早年生活和思想背景

　　殷海光，本名殷福生，生於1919年12月5日，湖北黃岡團鳳鎮
殷家樓人。

　　富於歷史意識的傳記作品，通常都極為重視發掘傳主出生時的
地域文化因素。就本書的傳主殷海光來說，遵循這樣一種固定的模
式，卻頗有困難。單就滋養其成長的一方水土來說，黃岡作為南瀕
長江的鄂東大縣確乎也算是文教昌盛之地。有清一代，黃岡所屬黃
州府不僅商人勢力居湖北之冠，也是最出人才的地方。湖北書院155
所的分佈，以黃州府為最高；取科第的人數，甚至超過了武昌府與
漢陽府❸。而就湖北全省來說，晚清時，由於張之洞治鄂注重興革
文教，培育人才，湖北也成為近代中國教育改革的中心之一，「清
季興學成績，以湖北省為最優」❹。但如果以此推斷這樣的地域文
化對殷海光產生極大的影響，卻是要冒風險的。因為當我們把他出
生時的時代因素考慮進去，可能會得出更富意義的內容。

　　有時候，一樁公共事件發生的年代後人回想起來似乎象徵了一

個時代。1919年無疑就是這樣一個象徵，並實際成為我們的文化史
上的分界點，其影響力將長期存在。這個時代是造就一代文化新人
的時代，殷海光的一生也與這樣的時代因素密切相關。因此如果要
考慮本書傳主出生時的時代背景以及相應的地域文化因素，或許可
以此作為注腳：殷海光誕生於一個企望告別過去文化的年代，相較
而言，地域文化因素並未顯示特別的影響力，實際上在還未成年的
時候，他就與滋養其文化養成的土壤差不多完全割裂了。

　　殷海光的家世，在晚年由他自己簡略地揭示出來❺。從背景來
說，他出生在一個「經濟破產，思想新舊揉雜」的傳教士家庭❻，
沒有前輩的顯赫，只略有書香薰染。他的伯父殷子衡和父親殷子平
是這個大家庭的兩個要角。在天朝沒落的年代裏，湖北是辛亥革命
首義的地區，這個普通的耕讀之家的一員殷子衡因投身革命，才為
這個家族在歷史上留下一筆❼。

　　殷子衡作為舊式大家庭裏的一家之長，對下一代的殷海光產生
了怎樣的影響，沒有確切的資料顯示。殷海光後來對鄉村生活零星
的回憶，並沒有什麼賞心悅目的內容；家庭的宗教背景，對他的影
響更多是負面的。當與這塊土地完全割裂以後，殷海光銘記於心的
是大家庭所表現出的猜忌、自私、死要面子、虛偽，並表示正因為
對作為傳統中國文化結晶的家的黑暗洞悉無遺，才種下了以後他對
中國固有東西的厭惡和反叛的種子❽。「在家世方面，當我童少年
時，家道已經中落，但是長一輩的人還要擺出一副架子，說話矯揉
造作，室屋之內充滿理學式的虛偽。我簡直討厭透了！這成為我日
後不分青紅皂白的反傳統文化的心理基礎。」❾只是在奮鬥經年、經
歷種種磨難之後，殷海光才對帶給人清新、寧靜、幽美、安然、自
在的鄉村生活產生出無限憧憬❿。

殷海光誕生於五四運動發生的那一年，自比為「五四的兒子」。由於五四在中國文化史上所具有的特殊的意義,跨越五四的兩代人，其代際之間的種種差異也愈發突出。單就學識的養成以及文化的耳濡目染來說，五四後的一代人是真正的文化新人。實際上，撇開作為傳教士後裔的家庭背景不說，殷海光發蒙時期所經歷的教育，也在在都顯示出與傳統文化的疏離感。

殷海光的早年教育是在家鄉黃岡和武昌完成的，從時間的跨度來說，中國此時已進入革命聲浪高漲的年代。教育遭受極大的衝擊，正規辦校的規範，被趨向於短期化、革命化，以在短期解決人才需要為辦學宗旨的教育體制取代了❶。其中民國以來經歷連年戰爭的武漢三鎮受到的衝擊更大，直接導致了在全國教育發展格局中的地位迅速滑坡。「軍興以來，士人驚逸，學校廢弛，黌宮茂草，圖籍蕩然。」❷而教育內容本身，經歷民國以來幾次學制改革，傳統中國的教育體系，差不多已完全被充斥著近代西方教育知識體系的內容所取代。據1930年湖北省教育廳公佈施行的「湖北省中小學校學生畢業試驗暫行辦法」，中學成績計算法為：黨義、國文、英文、數學、歷史、地理、理科、圖畫手工、樂歌、體育❸。較之光緒二十八年（1903年）首次確立、次年又改定的中學課程的法定標準，最明顯的變化是黨義課程取代了修身、讀經、講經等課程❹。因此當殷海光三十年代以後進入中學階段的學習，所學內容已完全是新式教育那一套了，而且伴隨革命聲浪的不斷高漲，三民主義的意識形態已取代儒家學說對年輕人心身的塑造。因此，就文化的初年養成來說，除了前述時代際遇所賦予的特殊意義，討論與殷海光相伴而生的地域文化，我們與其把注意的焦點集中於文教昌盛的黃岡，不如說斯時充滿革命化色彩的武漢三鎮是其思想發蒙更恰當的土壤。

在殷海光自己的回憶中，幾乎沒有涉及其早年政治信仰方面的內容，而是集中表達了他的學業養成。如其所言，在進入武昌的一所中學唸書時曾遭遇過某種挫折，挫折源自於他好惡分明的個性：喜歡的功課成績特別好，不喜歡的功課常不及格，以致他的伯父和父親把他列入「不堪造就」之類，初中二年級就讓他停了課，送他到漢口的一家食品店學做生意，以便將來混碗飯吃。但學徒的生涯似乎更不適合他，一再的說明和懇求終於打動了他的伯父和父親，允許他回到武昌復學讀書❶。這樣的描述大致是可信的，因為就好惡分明的個性來說，對他的一生都產生著極為重要的影響。

記述名人年少時期的傳記作品通常都有一個固定的模式，即努力從傳主年少的一些活動中發掘未來成功的端倪。然而傳主年少時期細微的心理活動材料總不是那麼令人滿意的，正如卡爾‧波普爾（Karl Popper）所言：「雖然我們大都知道自己的出生時期和地點，但很少有人知道自己的思想生命何時以及如何開始的。」❶因此社會心理學家更強調：兒童的成熟是和整個社會化過程緊密聯繫在一起的，一個個體也是在一種遠遠超出其父母及家庭範圍的文化背景中經驗著符號和反射學習的畢生過程。當兒童面對的不再是父母營造或偏於一隅的社會文化氛圍，或者不再接觸穩定和一致的社會期待和文化規範的模式，才經歷著真正的成長歷程❶。

在現代中國這是一個我們熟悉的兒童成長模式：走出偏於一隅的區域性文化氛圍，在正常的教育軌道外廣泛涉獵課外書籍和報刊，是許許多多少年走向思想成熟的契機。這也正是殷海光的成長之路。

契機大約發生在殷海光的高中時代。那時他頗愛跟別人講大道理、又好辯論，為了以理服人，他開始尋找邏輯方面的書籍。而正是在這段時期閱讀的課外書籍和報刊，顯露出他以後生命旅程中與

「邏輯」緊密聯繫的端倪。殷海光生平第一次讀到的邏輯書籍是朱兆萃所著的《論理學ABC》，由此獲得了最基本最粗淺的邏輯知識，擴大了閱讀視野，並刺激起他對邏輯和哲學的關心。緊接著天津《大公報》專刊《世界思潮》又為他展示了更豐富的邏輯知識世界。

《大公報》是現代中國的一張著名大報，在報導新聞的同時，還推出十餘種學術週刊。這些週刊的編者和作者大多是斯時平津各大學的教授，從而使報紙成為學術界與廣大讀者之間的一道橋樑[18]。這些學術週刊是否對殷海光都產生了積極的影響，我們不得而知，但顯然他對張申府主編的《世界思潮》情有獨鍾。

張申府（1893～1986，名崧年，以字行）早在五四時期為《新青年》撰稿時，就極力推崇以羅素為代表的分析哲學，並深為這種哲學的清晰、精密及高度技術性所吸引折服。自此以後，他終生不輟地譯介、研究羅素和分析哲學，一點點把數理邏輯、摹狀詞理論、語言分析等中國學術界相當陌生的理論介紹進來[19]。1932年9月任教於清華大學哲學系的張申府接手主編《世界思潮》，更是在自己的園地傾力介紹斯時已漸成世界哲學主潮的邏輯解析哲學。翻閱《世界思潮》總計88期的文字，當時的中國學術界對世界學術信息的及時把握，令我們至今感到驚異，以現代邏輯解析哲學的介紹來說，除了系統介紹羅素思想及著述，它還專門列有新書介紹欄目，介紹最新出版的邏輯解析書籍；介紹英國的《解析》（*Analysis*）、美國的《科學的哲學》（*Philosophy of Science*）以及德國的《認識》（*Erkenninis*）是今日最有內容的解析哲學的營壘；甚至1934年9月在布拉格（Prague）舉行的第八屆國際哲學大會，張申府也將集會日程、參加學者及論文題目摘要譯出，俾便國內同仁能及時瞭解「現在哲學界重視的問題」[20]。

《世界思潮》成為殷海光最喜愛的讀物，也成為他年少時思想成長的基礎。1935年1月年僅15歲的殷海光發表了迄今所能判明的第一篇文章〈意志自由問題底檢討〉，而這篇文章受《世界思潮》的影響顯而易見，用以檢討「意志自由」問題之不可能的論據，如愛因斯坦（A. Einstein）反對意志自由的話，就直接引自《世界思潮》第45期刊載的愛因斯坦與愛爾蘭作家莫斐（James Murphy）1932年6月的對話〈科學對話——因果律與外界存在〉。而殷海光這篇充滿稚氣的文章，也顯示他嘗試著運用邏輯與現代分析哲學來討論問題。針對墨獨孤（Willian McDollgall）和愛丁頓（Sir A. S. Eddington）所倡導的意志自由說，殷海光認為這種思想只是一種背謬邏輯、無科學根據的情感上的產物，並指出依據科學研究、服從邏輯規律只能得出意志自由說實為不可能的思想[21]。

正當殷海光驚羨於邏輯的力量，走向廣漠的思想原野時，在他年少的生命旅程中發生了更有影響的一件事：一位在清華大學唸書的同鄉由北平帶給他一本由金岳霖編寫的講義《邏輯》。對初涉邏輯門徑的殷海光來說，這本由國內最負盛名的邏輯教授撰寫的邏輯書，恰似一盞照耀他前行的明燈。「受一股求知熱望的驅使，受一種對金先生景仰之情的驅策」，殷海光直接致信金岳霖，希望有更多的收穫；結果遠遠超出他的想像和期待，金的回信除答覆他的問題，還表示欣賞他的見解，同時告訴他有哪些書可以寄來供他閱讀[22]。

這段學術史上的佳話肇端了金、殷二人以後長時期的師生關係，金岳霖晚年留下的回憶錄，還特別提到兩人在通信中，殷海光曾系統更正了《邏輯》一書後半部分所介紹的一個邏輯系統[23]。而金岳霖的長者風範對渴望求知的殷海光也產生了極大的鼓勵，於是

他更加著迷於介紹邏輯和哲學的書籍。當他訂購到 Chapsman 和 Henle 合著的 *The Fundamental of Logic*，如獲至寶，居然歷時半年將這本厚達四百十七頁的書譯成中文，並寫出一萬五千字的「譯者引語」。

殷海光翻譯的《邏輯基本》一書1937年由正中書局出版。在此之前，他還將「譯者引語」的主要內容改寫成〈邏輯和邏輯學究竟是什麼〉，由金岳霖推薦發表於張東蓀主編的《文哲月刊》。這篇文章以年輕人特有的銳氣對中國當時出版的一些邏輯譯著作了一番評述工作，尤其是對一般人（甚至邏輯學者）所誤解的邏輯進行澄清的工作，表達了殷海光對邏輯與邏輯學最初的瞭解[24]。

應該如何看待年少的殷海光這一系列舉措呢？是驚異於一位高中學生翻譯大部頭學術書籍並在著名刊物發表文章所表現出的才智？還是以現在的眼光指出一位少年對邏輯學理解的膚淺甚或偏頗？或許這些都不重要。在這些事例的背後，蘊涵了一個毫無思想憑藉的少年心思單純的一面，似乎從小就擺脫了家庭方面的、以及文化傳承方面的種種束縛進行自我的營造，並且在思想的自我放逐中倍感快慰。因此，如果說這些行為有什麼特殊的意義，那便是在一位少年的心靈中萌動的知識興趣對其將來可能產生的影響：沒有受過傳統學術的薰染，卻在代表中國文化結晶的家庭生活中感受到種種壓抑；初涉學術門徑，就深契於具有濃厚工具性色彩的邏輯學，並獲得相當的滿足。這樣，當殷海光在結束他的少年時代時，渴望沿著這條初嘗甘霖的道路走下去，於他是再自然不過的選擇。

二、問道於烽火連天的歲月

清華大學哲學系 1926 年設置時還只有教師金岳霖及學生各一人，到三十年代以後，系的發展始漸定型，加上與他系合聘的人員，最多時曾匯聚了金岳霖、馮友蘭、張申府、陳寅恪、鄧以蟄、沈有鼎、張蔭麟以及兼任教授賀麟等教師。而在哲學思想上，哲學系以「新」派自命，尤重以羅素為代表的新實在論和邏輯實證主義，並公開宣稱「本系的趨向與希望就在期成一個東方劍橋派」❷❺。正如張申府所說：

> 清華重視邏輯，恐怕已是全國都知的事實了。重視邏輯不但因為邏輯本來應當重視，也實在因本系教師恰巧大多數都是努力於邏輯者。因此關係邏輯的學程，當然也設的特別多。除了普通邏輯為第一年級必修科目外，如數理邏輯、記號邏輯、邏輯史，以及將來要設的概然邏輯等，恐怕都是國內各大學不大有的課程。就是金龍蓀先生的知識論、哲學問題兩課，性質也均是邏輯的。❷❻

清華大學哲學系之重視邏輯，殷海光不會陌生，實際上他對金岳霖等給予他啟迪的哲學系的先生們心儀已久。因此1936年秋天高中畢業後，得到金岳霖來信鼓勵的殷海光就決心到北平求學❷❼。一個生活於內地，從未出過遠門的少年，就這樣隻身搭上平漢鐵路的火車。

殷海光沒能趕上這一年度的入學考試，只能住下來待來年再

考。接下來在北平約一年的經歷，對塑造殷海光未來的生活有著重要的意義。一方面金岳霖的言傳身教感染著他，又通過金結識了其他一些著名學者。那時候，金岳霖、沈有鼎、張東蓀、張申府、汪奠基等清華、燕京大學的教授曾組織了一個邏輯研究會，每周聚會討論與邏輯有關的問題，殷海光前往旁聽，老一輩學者的為學風範也使他大開眼界。他記載了這樣一件事：在一次聚會時，有人提起始享大名的哥德爾（K. Goedel），「金岳霖說要買他一本書看看，他的學生沈有鼎對金先生說：老實說，你看不懂的。金先生聞言，先是：哦哦！哦了兩聲，然後說：那就算了。」❷殷海光在一邊看到他們師生兩人的對話大為吃驚，學生毫不客氣的批評，老師立刻接受他的建議，這在他以往經歷中是從未有過的。

因此，殷海光在北平另一方面的收穫便是通過與不同性情的學界人物的接觸，對他選擇問道的對象產生了深刻的影響。除了金、沈二人，殷海光也有機會結識同樣享有盛名的張東蓀以及他的黃岡同鄉熊十力❷。他深契於金岳霖所具有的「厚重、嚴正、深沈」的紳士風采，而對張東蓀和熊十力，他則覺得在論人論事上都不夠寬容。比較金、熊二位，殷海光認為：

> 金先生對於別人的談話總能靜靜地聽著，他愛分析問題，他客觀，是如何就說如何，從不武斷，很少把自己的主張加在別人身上。熊十力先生固然執持真理甚堅，但多半不肯聽別人說話，……別人和他說話要是用錯了一個字眼，他就破口大罵，有時武斷地出奇。❸

在金岳霖那裏，殷海光得到了年輕人渴望的隨和與寬容；而在熊十

力那裏，卻感受到獨斷與偏激。他曾把這種不同歸結於受英國經驗論與中國思想習染的區別，實際也為自己選擇了問學之道。

　　然而就在 1937 年夏天殷海光準備考入清華大學哲學系讀書的時候，中日戰爭爆發了。期望在北平開始的大學生活，也隨著局勢的日益惡化成為泡影。他只好從陷於日本武力侵略下的北平，輾轉回到故鄉，靜待時局的改善。到次年春天，獲悉清華大學與北京大學、南開大學南遷昆明，合組西南聯合大學（簡稱西南聯大），殷海光才決定前往昆明求學，繼續追隨金岳霖先生。

　　西南聯合大學的成立在二十世紀中國教育史上無疑是值得大書特書的一件大事。九一八事變以後，隨著國民政府威權的南移，清華、北大、南開就是以文化力量與日本爭持於平津的中堅。三校最後南遷昆明，既表明斯時的國民政府對抗戰終寄最後勝利的期望；更顯示了中國的讀書人知道在侵略者的刺刀下絕無精神自由的希望，於是克服南遷流難的艱辛，到大後方續圖百年之計❸。當時的師生對於最後勝利有堅強的信心，都認為聯大是暫時的，三校是永久的，因之合組的聯大的領導體制和行政組織系統也有別於一般大學：三校校長和秘書主任楊振聲組成常務委員會，為學校最高權力機關，但由於北大校長蔣夢麟和南開校長張伯苓在重慶有官職，很少來校，只有清華校長梅貽琦常住昆明，實際掌理校務。由於這個緣故，加之清華人力、物力在聯大所佔比例較大，因此聯大的規章制度多以清華為藍本，沿襲戰前之章程。只是三校各自設有辦事處，保留著原有的一套行政和教學系統，負責處理各校自身的事務；三校參加聯大工作的教職員，除由聯大發給聘書，也接受原來學校的聘書❸。馮友蘭曾有一個形象的比喻：「當時的聯大，好像是舊社會中的大家庭，上邊有老爺爺、老奶奶作為家長，下邊又分成幾個房

頭。每個房頭都有自己的『私房』。 他們的一般生活靠大家庭，但各房又各有自己的經營的事業。」❸❸

　　1938年秋天，殷海光作為眾多由淪陷區或戰區流亡到大後方的高中畢業生的一員，通過全國統一招考，進入他嚮慕已久的高等學府。自此以後，他在西南聯大度過了七年漫長的歲月（1942年夏天大學畢業以後，又進入清華研究院文科研究所哲學部繼續深造了兩年多時間）。 這段從18歲到25歲的青春期，也成為他記憶的搖籃，「回憶西南聯大的生活，使殷海光常帶著憶念，帶著興奮，也帶著已逝的惆悵」❸❹。

　　殷海光就讀於西南聯大文學院哲學心理學系。該系分哲學與心理學兩個組，哲學組教授包括清華的金岳霖（兼清華哲學系系主任）、馮友蘭、沈有鼎、王憲鈞，北大的湯用彤、賀麟、鄭昕，南開的馮文潛、王維誠，以及兼職教授張蔭麟等。與戰前相似，邏輯仍是該系最重要的課程，殷海光入學那一年，即1938年度，哲學心理學系一年級的共同科目唯一的一門課便是「邏輯」， 分別由金岳霖、王憲鈞講授❸❺。除馮友蘭外，清華教師都是擔任邏輯方面的課程，內容偏重邏輯技術方面，其思想體系仍屬邏輯實證主義與新實在論。開出的新課有「符號邏輯」、「邏輯語法」、「邏輯問題」、「晚周辯學」等。戰前清華所開的洛克、休謨、羅素諸人的哲學，因選修人極少，均已停開，取而代之的是北大教授開出的康德、黑格爾哲學。中國哲學史方面，則佛學、老莊、孔孟、程朱諸家哲學都有❸❻。

　　殷海光在這裏按理應該是如魚得水的，戰前在北平一年的經歷，使他較之一般學生有了更高的起點。他可以繼續追隨所仰慕的先生，盡情發揮對邏輯學的喜愛；許多先生對他有所瞭解，也有益於對他進行更好的指導。而且，雖然當時的各種條件都極為艱苦，

但這裏畢竟集中了全國許多最卓越的學者，為培育新一代的專門人才全身心地投入，營造了相當的學術氛圍。正如王浩先生在回憶中所說：

> 我在三九年秋天到昆明作新生，一直住到四六年春離開準備出國，住了將近七年。在這段感受力最強的日子，和許多老師及同學享受了一種人生極難得的平淡親切而純潔的人際關係。這樣經驗不但為以後的做人和學業打下了一個比較堅實的基礎，而且彼此之間的信任和同情一直持續著，成為崎嶇的生命歷程中一個重要的精神支柱。❸

王浩也在西南聯大度過了七年的歲月，先是就讀於數學系，後考入清華哲學部的研究生（王浩比殷海光晚一個年度，入學年度殷為1942年，王為1943年），追隨金岳霖，以後成為當代最卓越的數理邏輯學家。他的話也多少印證在那樣的環境中為追求學術的理想師生們共同的努力。而殷海光在以後的歲月裏，每當回憶起這段日子也有「夢魂不到關山難」之感慨，內心有說不出的想念。尤其表達了對金先生的崇敬，認為與金先生的接觸，恰似「濃霧裏看見太陽」：

> 這對我一輩子在思想上的影響太具決定作用了。他不僅是一位教邏輯和經驗論的教授而已，並且是一個道德感極強烈的知識分子。昆明七年的教誨，嚴峻的論斷，以及道德意識的呼吸，現在回想起來實在鑄造了我的性格和思想生命。❸

值得注意的是，殷海光更多地只是提及金岳霖對鑄造其性格和思想生命的積極影響，實在是他的內心有說不出的無奈。無疑的殷海光在西南聯大繼續其早年所學，追隨金岳霖、沈有鼎諸先生，增加了他在邏輯學方面的素養，但學術上的收穫並不令他滿意。實際上，在那樣一個政治紛亂的年代裏，對學問的專一嚮往，並不是一件容易做到的事。尤其是對在思想上、學術上都還沒有真正憑藉的殷海光來說，要守護於象牙塔內，並不是易與為之的。殷海光引為終生憾事的便是，在這段寶貴的青年時代，他沒有能夠靜下心來苦做學問，守護於學術理想，相反卻因為政治上的浮動，捲進了校園內的種種政治活動。

在殷海光晚年的歲月，許多人經常拿他和王浩相比，他也經常以此印證自己。他稱讚「王（浩）先生是我們這個時代最優秀的頭腦之一，也是最純潔和樸素的靈魂之一。在這紛亂的世界裏，我覺得他像一座安靜的樓宇，風雨不能使他飄搖」。言及王浩「在個人方面」所秉持的是「不願捲入政治」，殷海光內心也有說不盡的創傷和感慨：

> 當時在昆明西南聯大校園內，真是「各黨各派」，「異說爭鳴」。我當時幾乎事事反應，簡直靜不下心來苦攻學問。現在回想起來，我當時是一個浮動分子。㊴

殷海光所說的「浮動」，實際上映射著其政治思想成長的一個側面。如果說早年他所表現的心思單純，促使他在邏輯的純淨世界裏享受到樂趣，那麼這時卻轉化為強烈的道德激情，並沒有什麼真實的政治理念的依憑，就表達了他的政治上最初的衝動。從殷海光

思想發展的軌跡來說，或許正是在各種學術的與政治的思想都異常活躍的校園，他的躁動不安的靈魂，有了最初的暫時的安置，從而也為他終生都蘊涵著的強烈的道德激情、始終陷於學術取向與政治關懷的緊張添一注解。

　　西南聯大校園的政治環境，是現代中國政治發展的縮影，民主與獨裁的對壘，自由與專制的交鋒，仍是校園政治的主旋律。從國民黨方面來說，抗戰以後不斷加強了對校園的控制，如同1939年蔣介石在第三次全國教育會議上聲稱的：「今天我們再不能附和過去誤解了許久的教育獨立的口號，使教育者自居於國家法令和國家所賦予的責任以外，而成為孤立的一群。……應該使教育和軍事、政治、社會、經濟一切事業相貫通。」⓴西南聯大成立時，正值陳立夫出任教育部長，遂以「集中」、「劃一」的名義，強制學校貫徹一整套「部訂」規章制度。為達到「以黨治校」之目的，不但相繼成立「協助學校行政」的國民黨中央直屬聯大區黨部和「協助學校訓育」的三青團直屬分團部，還要求「凡在聯大及三校負責人，其未加入國民黨者，均先行加入」。　三民主義既被蔣介石宣佈為「教育最高原則」，　聯大遵循「部訂」全校共同必修課程規定，也增開了「三民主義」與「倫理學」課程，在1943、1945兩年度中，還曾以講座方式開出十門三民主義專題課程⓵。

　　國民黨在聯大推行「黨化教育」並不足怪，這不過是其確立三民主義意識形態的方針之一。問題在於，中國的大學向來是自由主義思想的溫床，自蔡元培在北大確立「兼容並包」的自由精神，學術自由就成為大學教育的理想。三校合組而成的西南聯大，也是以這樣的精神溝通的，尤其是繼續和發揚了三校以往的「教授治校」的傳統。據當時的統計，西南聯大一百七十九位教授中，絕大多數

是留學歐美的博士❷。這些深諳西方自由主義精神、具有各種學術專長、各派學術觀點的知識分子匯聚於西南邊陲，除了各就所長在學校講壇形成異說爭鳴、自由講學的局面，也與「以黨治校」的企圖適成對照。正如聞一多在〈八年的回憶與感想〉文中所說：「大學裏的課程，甚至教材都要規定，這是陳立夫做了教育部長後才有的現象。這些花樣引起了教授中普遍的反感。有一次教育部要重新『審定』教授們的『資格』，教授會中討論到這問題，許多先生發言非常憤激。」❸於是國民黨的種種「部定」在聯大，往往只能流於形式，或由各系教師變通執行。師生們始終都在表達著學術自由的願望，並把這種追求和五四的理想緊密聯繫在一起。1944年3月，國民政府宣佈取消五四紀念節，改3月29日黃花崗起義紀念日為青年節，這一決定在聯大的教師和學生中就引起了軒然大波，他們以各種形式表達了與五四的聯繫性，並實際地通過那些曾經活躍於五四思想舞臺的教師們將五四精神傳遞到年輕一輩的心靈。在「國立西南聯合大學紀念碑」上，聯大體現的五四精神也專門寫下一筆：「聯合大學以其兼容並包之精神，轉移社會一時之風氣，內樹學術自由之規模，外來民主堡壘之稱號。」

　　由於西南聯大保持有五四遺風，同樣體現著五四時代知識分子為科學、自由、民主奮鬥的理想，許多研究者也因此認為求學於此的殷海光受到自由主義精神的洗禮。種子業已埋下，這確實不假，但正像上面所說的，繼承五四未竟之業固然是聯大爭取自由、民主的一頁，但聯大還有國民黨努力通過「以黨治校」、灌輸領袖意志、使大學不再成為以思想自由對抗政府的溫床的另一面。因此聯大的政治環境具有雙重的色彩，生活於此的人一方面面對的是領導國民艱苦抗戰的政府，她號召國民為國家的救亡暫時放棄自己的利益；

另一方面卻面對著那些傳道授業的先生們，所傳遞的是民主自由乃任何情況下不可讓渡的目標。處在這樣的十字路口任何選擇其實都是有充足理由的，殷海光顯然是被前者打動了，他後來的「創傷和感慨」也由此引發。

如同缺乏相應的材料表明殷海光早年思想發蒙時期的政治信仰，在西南聯大度過的七年時間他何以會認同國民黨的意識形態，也找不出直接的材料支持。只是他本人的及他人的回憶都道出了這個事實。按其本人的回憶，「在西南聯大的學生活動中，壁報、演話劇和演講是很多的。當時學生的成分有左傾有右傾，也有中立的，所以活動多帶有政治色彩。在這裏，講現實、趨附權勢的人是抬不起頭的。一般青年對國家社會的前途懷著一種強烈希望的大多向左轉或者開始向左轉。」❹ 而他卻「跟專愛耍花樣的左翼分子鬧彆扭，幾乎被打」❹ 。還對聞一多、張奚若等聯大著名教授表達的觀點頗有微辭。

毋庸諱言，聯大的壁報、結社、演講等活動都有很深的黨派背景，共產黨的活動也相當活躍，像前面提到的1944年紀念五四的活動就分別由中共地下黨員李曉和齊亮主持籌辦❹ 。然而正是這些活動構成了聯大民主的氛圍，「這裏民主的集會、自由的歌聲，在在都能給人注入不少的活力，往往在極端苦悶時，因了一個晚會而重新振起精神」❹ 。而聞一多、張奚若等教授正是以其不畏權勢的道德風範，向年輕一代傳遞著五四精神，並成為聯大民主運動的中堅。殷海光對這些追求民主的活動以及具有鮮明自由主義色彩的教授格格不入，只表明斯時其政治選擇還停留在蔣介石與國民黨忠誠的擁戴者的境界。當時就讀於聯大歷史系的傅樂成，所回憶的與殷海光交往中的一件事，就頗能說明問題：

> 那時海光兄是政府和國民黨的忠實擁護者,他曾為「放誠辭,
> 息邪說」盡過最大的力量。記得一個晚上,大家談到抗戰前
> 途和國內政局,他大聲說:「不要怕,蔣委員長每遇困境,必
> 有旋轉乾坤的能力。你們看過去多少人反對他,結果怎樣?
> 軍閥、日本人和共產黨,在他看來,都不過是小孩子!」❹

　　無疑,這是一個與後來到臺灣後的殷海光有著天淵之別的形
象。但其實並不足怪。在民族主義、國家主義喧囂塵上的戰爭年代,
不少自由主義者都重新選擇了以國家作為盡忠的對象,而從小經受
革命化教育的殷海光,此時成為國家與領袖的忠誠的盡忠者,並非
完全是毫無思想基礎的。實際上,正因為殷海光此時的思想表現出
濃厚的「右傾」色彩,我們才能理解緊接而來他的從軍行為以及後
來長時間在國民黨的輿論圈裏沈浮。

　　青年時代往往是一個人思想與志業的定型期,殷海光在西南聯
大度過了他青年時代寶貴的七年時光,似乎其思想與志業也該在此
定型。但從他以後思想發展的軌跡來看,或許我們只能說,殷海光
的思想遠未定型。從學業上說,他大致繼續了其早年所學,在知識
上奠定了以後他教授、宣講邏輯學的基礎;但在政治理念上,我們
還難以把握住他的思想憑藉,他的一系列表現,似乎也不足以說明
是政治理念促使的行為,而往往只是那個時代的產物,即把自我的
思考讓渡於對國家、民族的效忠。對殷海光來說,或許只有當道德
激情得到暫時的滿足,他才能進一步思考政治行為背後的理念依憑。
在這個意義上,殷海光在聯大的七年以及後來的一段歲月,或許都
可稱為他思想自我放逐的時代。受道德熱情的趨勢,殷海光不僅在
校園的生活中就按捺不住對政治的投入,甚至不惜中斷自己的學業,

以表達對國家與民族的效忠。

　　1944年10月14日蔣介石發出了「十萬青年十萬軍」的號召，西南聯大破例全校停課，進行動員。聯大學生投筆從戎，在整個抗戰期間是極平常的事，只是這一次自上而下造成了頗大的聲勢，那些在學生中聲望碩隆的教授還親自進行從軍動員。聯大實際負責人梅貽琦即致辭說：「假使現在不從軍，則二十年後將會感覺空虛。」其他如錢端升、馮友蘭、周炳林、燕樹棠、聞一多等教授也先後發表演講，以知識青年從軍乃不可推卸的責任❹。這時候，積極擁戴蔣介石和國民政府的殷海光，滿腔熱情也受此驅使，雖然尚未完成研究生階段的學習，也義無反顧地投身其中，成為此次從軍的將近二百名學生中的一員。後來聯大為紀念從軍學生，在「國立西南聯合大學紀念碑」的背面專門刻有「國立西南聯合大學抗戰以來從軍學生題名」，總計八百三十四人中，殷海光（殷福生）也列於上。

　　1945年1月殷海光正式成為二〇七師炮一營補給連的二等兵，開始了入伍訓練。部隊的生活是簡單和枯燥的，緊張而又刺激的入伍訓練之後，他們這批人被調往印度接受汽車駕駛訓練。如果說聯大學生和其他入伍的人相比有什麼不同的話，也就是校園民主精神給予他們的影響。軍隊曾進行各種比賽，聯大同學的國語、英語、講演競賽都是第一，只有一次甘拜下風。那是一次題目為「軍隊裏需要民主嗎?」的辯論賽，聯大不幸抽到反方，於是大家決議「棄權」❺。

　　殷海光自稱是「不及格的士兵」，得到的評語是「愚呆」❺。這卻不影響什麼。就在他結束八個月的士兵生活回到昆明時，沒幾天就傳來抗戰結束的消息。按照聯大對志願從軍學生學業的優待辦法，殷海光本可以回到聯大繼續學業的❺，但他卻放棄了這個要求。

可見這時殷海光的道德熱情已壓倒了學術的追求，更有熱情投身於現實的生活。

三、沈浮於國民黨輿論圈

約在1945年夏天，殷海光從昆明幾經周折來到作為國民政府陪都的重慶。剛剛結束短暫的士兵生活，殷海光在學術上和政治上都還一無憑藉，於是在大學同班同學家中暫住下來。這是位於重慶南岸黃角椏的夏家，主人的熱情款待，使殷海光倍感親切，當時只有17歲還在讀高一的夏家四小姐，後來也成為與他相濡以沫的伴侶。

很快的，殷海光在由國民政府要員潘公展直接主持的獨立出版社謀到一個編輯工作。這家出版社的總社、分社都設在嘉陵江北岸的董字溪三號，於是他從夏家搬到江北，專心從事編輯工作。未幾，王雲慕名造訪，抵掌快談之下，王雲見殷海光的居住環境不宜於思想、寫文章，就邀他搬到任鴻雋的故里任家花園同住。林木掩隱下的任家花園，環境幽美，頗有田園之趣。在這段抗戰結束後短暫的寧靜日子，殷海光和王雲分享著羅素著述的博大，讀書之餘，有時在晚風殘照中漫步閒談，有時在附近一家小村店對酌幾杯，過著悠閒的生活。恰巧任家花園那幢洋房是國民黨中央宣傳部的編審室和圖書室，殷海光的才識也有緣得到任宣傳部長的梁寒操賞識，把他延攬至宣傳部擔任編案工作，勉勵他安下心來做研究工作❸。

也就是這段時期，殷海光與在以後的歲月中時為朋友、時為論敵的徐復觀，相識於夏家。這時的殷海光給徐復觀留下的印象是一位身著又舊又髒的軍服、身材瘦弱、見人很矜持的青年，因為彼此都熱心反共，所以談得甚為投契。徐復觀甚至認為湧動著激烈反共

意志的殷海光，樣子和說話的神情都很像希特勒，而殷海光也並不拒絕這樣的觀察。徐復觀時任蔣介石幕僚，殷海光與之結識，是否更加推動他對蔣介石及國民黨的殷切期望，還不能肯定；但徐復觀引見殷海光會見蔣介石，特別是把他自言為「反共底處女作」〈共產黨氣象學〉介紹給黃少谷主持的《掃蕩報》連載，顯然對殷海光進入國民黨系統的輿論圈產生了積極的影響❸。

　　殷海光在重慶生活了差不多一年時間，國民黨還都南京前，重慶仍是中國的政治中心，尤其在抗戰結束後的一段時間，這裏成了國民黨、共產黨以及其他政治勢力進行和平談判的角力場。殷海光在此由校園走向社會，所萌發的政治關懷，也急切地渲洩出來。

　　八年抗戰的結束，對歷經戰亂流離之苦的中國人來說是夢寐已久的歷史時刻，但許多人士也憂心忡忡，一場全民族的戰爭使得全社會各階層和各利益集團都得到高度的社會動員，共產黨不再是流寇，知識分子的參政熱忱隨著各種政治團體的組成如同火山般噴發出來；國民黨再也不能像1928年建立南京國民政府那樣獨享政治資源，中國面臨重新選擇政治生存方式的千載時機。在 1945 年秋到1946年春展開的重慶談判期間，除了國共兩黨進行著複雜的政治角力，得益於國共之間暫時的實力均衡，自由知識分子代表的中間勢力成為政治天平上國共互相爭奪的砝碼，出現曇花一現的參政高峰。其中尤以中國民主同盟成為斯時中國自由主義運動的代言人。1945年10月，民盟在重慶召開臨時全國代表大會（即第一次全國代表大會）就宣佈民盟是一個「具有獨立性與中立性的民主大集團」；其崇高目標是要「把握住這個千載一時的機會」，「把中國造成一個十足道地的民主國家」❺。

　　處在這樣政治紛爭格局中的殷海光，對於戰後形成的波濤洶湧

的自由主義運動卻相當隔膜，思想傾向與斯時短暫的民主潮流有較
大距離。相反，大學時代形成的權威主義政治傾向以及極端的反共
情懷，充分地展現出來。1945年12月他的《光明前之黑暗》一書由
光明出版社出版，在書的前言他即感嘆說：「一九二七年以來，我
們底政府和人民一直為這種勢力所困擾，而無以自拔」，「作者研究
並默察這種勢力在中國的種種欺騙的演變：驚異於千千萬萬的人在
此欺騙之中而不知欺騙之存在；更不知道我們中國人自有解決本身
問題底方法」。

　　殷海光所說的「這種勢力」指的即是共產黨，面對戰後展開的
國共和談，他卻認為「一切『會議』『協商』都是表面文章；即令
有點收穫，最多只能換取一時的不徹底的安寧」。除了大罵共產黨，
還認為民盟只是共產黨的外圍，在共產黨卵翼下成長起來，「寄希
望瓜分政權於未來」。 顯然，殷海光是站在蔣介石及國民黨忠誠的
擁戴者立場立言的。處在未來發展十字路口的中國，應當在新的一
輪力量較量中怎樣選擇新的政治生存方式，在他那裏都不應該成為
問題，更毋須任何「談判」「協商」，因為答案早已很清楚，那就是
跟蔣介石走。在該書的結尾，他即用極其感性的話說：

> 我們不要東倒西歪。最可靠的辦法只有聽委員長底話，擁護
> 他底政策，跟著他埋頭苦幹，國家才有出路。……
> 他有四十年的政治經驗。他對於中國現實的政治環境有極銳
> 敏的感覺。他對於我們中國今後應走的道路大體上有著健康
> 的判斷。他一定會領導我們走上光明之路。❺

　　重慶約一年的生活只是殷海光踏上社會短暫的一頁，如果說這

時的他有什麼政治抱負的話，那麼也是在虔誠擁戴蔣介石的坦誠中有了暫時的安頓。單看這一時期殷海光的有關言論，任何人恐怕都難以和他以後的形象聯繫起來。所幸的是，殷海光此時的政治衝動並不意味著他已甘願成為一位政治人物，從某種意義上講，他還游離於政治的邊緣，只是心思單純地表達對國家與民族的盡忠。另外，他也並未完全放棄學術的理想，從這一時期他的學術活動來看，他已開始了對邏輯實證主義的介紹。1946年9月重慶商務印書館出版了其譯述的卡爾納普（Rudolf Carnap）所著《哲學與邏輯語法》。該書為中國哲學會西洋哲學名著編譯委員會主編叢書之一種，從他所寫譯序及所列參考書來看，他對維也納學派（Wiener Kreis）的思想已有相當的瞭解❺。只是殷海光學術的與政治的形象令人無法等同起來，怎能想像一個信奉邏輯實證主義的學者在政治上會使用如此激越的標語式、口號式的語言。

　　到1946年秋天，原先由沿海城市遷向內地的各種機構回遷的復員工作已近尾聲，殷海光供職的獨立出版社也遷往南京，人去樓空，景象十分的清寂、淒涼。於是這年的10月間，他也買舟東下，來到重新成為政治中心的南京尋求發展。

　　到南京做什麼？殷海光自己也不知道。在離玄武湖不遠的巷子裏找到一間五蓆大小的房間後，他走上賣文維生之路。對於一個毫無政治背景的知識青年來說，這幾乎是在陌生環境裏唯一的求生之路。然而正是在這裏，他的職業興趣已基本定型，那就是以編刊物與教書為業。據沈醒園回憶，殷海光初到南京時，曾和王雲參加了國民黨的革新會，在楊幼炯主編的《革新》雜誌上發表文章❺。如果說這些活動都沒有什麼太大的影響，都只是他賣文維生的一部分，那麼通過這時也復員到南京的徐復觀竭力向有關人士揄揚，殷海光

被延攬進《中央日報》任主筆；以後又受聘於金陵大學教書，則成為他未來志業的基礎❸。殷海光在金陵大學初次嘗試教書生活，講授哲學概論和邏輯課，表現出他特具的吸引力，這也意味著初涉政治輿論圈的殷海光已經嚮往著學術的殿堂，初度徘徊於學術與政治之間；而進入《中央日報》任主筆，既是其認同國民黨的政治抱負達於極至，也是他在政治傾向上最終跳出黨派識見的肇端。

　　《中央日報》是最足代表國民黨官方言論的報紙，直接受中央宣傳部領導。在南京出版的《中央日報》於1945年9月10日向日本受降之次日正式復刊，號次銜接重慶版。據陶希聖回憶，蔣介石對於作為黨報的《中央日報》常加指導，認為此報的言論與新聞應該參與機密而不能洩露機密；應該知道政局而不應該搶新聞❻。傳遞著國民黨中央及蔣介石的訊息。《中央日報》有總主筆也是自陶希聖到該報起始的，時在1943年。陶並未接報社社長之聘約，而是以侍從室第五組組長的身分，由陳布雷按蔣的指示親自轉達該項任命。還都以後，陶已應聘為總統府國策顧問，又奉命為宣傳部副部長，仍兼任復刊後的《中央日報》總主筆，可見這個位置的重要。所以他不無自豪地說：「《中央日報》社總主筆室經常為上海《申報》與《新聞報》、天津《國民日報》、北平《華北日報》、武昌《武漢日報》各報駐京特派員往還會商之場所。此諸報每日頭條新聞，往往決定於茲室。」❼

　　殷海光能進入代表國民黨中央喉舌的《中央日報》並任極重要的主筆位置，顯然與他斯時極端的反共色彩有關。主筆在總主筆直接領導下工作，據1946年秋初任主筆，以後做了二十年主筆的蔣君章回憶，每一主筆所任工作是每周撰寫兩篇社論，凡輪值主筆，九點半就到報館，把當天的新聞通訊稿翻閱一遍，找到可寫的題目後，

即與總主筆陶希聖商議；有時陶也直接指定題目，並以內容要點見告❻。由於社論不署名，我們還難以判定殷海光在《中央日報》究竟寫了些什麼文章。不過從他1948年9月由獨立出版社出版的《中國共產黨之觀察》一書看，反共仍然是他這一時期思想的主流。該書把中國共產黨問題作為「攸關中國民族底歷史與生命之存亡絕續的重大問題」，仍然寄望於國民黨解決此一問題，把國家民族帶上長治久安的康莊大道：

> 現在，中國底歷史正處於槓桿平衡的時候。那邊重一點，就趨向那一邊，假使中國國民黨能夠及時痛自反省，革除自身積弊，繼續擎起革命的火炬，努力向前，那麼以它底人才之多，歷史之悠久，主義之正大，一定還是中國政治上的領導主力。❻

然而，就是在這些明顯以忠誠於國民黨的立場表達的言論中，我們已洞悉到殷海光思想逐漸轉變的契機，逐漸由重慶時對國民黨及蔣介石的赤誠謳歌，轉換為諍友的角色。而且經由這樣的過渡，很快發生了實質性的轉變。照他自己的追述，時在1948年底的徐蚌會戰之後。在戰火正急的時候，他以《中央日報》主筆和金陵大學副教授的身分親臨前線為作戰將士鼓勁。由燈紅酒綠、六朝金粉的都市走向戰場，面對的是「赤野千里，廬舍為墟」，心動神傷之餘，以往未曾想過的問題也扣動心弦，「五十年來，中國底思想激變和激盪，物質建設大量破壞。參與的任何一批人似乎都振振有詞，而身受實禍者，終歸是千千萬萬無辜的人民」。由此，殷海光「體認到中國底問題滿不是派系口號所喊得那麼簡單」，並「開始瞭解黨

派偏見如何有害於中國問題之適切的解決」❻。

　　其實，就這一時期殷海光發表的文章看，他的思想轉變早在徐蚌會戰之前即已發生。1948年9月發表的文章〈我們走那條路?〉，除了繼續闡述中國不能走共產黨的路，也對寄望殷切的國民黨提出了尖銳的批評：「國民黨底作風是這樣令人憎惡，國民黨底領導如此錯誤，跟著這個樣子的國民黨跑，會有什麼前途?」在他看來，國民黨掌握了國家政權以後，只是憑著政治上的便利，滿足一己的私欲：政治上表面是「行憲」，骨子裏政權還是操縱在極少數人之手，國家政治大事依然習慣決定於「手諭」、「官邸」、「會報」、「請示」；在經濟上，國民黨少數要權人物，則藉著「國有」和「國營」這些幌子，將國家財富轉移為私人家財。於是所謂「戡亂」也「不是為了維護廣大人民底安寧與福利，而是為維護少數特權階級的利益」，「利益未見，而災害生降」。

　　這也就是前面所說的殷海光在滿足道德激情的渲洩後，對自我的政治行為在理念上的根據，開始進行深刻的反思。我們可以想見這一時期殷海光的思想所經歷的靈魂深處的拷問：徹底的反共立場並未稍或改變；心中的政治偶像國民黨又漸喪道義。尤有甚者，他還否認了除此而外的「第三條道路」的可能性：

　　　　在中國內部底現階段裏，政治、經濟、社會、文化等因素自
　　　　身底發展，以及加上一部分自稱為國民黨的人和共產黨兩種
　　　　主導力底主導，產生一種「極話現象」。……這種向極現象，
　　　　是今日中國政治全盤發展的基本形態和社會動力。這種社會
　　　　動力現實地決定著「中立分子」底命運。在這一「趨向兩極」
　　　　的社會動力支配之下，「中立分子」多為兩極攝引，附著於兩

極，因而在現實政治裏發生不了力量。❻

　　殷海光的分析並不虛妄，事實上原先標榜走「中立」道路的那些人，亦即以民盟為主體的自由知識分子，隨著國共之間的紛爭走向兵戎相見，也逐漸放棄中間路線，除了少數人能堅守自由主義的最後堡壘，超越「兩害相權取其輕」的現實邏輯，堅持什麼也不選擇，絕大多數自由知識分子要麼倒向共產黨，要麼轉向政治上的保守主義立場❻。

　　對這些問題的追問，於殷海光思想的成長具有重要的意義，其人格力量在此也初顯端倪。在那樣一種似乎要麼是追隨共產黨，要麼是擁戴國民黨的思想格局中，他卻努力要從中擺脫出來，並且因為認識到那些標榜「第三條道路」的自由知識分子難以走出非此即彼的格局，所以不能產生政治上的認同。問題在於，這些似乎必居其一的道路都封堵之後，殷海光還能有什麼別的選擇？

　　唯一顯現其心靈曙光的，是殷海光在排斥所謂的「中立」路線的自由主義者的同時，給他心目中的「真正的自由主義者如胡適之先生之流」留下位置。就此而言，接下來我們將討論到，殷海光所作的區分是頗有可議之處的，其中的曖昧性與浮泛性是甚為明顯的。而且在理念的歸依上，他此時的想法還停留於社會民主主義或民主社會主義的層面，尤其傾慕於費邊社的思想，認為「政治民主化」和「經濟社會化」的主張可以作為解決中國問題的良方，甚至他所設想的通往「民主社會主義」之路也是寄望於國民黨開明、進步、民主的新生力量「洗刷他們自己，重新站在人民面前，與黨外正在成長的新勢力結合」❻。但從殷海光思想發展的趨向來說，正是這一階段一些浮泛的想法，為其思想最終歸宿於自由主義留下轉機。

所影響於後來者，從表象上講，時代背景與思想格局所顯示的殷海光轉向自由主義思想的艱難性，預示了他在未來社會具有「英雄」性格之緣由；而在思想趨向上，殷海光否認了在兩大權勢集團的夾縫中自由主義思想生長的可能性，也蘊涵了到臺灣以後他所發揮的自由主義思想，幾乎沒有凸顯任何參政意識，而是在社會批判方面發揮了較大的功能。

正是在這樣的思想煎熬中，殷海光寫下名聞士林的〈趕快收拾人心〉。這是《中央日報》1948年11月4日的「社論」，文章痛陳國事演變到風雨飄搖的地步，國民黨特權階級負有不可推卸的責任，要將這個局勢扭轉過來，勢必犧牲極端少數人來挽救最大多數人：

> 必須政府負責者先作幾件大快人心之事，振奮沈閦已久之人心，以事實來證明大公無私和剿匪並非保衛特權階級的利益，而確係為保衛領土之完整，為保衛人民之自由與民主，為保衛我們的歷史與文化。若是吾人能作到此點，形勢必然為之一變。
>
> 趕快收拾人心，只有這一個機會了。❻❽

如果這篇文章只是發表於一般報刊，其影響力或許要小很多，難得的是對國民黨如此尖銳的批評竟出自於黨報的社論，因此一經《大公報》轉載，立刻為士林傳誦；殷海光之名也不脛而走，京滬一帶知識界人士，每以這篇社論和傅斯年傳頌一時的〈這個樣子的宋子文非走不可〉相提並論❻❾。這篇文章對殷海光思想的轉向無疑具有重要意義。表面上是直截了當地追問國民黨治國方策的正當理由，實乃拷問自己以往的政治信仰。在此之前，沈浮於國民黨政治

輿論圈的殷海光,是深信自己服務於以正義與道義立國的國民黨的;也認定包括他自己的知識分子除了信奉國民黨的統治之道,努力與之同命運,別無他途。而此時一切都改變了,由於目睹時艱,殷海光認清了國家的動亂、人民的疾苦,國民黨本身的腐敗有不可推卸的責任,他就勢必會放棄以一個黨派對抗另一個黨派的識見。這樣,重新尋找政治的安頓、精神的歸宿,於殷海光來說,似乎就只是時間問題。

「趕快收拾人心」的呼籲,堪稱像殷海光之類在道義上支持國民黨的知識分子,為國家的前途奉獻的最後赤誠。這時,國共之間在綿延數千里的戰線上,以數百萬兵力鏖戰正酣。國共之間力量的對比已經發生了扭轉,但國民黨兵敗如山倒,雙方的逐鹿在如此短的時間裏就畫上句號,也是出乎時人預料的。就在共產黨渡江前,殷海光隨《中央日報》遷到臺灣。

殷海光之選擇臺灣,除了表達與《中央日報》同舟共濟的願望,或許也是作為反共人士唯一可能的選擇。據他自己的解釋,國民黨潰敗前發表的「上海宣言」聲稱的要聯合自由主義者共同反共,也給了他信心,並且真誠地相信大失敗之後或許是國民黨大反省和徹底改變作風的時候❼。於是殷海光未來的命運便與臺灣這塊土地緊密地聯繫在一起。

四、走向現實的抗爭
——《自由中國》的十年（上）

殷海光生命旅程中最輝煌的一頁,是在臺灣這塊土地上展現出來的。而他的俗世聲名,則與他在《自由中國》的十年密切相關;

一般大眾記憶中的殷海光，也是他在這個雜誌所顯現的鋒芒。由於
這十年在殷海光生命歷程中的重要性，筆者擬分兩個部分來討論。
本節要闡明殷海光自由主義知識分子角色的釐定，以及他在政治、
學術與文化諸方面所形成的問題意識。

殷海光約在1949年6月經過長途航海來到臺灣，先是住在臺北
近郊士林鎮鄉間由《中央日報》社提供的宿舍裏，除了繼續擔任《中
央日報》主筆，又兼任了《民族報》（今《聯合報》前身）總主筆。
如同跟隨國民黨亡命孤島的許多人士一樣，他之來到臺灣，除了別
無選擇，還寄望於遭受重創的國民黨能夠痛定思痛，在現實的幻滅
中藉種種努力重燃希望，因此殷海光仍然表現出他的鋒芒，以尖銳
而又深厚的筆，影響報界的輿論。但在大失敗、大撤退後重燃希望，
卻不是短時間可奏效的。殷海光保留的一點希望，很快也就伴隨一
切依然故我的現實境況破滅。生機何在？對一個既無能扭轉風氣，
又不肯流俗的書生來說，剩下的唯一辦法，只有尋找新的出路，為
自己尋找新的角色定位。顯然，從殷海光思想發展的脈絡來看，在
嘗試了國民黨忠誠擁戴者與諍友的角色之後，未來的發展已受到相
當的限制：在學術上，他原本並不缺乏學術興趣，在道德激情沒有
明確的投射方向時，學術的理知追求又可能成為他用心的方向；而
在政治取向上，以往的實踐殷海光已逐漸認識到黨派識見對建構政
治理念的虛妄，而他關心政治的理想並未泯滅，這樣，從個人的經
歷中導衍出從自由主義的立場發揮社會批判功能的角色身分，也呼
之欲出。

於是，便有了邏輯學教授殷海光與自由主義思想家殷海光。

就在這年的8月，殷海光隻身來到臺灣大學，逕直到校長室找
到校長傅斯年，謀求一份教職。正好學校需要一個教邏輯的教師，

事情當即就決定了。只是傅斯年不承認殷海光在金陵大學的副教授資格，要他由講師做起。

教師的職業殷海光是駕輕就熟的，在他以往的生命中，絕大部分時間都生活於校園。很快地，他也成為臺大最受歡迎的教師之一，並以講授邏輯名聞校園。在臺大十七年，他大略開設了「理則學」、「邏輯經驗論」、「羅素哲學」、「理論語意學」、「科學的哲學」、「現代符號邏輯」、「歷史與科學」等課程。對許多大學生來說，邏輯學是極其枯燥的，殷海光講授邏輯，注重語言分析與應用，很少在課堂引介形式邏輯部分，而是用新鮮的語言，再配合他那動人的表演姿態，使枯燥的課程引人入勝❼。有的學生還專門總結了殷海光受學生重視與愛戴的原因：一是教材的革新，常推薦主要參考書；二是批評的精神，在問題的分析中常常發揮他那銳利的批評精神；三是親切的關懷，坐在校園的草坪上，隨和的與學生討論問題，無形中讓學生體驗到治學方法的重要性❼。而殷海光在校園也樹立了追求知識的典範，他在課堂上經常向學生講述西南聯大展現的一切，那份眷念，是追求知識使然；他也經常由衷地表示：「如果環境許可，我再重新讀十年二十年書。」❼實際上，進入臺大以後，教書之餘，他還成為學校的「老學生」，旁聽了陳學屏的心理學、沈剛伯的希臘史、黃堅原的變態心理學，以及學生洪完成的數理邏輯。甚至在他成為《自由中國》主筆，名氣如日中天，也最為繁忙的一段歲月，潘庭洗在數學系講組論，他還聽了一個學期的課，從不缺席❼。

殷海光之轉向校園，使他的知識興趣重新得以提升，同時校園的自由空氣也吸引著他。就此兩方面說來，他的追求也成為他對青年一代產生巨大影響的原因。尤值一提的便在於當他成為《自由中

國》一支健筆後，對知識的理知追求所體現的那份摯熱情懷，匯聚了他獨特的人格魅力，從而形成追求知識與成就道德的雙重力量，對一代青年產生了強烈的感召力。曾經生活於五、六十年代臺大校園的一代青年，對此差不多都有共同的識見。

殷海光在臺灣以宣傳邏輯著稱，而這項工作大約發端於他離開大陸前所主編的《中央日報》《青年週刊》❼。現在，透過臺大教授的身分，殷海光很快地也在臺灣學術界獨樹一幟，他的名字與邏輯與解析哲學，與追求純理知識緊密地聯繫在一起。正如他的學生林毓生先生所說：「這知識的追求與渴望，更可由他購置大批有關書籍的熱情上看出來。殷先生有關當代邏輯、分析哲學、自由、民主、社會學理論的藏書，大概比臺灣任何公私立圖書館都完備，以臺灣大學教授清苦的待遇，而能有如此豐富的藏書，這件事的背後，蘊藏著對知識追求的熾熱渴望。」❼同時，殷海光追求純理知識的努力也結出豐碩的果實，影響著臺灣學術的轉型。許多論者都肯定了，五十年代的臺灣，「科學實證」論述的臺灣形態，悄悄在臺灣誕生、浮現。它的重要催生者之一就是殷海光。「透過他的努力與宣傳（透過他的臺大學術位置、大陸來臺學人網絡與雜誌集團關係），帶著濃厚啟蒙色彩的「科學實證」論述開始於臺灣發展。」❼尤有甚者，殷海光還引導一批哲學系學生從事邏輯及解析哲學的研究工作，「對臺灣近二、三十年來社會科學界的實證傾向也有推波助瀾的作用」❼。

如果說殷海光進入臺灣大學，成為知名的邏輯學教授，只是接續了他早年的學術興趣，那麼他進入《自由中國》雜誌社，則是意義更為深遠的一件事，作為自由主義思想家的殷海光，即成就於此。

《自由中國》半月刊的創刊，直接發端於國共相爭所造成的歷

史大變局，是部分知識分子在現實的幻滅中，試圖藉思想文化的努力重建希望所確立的發言臺。還在1949年春天國民黨節節敗退的時候，那時以國民黨第六屆中央委員身分參加上海和廈門防衛戰的雷震就約同胡適、王世杰、杭立武等人議定通過辦報紙和雜誌的方式發起「自由中國運動」，組織「自由中國大同盟」。但在上海籌辦報紙的活動，由於南京、上海相繼失守而作罷。到臺灣後，這一工作得以繼續，並於1949年11月在臺北正式創辦了《自由中國》半月刊。胡適任發行人，雷震主其事。從組織過程以及經費的籌措來看，雜誌的官方色彩是極其濃厚的，希望號召信仰民主自由的人士共同反共，藉此挽救國民黨軍事上的失敗，振起輿論。胡適為《自由中國》所寫宗旨就明確道出：

> 第一，我們要向全國國民宣傳自由與民主的真實價值，並且要督促政府（各級的政府）切實改革政治、經濟，努力建立一個自由民主的社會。
> 第二，我們要支持並督促政府用種種力量，抵抗共產黨鐵幕之下剝奪一切自由的極權政治，不讓它擴張它的勢力範圍。
> 第三，我們要盡我們的努力，援助淪陷區域的同胞，幫助他們早日恢復自由。
> 第四，我們的最後目標是要使整個中華民國成為自由的中國。⓻

顯然，從殷海光思想發展的脈絡來看，是切合於這個雜誌的宗旨的，恐怕這也是他能加入該雜誌的基本原因。但殷海光離開南京到臺灣之前這段時間，是否經過上海，並參與雷震等人推動的「自

由中國運動」，尚無確切的材料。雷震這一時期的日記詳細記載了此過程，未曾提及殷海光。不過，差不多在他辭去報社職位前往臺大教書的同時，就介入了《自由中國》緊鑼密鼓的籌備活動，並出席了在圓山飯店的成立大會[80]。

加入《自由中國》雜誌時的殷海光，與該雜誌中那些政界、學界大名鼎鼎的人物相比，聲望與影響力皆不可相提並論。而在思想傾向上，從一開始殷海光所代表的年輕一輩，與年長一輩似乎就產生了某種緊張。殷海光等人對於雷震還有些成見，總思疑從政多年的雷震能否超越黨派識見[81]。而雷震也對殷海光等人的不諳時務頗有微辭[82]。不過，這一時期殷海光的思想雖然已在試圖超越於原先的黨派識見，但如何建構新的政治理念並沒有形成很成熟的思想，因此他也同許多人士那樣不自覺地把自己的命運同國民黨聯繫在一起，考慮的主題並未逸出反共的主軸。這一階段所寫文章大多也是檢討國共這場戰爭的性質以及可能造成的後果，尤其是把中共同共產主義及蘇俄聯繫在一起思考[83]。

在思想還處於相當浮泛的情形下，殷海光也開始注意自由問題，強調實現思想自由，必須首先能夠自由思想，而自由思想的養成，除了外界不給任何限制，思想者自身也需要有重經驗的、分析的、懷疑的、試行的和少談籠統主義多談問題的重事件的態度。面對特殊的現實環境，他還道出，中國當前問題的焦點是要明瞭自由民主已成這一時代的巨流，絕非任何權勢所可永久阻抑，因而出路是要給予人民以自由和生活的保障[84]。就這些對自由民主問題的泛泛而論來說，殷海光大致仍沿襲了在大陸時形成的「政治民主」與「經濟平等」的主張，認為以實現「經濟平等」為中心鵠的之共產主義理想，沒有人能夠說它不是大眾所嚮往的，布爾希維克主義與

共產主義的理想不是一回事❻。在那時算是討論自由問題最重要的文章〈自由主義底蘊涵〉中，他把自由主義區分為四個層面：「政治的自由主義」、「經濟的自由主義」、「思想的自由主義」、「倫理的自由主義」，也獨獨認為「經濟的自由主義問題嚴重」。在他看來，認為自由主義必然蘊涵放任主義，並衍生出「資本制度」，乃是對經濟自由主義的誤解，相反「經濟平等」的理想，乃是經濟的自由主義當有之意：「自由主義者在政治方面平抑特權，當然在經濟方面也應須平抑特權」，「應該像反對政治特權一樣堅持取消不公平的經濟特權」❻。這篇文字的發表時間為1950年8月，它大致說明了殷海光在《自由中國》最初的一年，已很重視自由問題，只是對「政治民主」、「經濟平等」的主張仍未疏理清楚。

那麼，什麼時候、在怎樣的意義上，殷海光才擺脫這種思想的糾纏，真正凸顯出自由主義知識分子的角色身分呢？照筆者的看法，1952～1953這兩年是殷海光思想演變的重要年代。1952年6月，他在一篇反思自己心路歷程的文章中曾鄭重宣告：

> 今日中國政治在實際上亟應把握的重點究竟是「政治民主」呢？還是「經濟平等」？為了這個問題，我和朋友們苦思了許久。來臺以後，我比較有機會接觸西方的政治哲學，沈思中國近五十年來的政治動亂，益之以現在親身感受到的種種刺激，我才得到一個確定的答案：在中國的現在，政治民主重於經濟平等。沒有政治民主，一切都無從談起。失去了政治自由的人，自身先淪為農奴、工奴、商奴、文奴，先失去了人底身分，一動也不能動，說話不合分寸有生命的危險，那裏還能爭取什麼經濟平等？顯然得很，在中國的現在而談社

會主義將構成民主之致命的威脅。❽

這篇文章顯示，殷海光已把目光專注於「民主政治」，以此為解決中國問題的良方。因而也意味著，到臺灣後的殷海光抖落了現代中國自由主義思潮在四十年代所形成的以「政治民主」和「經濟平等」立論的因襲重擔，開始為中國的自由主義尋找新的出路。到第二年，他接觸到奧國學者海耶克 (Friedrich A. Hayek) 的著作，自此以後，海氏不僅成為他精神上的導師，也使他的思想獲得徹底轉變的契機。

大約從1951年冬天開始，殷海光、徐道鄰、張佛泉等人每兩星期就在周德偉家聚會一次，討論反共思想及其他哲學思想問題❽。由周德偉建議，1953年殷海光讀到了海耶克出版於1944年的《到奴役之路》(*The Road to Serfdom*)。他形容說：「當我讀到這本著作時，好像一個寂寞的旅人，在又乏又渴時，突然瞥見一座安穩而舒適的旅舍，我走將進去，喝了一杯濃郁的咖啡，精神為之一振。」殷海光感到振奮的是，以往他倍感困惑的「政治民主」與「經濟平等」的主張在海耶克那裏得到解決。「正當我的思想陷於這種困惑之境的時候，突然讀到海耶克教授的《到奴役之路》這本論著，我的困惑迎刃而解，我的疑慮頓時消失。海耶克教授的理論將自由主義失落到社會主義的經濟理論重新救回來，並且擴大到倫理基礎上。」❽為了同其他人分享這本書的益處，殷海光 1953 年開始動手「翻譯」此書，並從 9 月起在《自由中國》連載。但他的翻譯「不能算是嚴格的翻譯，只能算是意譯；還有節譯的情形，也有幾章未譯」。他還寫下許多譯注，除了處處流露出他對海氏的拳拳服膺，也不知不覺將其激越之情沾上去，與海氏著作和行誼裏表現出的「言行有度，自律有節和肅穆莊嚴」頗不調和❽。在以後的章節中，我們還將進

一步討論到，海耶克被殷海光引入臺灣的特殊管道，很大程度在於反共與自由成為當時自由主義思想新的箴言。但不管怎麼說，此時殷海光發現海耶克，已構成了他以自由主義立言的基石。

就在這年的10月25日，殷海光與臺大農化系畢業的夏君璐小姐結婚，自1945年相識於重慶，算下來已有八個年頭。在給朋友的信中，他情不自禁地說：「我底太太真漂亮。有點西洋風。切勿以為此話係自我恭維。而尤其值得說者，她底心性之好，在現今實在少見。她有一個完整的人格，我常自覺慚愧。」❾❶就此而言，殷海光是幸運的，在爾後落入無邊寂寞、窮愁不堪的歲月中，或許殷太太的知書達理、賢慧寬容，是他充滿怨憤的生活中唯一的安慰。後來殷太太也曾用《新約·哥林多後書》第六章第十節，表達了他們共同度過的一段永不能忘的日子：「似乎憂愁，卻是常常快樂的。似乎貧窮，卻是叫許多人富足的。似乎一無所有，卻是樣樣都有的。」❾❷

結婚不足一年，1954年殷海光即以哈佛大學燕京學社訪問學人身分，赴美國從事研究。這是在為學方面直追西方精神的殷海光第一次也是唯一的一次來到西方世界。在約一年的時間裏，他訪問了哪些學術機構，和哪些學界人士進行交流，又購回哪些他所感興趣的書籍，沒有確切的資料顯示。雖然他曾經把訪美經歷寫成幾篇雜記，先是發表在香港友人胡欣平主持的《祖國》週刊，後又集為《旅美雜記》印成書，但這些文字都只是記述西遊的一些感想，並無助這些問題的解答。不過從中倒是有助於我們瞭解殷海光思想這一時期的一些動向。

正像後來殷海光在寫給韋政通先生的信中所說：「我在生活情調方面，尚不脫東方人色彩，然而在為學方面早已直追西方精神。」❾❸確實，在日常生活方面，他所崇尚的是東方的情趣。在臺北

溫州街十八巷的家裏，他就一手經營了一個花園，有山有水，山上有桂花，水裏有睡蓮，庭院有石桌、石凳；家中絕對容納不下「機械文明」，「任何現代機械產品，包括電視、電話、收音機，都不准進家門——他認為機械文明的結果，第一個總是破壞了寧靜的生活。」❸因之在生活與為學方面充滿矛盾的殷海光來到代表西方文明最高成就的美國社會，並不能像五四時代的留學生那樣對美國文明產生膜拜感。展現在他面前的世界是充滿種種矛盾與不完美的，現實世界並不能為他提供一個值得效法的美麗圖景。雖然他承認美國的存在及其一般人民的生活，顯示了生活畢竟是可留戀的，但這遠遠不能使他完全認同為一種理想的生活。相反對於一味提倡工業化可能造成的負面影響，他深為憂慮：「工業化、效率，固然有其美麗的鏡頭；但是，其陰暗面是怎樣的；尤其，在一長遠過程中，其發展為如何，咱們也得想想。人類愈是依附現代文明，他的天然的能力可能愈是解退。」然而，必須強調的是，他不能完全認同西方的科技文明，卻絲毫不意味著他對東方社會的提升，相反他著力要使自己和提倡「本位文化」，高唱「歷史文化精神」、「東方精神文明」的論調區別開來。用他的話說，「西方文明固然有其毛病，然而較之那絕對主義的、權威主義的、虛字主義的傳統，究竟為害較輕。」❸殷海光因為沒有一個足可讓我們滿意的社會而感到困惑，顯示了在基本精神上，他與五四一代由於膜拜西方社會而產生的樂觀主義浪漫情懷，已有了明顯的不同，從而也影響著他以後的所思所言。

　　或許來到一個新的國家最易感染的，是充滿異國情調的文化。以往鮮少對文化問題發表看法的殷海光，由美國現代文明也相應產生對祖國文明的比較看法。但他的看法幾乎完全是負面的，特別是

參觀了移植式文化交流的唐人街,他更是感慨萬千,認為唐人街存在的最大理由,只不過是「中國文化」裏最值得誇耀的一部分——烹調。但「學得一點烹調老法,老的生活方式,沒有源頭,失去創造力,憑著一點敬祖的情感,憑著一點固執,怎樣繼續得下去? 如何不叫下一代的人與他們脫離?」尤有甚者,他認為這也是一種寫照——最真實最具體不過的寫照,在現代文明的潮流裏,過去環境裏產生的深厚模式,已經失去適應環境和反應刺激的能力,怎能適應新的環境? 怎能繼續得下去 ⑯?

殷海光上述對中國文化的評價是否恰如其分,這裏沒有必要進行分梳,畢竟只是雜感性的文字。重要的是由此引發的對中國文化的思考,對他本人及臺灣社會都將產生一定的影響。這一點,傅樂成的回憶頗能說明問題。在殷海光返臺灣前曾到傅處盤桓兩三天,促膝暢談,傅瞭解到殷海光對中國的思想文化發生興趣,見解甚高,而缺乏史實的依據 ⑰。這是一個可茲重視的訊息。

殷海光1955年春季由美返回臺灣,仍繼續以前的工作。就學術研究來說,這段時間他的學術興趣愈益轉向邏輯經驗論,並用心寫了幾篇文字。次年11月,陳伯莊在香港創辦《現代學術季刊》,特邀請殷海光與徐道鄰參加編述,於是這個雜誌成為他闡述邏輯經驗論的主要陣地,差不多每期都有他撰寫或譯述的文字。如〈邏輯經驗論導釋〉、〈經驗科學整合底基礎〉、〈運作論〉、〈因果底解析〉等較重要的學術文字都發表於此。在此之前,香港亞洲出版社1956年7月還出版了他的《邏輯新引》一書。這是用對話體寫成的邏輯著作,希望對初習邏輯的人有所幫助。這多少反映了殷海光不遺餘力介紹邏輯的良苦用心,只是這種通俗小冊子顯然不具備足夠的學術分量。如何評價殷海光圍繞邏輯與邏輯經驗論展開的學術工作,是以後章

節專門討論的問題。可以明確的是，正如他的夫子自道：一個時代
的思想者，一方面必須有學人的訓練和學問的基礎，但另一方面思
想的方向和重點，畢竟又不同於學院式人物❸。因此，殷海光提倡
邏輯思考，引介邏輯經驗論，並不主要是為了在這一方面有何建樹，
他自己也從不自認是邏輯學家，而是把這種光環讓位於像王浩那樣
的國際知名學者。就像胡適在五四時代全力倡導科學方法所希望達
至的效果那樣，殷海光在五、六十年代的臺灣所致力的，也是為他
所關注的問題確立一個新的討論基點。確切地說，殷海光闡釋的邏
輯經驗論在特殊的時空背景裏才能尋得其位置與意義，這就是作為
自由主義思想家的殷海光藉介紹西方學術思想來闡揚民主與科學，
臧否現實，並對中國傳統思想進行嚴厲的批評。而這一切又和他在
《自由中國》雜誌扮演的角色密切相關。

五、走向現實的抗爭
——《自由中國》的十年（下）

　　前面我們已經提及《自由中國》雜誌的創刊背景，可以說雜誌
最初都是圍繞著反共在做文章，和國民黨沒有發生任何衝突。1951
年6月1日，《自由中國》第4卷第11期刊出的〈政府不可誘民入罪〉
的社論，是該雜誌言論遇到麻煩的開始，胡適稱讚此社論是雜誌出
版以來數一數二的文字，夠得上《自由中國》的招牌❹。毋寧我們
更可以說這篇觸怒軍方和黨方的社論，象徵著雜誌本身的轉向，愈
益凸顯其自由主義的立場。在《自由中國》創刊五週年時，雷震曾
撰文回顧以往工作的重點，包括了⑴闡釋自由與民主的確切意義和
真實價值，⑵強調實行法治以建立政治制度的重要性，⑶希望出現

一個有力的反對黨，⑷團結所有民主國家和反共人士共同攜手反共抗俄，⑸鼓勵自由經濟的發展，⑹建設獨立性與批評性的輿論等方面❿。這也顯示著，《自由中國》雜誌逐漸成為臺灣自由知識分子最有影響力的發言臺，通過發揮社會批判功能、以及啟蒙的籲喊，延續著中國自由主義思想的餘暉。而在此過程中，業已抖落黨派識見與組織成見的殷海光也逐漸凸顯其作為自由主義思想家的新的角色定位，成為《自由中國》雜誌最具鋒芒的一支健筆。

前已提及，純然從自由主義立場來尋求答案與出路的殷海光，很大程度上得益於其運思與為學的思想基礎──邏輯經驗論。邏輯經驗論從經驗主義原則出發，拒斥形而上學，以經驗證實原則為最根本的原則，使得深諳此道的殷海光因此特別長於借助其對當時歐洲形而上學的攻訐，來對付中國社會各種形態的形上學或「意識形態」❿。但值得注意的是，雖然殷海光秉持的思想方法似乎已異於現代中國的前輩啟蒙思想家，然而在基本精神上二者卻相通於啟蒙的訴求。尤有甚者，作為大陸來臺學人，其問題意識成長於大陸，因此很自然地把他所面對的問題聯繫以往的經驗進行思考。實際亦然，針對五十年代越來越保守的當局以及越來越順從的師長，殷海光作為自由主義知識分子再出發時，便是藉著於重整五四精神，臧否社會，呼喚再啟蒙，集中表達了年輕一輩自由主義知識分子對現實的希望與沮喪。

從1957年到1960年，殷海光每年都要撰寫紀念五四的文章，作為《自由中國》的社論發表。這些圍繞著「重整五四精神」所寫的系列文章，針對在幾十年內憂外患的現實困境中早已萎靡不振的五四精神，他集中表達了未來要救中國，還須從五四倡導的民主與科學的根本精神入手；五四所揭櫫的理性精神，仍然是中國人的「燈

塔」和可行的「陽光大道」。對於斯時自由主義精神餘暉尤存的胡適，他在這些文章中也表達了其期待。在他看來，多少年來，各方人士播弄烏煙瘴氣，較之葉德輝、徐桐、倭仁所為毫不遜色，胡適作為提倡科學與民主的先驅，幾十年的行誼和生涯，可以說是一部倡導科學與民主的記錄，因此「我們今天仍需胡先生的領導。胡先生應恢復當年發動五四的精神，促使大家一起覺醒，照著他一起開闢的道路，跟著五四的腳步前進」⑩。

殷海光對胡適的期許，本是重整五四精神應有之意，在五四精神早已殘破的橫逆景象中，借助於先行者輝煌的業跡，無疑也有助於一場新的啟蒙運動的擴展。但現實所昭示的卻是，兩代知識分子已有了「五四的父親」與「五四的兒子」的區別，而且在殷海光看來彼此之間已頗難溝通：後者認為「五四的父親」淺薄，無法認真討論問題，甚至被時代的浪潮沖褪了色，被歲月磨掉了光彩；而前者認為「五四的兒子」是「欠穩健的時代叛徒」，並有意無意的和他"alienate"（疏遠）起來⑩。殷海光這段話不難看出是針對胡適所說的，認為像胡適這般「愛惜羽毛」的怯弱本性，實難擔當重整五四精神的大任。因此，作為年輕一輩代表的殷海光以重整五四精神匯聚知識分子的熱誠，除了面對經歷種種失敗後越來越保守的官方，還要面對愈益失卻鋒芒的老一輩師長。特別是當問題轉向更為敏感的現實領域，不僅溝通更加困難，還需要年輕一代的勇敢者付出沈重的代價。

我們已討論過殷海光四十年代對「第三條道路」的思考——根本否認了以這條道路立國的可能性；而從前述《自由中國》集團的人員構成來看，也多是從政治中心游離出來的一群人。因此這一群體在政治上的基本訴求，是保持在野的身分，發揮獨立的社會批判

功能。如果說《自由中國》雜誌初刊時每當與國民黨官方產生摩擦，
還注意保持克制，甚至忍讓，那麼隨著集團本身積蓄了一定的力量，
進而蔣氏政權在臺灣的威權統治不斷產生負面的「啟示」，也導致
這個代表自由知識分子的雜誌，走向全面的社會批判。他們所要集
中表達的便是對國民黨官方獨斷政治資源、把臺灣社會幾乎任何空
間都置於其嚴格管制之下的威權統治的極度不滿，他們要說真話，
要全面檢討臺灣所遭遇的各種困難，以求得問題的切實解決。

　　從1957年8月開始，《自由中國》雜誌推出了總標題為「今日的
問題」的一系列社論，全面檢討臺灣的政治、經濟、軍事、司法、
教育、新聞等問題。如果說《自由中國》這一舉措提升了雜誌的批
判色彩，那麼在此過程中擔當大任的殷海光，其俗世聲名也如日中
天。似乎還可以這樣說，殷海光自此開始積累其作為自由主義知識
分子的道德資源。首先他為這組文字撰寫了代緒論，明確提出，面
對如此沈悶的局面，要啟揭新的契機，開拓新的局面，還得靠不為
當前虛浮的宣傳所誤的知識分子積極負起責任。而負責任的最好途
徑便是不逃避現實，不作玄幻無益之談，要以「是什麼，就說什麼」
為認知與立言的設準❿。緊接著，他又執筆了最掀動人心的〈反攻
大陸問題〉。照殷的分析，無論就國際形勢還是就現代戰爭的必要
條件來看，「反攻大陸」的「公算」都甚微，國民黨抓住這個口號不
放，只能為此所誤，「弊害橫生」：一方面因為要「反攻大陸」，導致
官方的許多措施都是過渡性的，不求徹底，不求永久，蹉跎歲月，
一誤再誤，浪費民族時光精力，不可計量；另一方面國民黨以此為
大帽子暢所欲為，使人權自由受到嚴重的妨害，政治朝著反民主的
道路發展，其結果是「反攻」「尚在毫無端倪之時，我們已經先失
去了自己所有的」❾。

　　在「今日的問題」所列的十五個問題中，「反攻大陸問題」是殷海光作為一切問題的基本關鍵提出來的。這個最令人關切、又使人最感茫然的問題一經提出，也壓倒了其他同樣不乏尖銳的問題。可以想像，在國民黨官方言必「反攻大陸」，使其超乎政治意識形態之上、甚至成為國民黨合法性基礎的臺灣社會，殷海光從知識分子的認知立場，卻公然道出「反攻」的可能性微乎甚微，官方不應再在這樣的政治神話底下製造精神緊張，不啻如同「皇帝的新衣」被戳穿一般。於是這篇文章也成為那個年代最傾動一時的文字，在臺灣社會激起軒然大波。

　　就是在自由知識分子中間，對於這篇文字的反應也各不相同。回國就任中央研究院院長的胡適，在《自由中國》社為他舉行的歡迎宴會上就表示不能苟同殷海光所寫社論的觀點。表面的意見是覺得「反攻大陸並不是那樣的沒有希望」，「『反攻大陸』是一個招牌，也是一個最重要的希望和象徵。……這樣一個無數人希望的象徵的一個招牌，我們不可以去碰的」。但實質上他完全理解這一問題的要害性，因而強調的乃是爭取言論自由要講求「技術」，並明確希望《自由中國》雜誌在爭取自由人權過程中在技術上要多多學習[106]。胡適尚且如此，官方的非難更可想而知。官方給《自由中國》戴上提倡「反攻無望論」的大帽子，認為這樣的言論，符合國際陰謀，「是朱毛共匪所熱烈歡迎的」，要「扯垮這反共抗俄的政府」，甚至認為此說主張「兩個中國」[107]。

　　針對國民黨官方的詆毀，殷海光又另著一文，指出「反攻大陸問題」的提出，只是將知識原則應用到實際問題的結果。如果我們不願沈醉於感情之霧裏，就必須對「感情與知識」、「口號與實踐」作出恰當的區分，重申他們的看法：一是請大家不要把反攻大陸的

希望建立在無絕對把握的未來戰爭的基礎上；二是希望大家不要為「馬上就要回大陸」的心理所誤，以致放棄了我們今天所真正該做的事，而去追逐那個世界射擊戰爭的渺茫幻影⑩。針對胡適的說法，他也寫了一篇措辭十分尖銳的文章，認為「反攻大陸」關乎大家的前途甚大，每個人都有去「碰」的權利和必要，尤其應該用科學的態度和科學的方法進行追究和詰問。可能是《自由中國》社同仁的意見，這篇文章沒有正式發表⑩。

「反攻大陸問題」引起的爭議，只是《自由中國》言論招禍的一個插曲。殷海光提出這個問題既需要相當的膽識，也顯示作為新一代自由主義的代表人物與老一輩自由主義者愈益顯出思想差別。事實上在此前後圍繞「吳國楨事件」、「容忍與自由」等問題，殷、胡二人也都發生了公開的爭辯，表達了兩代自由主義者追求民主政治的不同立場⑩。這也顯示了通過這些爭論，殷海光與胡適的關係，發生了微妙的變化。殷最初視胡為真正的自由主義者，堪稱是他心目中知識分子的典範；以後殷又不斷借助於胡的象徵地位，並為其所遭受的不實之詞挺身予以辯護；現在卻愈益發生尖銳的思想衝突。緊接著「雷震案」發生後，殷海光對胡適更是極度失望。這裏不能仔細討論胡、殷二人的關係，但他們之間所發生的上述變化，卻是富於象徵意味的事。從自由知識分子的角色來說，胡氏是從早期具有獨立色彩的在野的批判角色，逐漸過渡到晚年的「諍友」角色，而殷氏則恰恰相反，由原初的右派人物轉化為在野的社會批判角色，因此兩人的紛爭，實是意味了現代中國自由主義思想的臺灣形態獨具特色的發展脈絡及問題結構。這裏並無意對胡、殷二人各自的行為方式進行評價，但無疑正是兩人之間所發生的爭論，展現了新一代自由主義知識分子的自我意識，而殷海光在此過程中不斷積累其

道德資源，特別是在遭受官方種種迫害的情形下呈現其強烈的道德感召力，也使他駕乎胡適之上，成為臺灣五、六十年代自由主義思想的象徵。

那麼，這次由「反攻大陸問題」引發的官方對《自由中國》社的圍剿，是否成為殷海光不幸遭遇的開始呢？表面看並不如此，身陷此等時勢和環境的自由知識分子只是不斷有「山雨欲來」的預感。但隨著雜誌一如既往地對官方的所言所行進行嚴厲的批評，其命運也岌岌可危；而作為雜誌中堅的殷海光更是越來越成為官方圍剿的「箭垛」。

1958年12月，殷海光在臺灣大學公開演講「胡適與國運」，或許演講中提及對中國現代思想最有影響的人物，只列舉了康有為、梁啟超、陳獨秀、胡適四人，而對官方塑造的偶像和三民主義並無半句恭維，因而「招致了某黨人士的極度不滿」。自此以後，臺大同學再約請殷海光演講，概遭訓導處拒絕。後來，臺大學生刊物《華僑青年》約請他寫稿，所寫〈人是不是人〉在出版前校方堅持拿掉，不許刊登❿。學校訓導處這些舉措，絕非空穴來風，顯然秉承了上方的旨意。真正是「山雨欲來」。不到一年，《自由中國》遭禁，殷海光的命運也隨之急轉而下。

1960年9月4日發生了著名的「雷震案」，雷震以包庇匪諜、知匪不報的罪名遭逮捕。正式起訴時加上了「連續以文字作有利於叛徒之宣傳」的罪名，並很快由軍事法庭判處徒刑十年。顯然這只是有權有勢的官方「欲加之罪，何患無辭」的故伎。明眼人都可看出這是官方對於《自由中國》這些年不斷挑戰其政治權威的總反擊。如果說有什麼導火線的話，則是雷震等人要成立一個具有制衡力量的反對黨，並把臺灣社會問題的解決歸結為「反對黨問題」。

　　雷案發生對殷海光是前所未有的沈重打擊,他沒有一同被捕,多少也算「僥倖」。 難怪時為《自由中國》編委的聶華苓聽說雷震被捕,第一反應就是問殷海光是否也給抓走❶。實在是倘若《自由中國》闖下禍端,殷海光豈能倖免。雷震等人籌組新黨的活動,殷海光雖未直接參與,卻是非常贊同的,在〈我對於在野黨的建議〉文中,他就對未來新黨的稱呼、基本目標、政綱內容、工作重心和基本態度提出理論分析,以供參考。基本上,他主張要為中國民主自由人權運動打開一條新路,必須有一種新的思想打前鋒,「如果大家尚囿於臺灣目前流行的這一套老想法或官制的意識形態,……根本犯不上冒險犯難來策進在野黨」。 同時,他也贊同胡適的溫和主張,用「在野黨」的稱呼代替較為敏感的「反對黨」稱呼,甚至還進一步主張連「黨」字也不用,只稱什麼「會」❶。就在雷案發生的前三天,殷海光執筆的《自由中國》社論,還熱情宣揚說,臺灣熱忱於自由民主憲政救國的人士積極籌組一個新黨,作為實現自己抱負的機構,乃「大江東流擋不住」, 唯其如此,才能結束國民黨一黨專政造成的禍亂相尋的局面,使民主、自由、人權在大家的醒覺和努力中真正實現❶。

　　然而,不管殷海光等人的建議是多麼的理性溫和,對於其生活的社會又是何其的滿腔熱情,不幸的事還是接連發生了,不僅雷震被捕,新黨胎死腹中,而且《自由中國》雜誌也遭封殺。但陷於隨時可能被捕危險之中的殷海光,並沒有忘卻其應盡的道義。除了在《民主潮》發表〈我看雷震和新黨〉和〈法律不會說話〉, 他還起草了以殷海光、夏道平、宋文明三人的名義發表的一份共同聲明,指出既然以文字罪加之於雷震,那麼他們作為雜誌的主要撰稿人必須作一說明。聲明說:「雷震先生是《自由中國》半月刊的發行人,

因而他對《自由中國》半月刊的言論負有法律責任；可是，我們是撰稿人，對於我們自己撰寫的文字，我們從來沒有規避自己應負的言論責任。」針對警備總部在雷震起訴書中有關《自由中國》言論部分，聲明還嚴正斥之為「斷章取義、東拼西湊、張冠李戴，和改頭換面之詞」，並指出「這一編織的結果，與我們的文章原意完全不符。我們認為這種舉措，關係乎我們個人者尚小，關係乎言論自由者大，關係乎中國政治民主前途者更大」⑮。

然而，同樣列入國民黨官方打擊、懲治對象的殷海光等人，又豈能通過這種方式向權勢在握的官方討回些許公道呢？除了發出最後的怒吼，苦楚達於極至，還能怎樣呢？

雷案的發生使殷海光陷入深沈的悲哀與寂寞，不單單是為雷震鳴不平，也為胡適的表現心灰意冷，更為臺灣社會的民主前途極度絕望。胸懷熾烈情感如殷海光者在冷冰冰的現實面前再也無話可說，或許這個時候的殷海光才由衷感到手無寸鐵的一介書生，面對現實社會中執掌權勢的龐然大物，以在野的身分借助於辦報謀求社會的改革，其力量是何其的蒼白無力。

六、「我不分享這個時代的價值」
——現實抗爭幻滅後發言位置的轉換

1960年《自由中國》雜誌因「雷震案」的發生被迫停刊後，殷海光昔日的主要發言場所即遭剝奪。無論是作為右派人物對黨國的盡忠，還是以在野的身分扮演社會批判的角色，殷海光對現實政治都全力傾注了他的道德激情。此次再度遭受挫折，尤其是受官方強加的，於是對他來說不免有歷盡滄桑的挫敗感。這也促使他對於涉

入現實政治的旋渦，失去了往昔的熱情。果然，在寫了抗議「雷案」的文章後，他就不再撰寫批評臺灣社會政治問題的文字。

殷海光再次面臨著重新尋求新的發言位置的問題。而在他的身上，我們也似乎看到了在現代中國轉型的年代裏徘徊於政治與學術間的身影，那些對國家與民族負有責任感的知識分子，是注定要將自己的心力投射於某個方面的。介入政治的通道堵塞了，則轉換為學術的努力。對現實政治心灰意冷的殷海光，此時似乎也只有這唯一的選擇。因此他努力於鍛鍊「隔離的智慧」，寧願躲進小樓成一體，安於學問的寂寞，以維護自己的尊嚴。即使有不斷襲來的誣陷和打擊，他也一貫保持沈默。只是純然是學術的研究，似乎也並不為當局所容，或者是殷海光本人有意識的要與他所生活的社會保持階段性的距離。他最初的幾篇學術性的文字如〈語言世界與經驗世界〉、〈試論信仰的科學〉，就頗有意味地發表在臺灣之外的香港《大學生活》。

然而隨著臺灣社會思想舞臺由《自由中國》時代過渡到《文星》時代，潛心於學問的殷海光還是被拖進是非旋渦中。

由蕭孟能夫婦於1957年11月15日創刊於臺北的《文星》雜誌，原是以「生活的、文學的、藝術的」為宗旨的刊物。1961年李敖以〈老年人與棒子〉介入，《文星》改成了「思想的、生活的、藝術的」雜誌；次年李敖又以〈給談中西文化的人看看病〉，掀開了在六十年代的臺灣思想舞臺引起強烈震動的「中西文化論戰」。由於《文星》雜誌這時逐漸成為殷海光門下弟子的主要發言場所之一，「形同隱居」的殷海光也被推到一個令人尷尬的位置。那些與殷門弟子論戰的學界人士甚至坊間，都無法不把這場論戰與殷海光聯繫在一起。實際上對於這場論戰，殷海光可以說自始至終都沒有介入，

他在《文星》雜誌發表的文章以及由文星書店出版的著述，都與論
戰無關⑩。他所做的只是為學生們「改文章」，而且也並不是對學生
的想法沒有保留。1962年10月在給林毓生的信中，殷就這樣表示：

> 據道路傳聞，說在西化派這一方面，是我在後面調度。咳！
> 這真是天大的冤枉。年來我形同隱居，不問外事，報也不看
> 了。除教書糊口以外，我唯一努力的工作就是完成中國近代
> 思想史。那有閒空去攪這混水！⑪

　　殷海光不願捲入新一輪的論戰泥沼，但各方力量似乎都沒有忘
卻他，於是他也不由自主地被各方人士拖進是非圈中。1963年7月
英國的《中國季刊》（China Quarterly）刊登了臺灣專論，其中易社
強（John Israel）所寫的〈臺灣的政治〉一文有論及殷海光之處，
大意說殷海光學崇羅素，隱然推崇其為臺灣自由主義思想的領袖。
結果這篇文章觸怒了徐高阮，1964年3月他在《中華雜誌》發表了
〈評倫敦「中國季刊」的臺灣特輯〉，全盤否定殷的人格與學問，指
其為學術欺詐者，沒有學術真誠。後來，胡秋原以為中西文化論戰
以及李敖對他的攻擊，是殷幕後指使，也加入了《中華雜誌》的行
列。一時間，滋生出許多出版物，以殷海光為《文星》集團的黑後
臺，是反民族、反傳統的毒素思想源泉，是偽自由主義者，是文字
賣國者和知識欺詐者，還危言聳聽地說他勾結費正清（John K.
Fairbank）從事顛覆活動⑱。

　　對於這些指控，殷海光都是一貫的保持沈默。測度斯時他的立
場與看法，一方面或許是經歷《自由中國》雜誌的滄桑，他對於政
治的紛爭再也提不起興趣；更重要的，努力鍛鍊「隔離的智慧」的

殷海光，其運思已為對近百年中國社會文化變遷的思考與反省所佔
據，並且享受了純理工作的樂趣。他的論學著作《思想與方法》1964
年10月由文星書店出版後半年就再版，對他是極感快慰的事：「此
間比較硬性的書能在不到七個月就需要再版，這種情形可以證明自
由中國知識界對我有所瞭解和選擇。……在這種年月，還有什麼鼓
勵比這更大呢？」他還直截了當地表示：「我是以思想為職業的人，
……我思想的問題，從前多半是哲學上比較專門的問題；近年來多
半應用哲學的技術來思考近代中國的問題，和我們所處時代與環境
的大問題。……近年來我又增加了一個題目，就是『人該怎樣活下
去才好』。」⑲言下之意，對於斯時流行的種種紛爭，是無意介入的。
到他的代表作《中國文化的展望》於1966年年初出版時，他在序言
中更是明確表示自己「不願再捲入泥沼」， 要「獨自出發來尋找出
路和答案」：

　　也許，若干讀者會發現我並未完全分享目前流行的情緒和價
　　值觀念。的確是這樣的。而且這正是我願意明明白白表示出
　　來的情形。目前在若干人口頭流行的有關中國文化的意見，
　　在我看來是一點也經不起分析的。……一個專業思想者也不
　　能不受他所在的時代和環境的影響。可是，如果一個人的觀
　　念和思想完全跟著他所在的時代環境裏的意見氣氛打轉，那
　　麼他自己還有什麼呢？他何必再去思想呢？我在思考時，在
　　作分析的批評時，有我苦索多年的前題擺在我心中。一切浮
　　詞囂議和我所要追求的境地距離實在太遠了。⑳

　　這篇「序言」堪稱殷海光在《自由中國》式的抗爭幻滅後學術

研究再出發的宣言，他急於要表達一種與現實的距離感，並期望經由「獨立的認知」，為自己尋找新的發言位置與立場。因此，這也反映出六〇年代以後的殷海光苦心經營一種新的發言策略，這種策略從消極方面來說是要遠離對中國文化陷入「擁護」與「打倒」的泥沼裏的「風俗習慣」，在沈悶的時代與環境裏為學問和思想打開僵結；積極方面則是在學術思想層次建構新的思想系統，包括在思考程序、思想結構、基本觀念諸方面都尋求一種突破。

《中國文化的展望》（以下簡稱《展望》）出版時包含上下兩卷，計十五章，厚達七百六十一頁。主題是「論列中國近百年來的社會文化對西方文化衝擊的反應。以這一論列作基礎，試行導出中國社會文化今後可走的途徑」[121]。十五章實際由十五篇獨立的論文構成，由圍繞的問題層層推展開去。要深入討論此書，需要在其他的章節才能進行。單就此書問世時公開發表的評論來說，是頗中肯的。許倬雲先生稱《展望》一書是近年來討論文化轉變的著作中的上乘作品之一，「優點在見解精闢，分析徹底，行文也極稱雄辯。以哲學家而能使用文化人類學及社會學的觀念作科際整合的實踐，尤屬難能可貴。缺點中最嚴重者為忽視文化的時間深度，只劃分為過去（傳統）與現在兩個平面」[122]。這篇書評及殷海光本人的答覆，大概是關於此書唯一見諸於臺灣的公開文字。另外金耀基先生在香港的《大學生活》也撰文肯定《展望》是五四以來談文化問題具有認知意義且在觀念上已經走向成熟的書，具有獨立的創建性價值，的確說出了些什麼，也解答了些什麼，是討論中國文化問題的一個新的里程碑[123]。

然而，像這樣從認知的意義出發進行的學術爭鳴卻是何其之少。六十年代臺灣社會特殊的話語結構，使得以平常心審視學術的

風氣極度匱乏,評論者往往都是在書中尋找各自所需的。對殷海光
這樣的人物,尤其免不了先入為主的成見。在為《展望》寫書評的
五年之後,金耀基曾寫下耐人尋味的一段話:

> 我看到殷海光先生這本書的時候,非常驚訝,因為我一直以
> 為他是對中國文化不存好感的,沒有興趣的。在我開卷之前,
> 我又以為在這裏面一定可以看到「全盤西化」式的大主張了。
> 但是,我的猜想錯了,並且錯得很厲害。他在這本書裏所表
> 現出來的態度,完全淘洗了他過去的偏執。……從他的字裏
> 行間,已不難嗅到他在企圖擁抱中國社會文化生命情調的高
> 貴質素,已不難看到一份由長期冷寂中孕育出來的超越的清
> 明心態。[124]

像金耀基這樣的學者都不免有「成見」,遑論他人。實際上圍
繞這本著作的流行見解都是針對殷海光對傳統文化的態度展開的。
金先生會坦率道出他最初的猜想錯得很厲害,但並非每個人都會如
此,於是學術上的見仁見智落到殷海光頭上,便成為新一輪悲劇的
開始。

在臺灣官方「復興中國文化」以反對共產黨和對抗所謂「全盤
西化」論者的挑戰,甚而以「固有文化」,「充實國民精神生活」的
氛圍中,殷海光再次付出他的代價。1966年春季,文星書店在改組
的煙幕下遭整肅。同年7月,甫經出版的《展望》一書也被警總列
入禁書的行列,理由是「該書內容反對傳統文化精神,破壞社會倫
常觀念,足以淆亂視聽影響民心士氣。……」[125]於是,自《自由中
國》事件後殷海光所努力鍛鍊的「隔離的智慧」,所苦心經營的「離

開泥沼戰」的新發言策略，可以說由於《展望》一書的被禁而根本上被瓦解。

就像所有極權勢力對異己力量的打擊不會停留於政治迫害和思想迫害一樣，《展望》被禁只是殷海光1964年以來不幸遭遇的一部分，自此以後，種種迫害更危及於其基本的生存。1966年是殷海光命運的轉折點，除了被迫停止申請以往作為他最低生活費用一半的「國家長期發展科學補助金」，還迫使他離開臺大。

1966年8月5日教育部去函臺大，擬聘請殷海光為教育部教育研究委員會委員。殷海光豈能不知這只不過是當局以調職的掩人耳目手法，達到「變相解聘」的目的，因此即致函校長錢思亮：「我並沒有一定在臺大待下去的意思。……我只是希望得到一點時間，繼續努力，設法到別處謀生。如果一時還不成，我希望有機會轉到研究中國近代歷史之類的純學術機構，從事研究，完成我預備著作的中國近代思想史。如果連這都辦不到，我再設法做點小生意謀生。」⑱十天以後雙方見面議定，今年課表照貼，名義上仍是臺大教授，但終止上課，明年7月與臺大的一切形式關係自動消失。照理，事情至此已算告一段落，官方要完全隔離殷海光與青年知識分子相接觸的機會，圖謀已成。然而接下來卻又發生了更令人毛骨悚然的一幕。9月，有關單位到他家勸其接受教育部的聘書，而送聘書的居然是安全人員和黨部人員。這不能不使殷海光憤慨無比：「他們像惡霸一樣，強暴了女人，又要受害人自己代他們掩飾。」義憤也使他產生了勇氣：「我殷海光在這兒！」「我敢拿生命打賭，我不會接受那張聘書，我也不會去做官。」⑲

這個時刻，殷海光扮演的是一個悲劇英雄的角色，英雄暮年，壯心不已。

七、「這必死的，總要變成不死的」
──晚年的思想與學術

　　人人都不難料想，被剝奪教職、失去發言臺對一個知識分子來說意味著什麼。殷海光的不幸遭遇雖然在五、六十年代就時有發生❿，但從被迫離開臺大到他去世為止，這三年的歲月，殷海光更是陷入貧病交加、孤立無援的苦難之中。

　　畢竟是書生──在胡適眼裏，殷海光就是「書生氣」很重的「書呆子」❿。「為人應世笨拙不堪」的殷海光該如何面對突然降臨的一切呢？起初他計劃到美國教書謀生，1966年10月15日給屈萊果教授（Donald W. Treadgold）寫信說：「我不能再在臺灣立足了。唯一的辦法就是到美國去謀生。……但我簡直不知怎樣去找一份工作。……我現正填寫一份申請表格，要求你做我的諮詢人。」❿此事難度之大也是可想而知的，美國的大學很少會願意聘請一位研究西方哲學的中國學者。好不容易有了希望，哈佛大學燕京學社次年5月決定聘請他到哈佛與史華慈教授研究中國近代思想史，可申請出國的手續又極不順利。儘管殷海光對此事始終未曾絕望，在給美國友人以及學生張灝、林毓生的信中，都希望他們多方設法，但直至去世一直未獲出境。1967年燕京學社主任裴理哲到殷宅晤訪，才當面議定，在殷海光尚未離臺前，研究費用寄來照發❿。

　　殷海光的一些朋友和學生出於對他的關懷與支援，也邀請他寫一些文字聊補生計。1966年9月起，他開始應齊世英之約在《時與潮》雜誌撰文，除了〈我與羅素的討論〉、〈人生的基石〉外，這些文字差不多都是圍繞大陸的「文化大革命」所寫的時評。從他當時

的學術興趣來說，這些文字都不是他願意寫的，真如又回到年輕時的賣文維生。後來他又應許冠三之約為《人物》（後易名《人物與思想》）雜誌撰文，因為不能見到所寫文章的刊出，大概只寫了兩篇以後就不再寫了。

這些聊以謀生的手段只是暫時的，並不能長期解決生活的實際困難，在最低限度的生活甚至都不能維持的時候，一向孤傲的殷海光，也不得不致信朋友、學生設法幫忙。在給許冠三的信中，殷海光寫道：「我是一個很不善謀生的人。說來也慚愧，離開校門二十多年以後，依然『兩袖清風』。當然，這種待遇也不可能有積蓄的。我的收入被切掉了一半，另一半今年七月三十日停止。所以，生計問題馬上臨頭，躲也躲不掉。這是必須與老朋友切實商量的，也必須老朋友們設法的。」⑬又致信張灝：「我如今，頭髮如霜，現實裏的一切，什麼也不屬於我，連基本的生存也成問題，還要 student-friends（學生朋友）來支持，並且還要向那陌生的『學術市場』出售自己。」⑬

未幾，更大的災難又降臨到他的頭上。1967年3月初殷海光就感到食慾不振，身體也越來越虛弱，4月下旬在幾個學生的嚴厲迫促之下，到臺北宏恩醫院檢查，結果確診為胃癌；後又轉到臺大醫院做了大手術，胃被切除三分之二。但醫生留了話：「最多只能活一年。」

這就是殷海光所付出的代價。

然而，就是在整個心境被憤怒和絕望所支配，生活陷入貧病交加、孤立無援的最深重的苦難中，對人生的熱望，對學術的真誠，對理想的堅持，仍然是他最後的生命歷程中真實的寫照。張灝到醫院去看他，就得到這樣的印象：「他說話時那種激動和興奮，顯示

著：十年來政治上的迫害，社會上的冷漠與誣蔑，長年的衰病和死亡的威脅，沒有絲毫冷卻他那特有的理想主義精神。」❹

殷海光在最後的歲月裏，主要為完成與哈佛大學的合作項目中國近代思想史做準備工作。在給朋友和學生的信中，他都就所需的資料請他們設法購置或贈送。但這部書始終沒有動筆，而且對這一工作他頗不耐煩，屢次抱怨說：「我對這工作，一開始就厭倦。說真的，這是為了解決生物邏輯的問題，我真正感到興趣的是自由與存在的問題。」按韋政通先生的推測，這個題目是為了要去哈佛大學擬定的，藉這項研究解決離開臺大後的生活問題，不是發之於創造的衝動；再者撰寫這樣一部範圍廣泛的思想史，要接觸許多資料，像殷海光這樣一位在思想上要求嚴格，主觀意識又極強的人，怎麼耐得住這些瑣碎乏味的工作❺。

雖然晚年這項主要工作沒有真正展開，但並不妨礙這些年他對自己不斷進行反省。正是在這些反省中殷海光逐漸走向生命的成熟，對很多問題留下最後的見解。

殷海光對自己提出的最嚴厲批評，主要圍繞著他在《自由中國》的文字，抱怨其中至少三分之二的文章不必寫，並對自己因此沒有多做些純理的工作感到慚愧❻。盧鴻材要為他抄錄著作目錄，他也由此對自己的寫作提出很刻薄的評價，認為過去的作品，除了文筆鋒利及思想快捷外，內容方面距離成熟遙遠得很，同樣不免和他所批評的人物那樣，絕大部分作品只有「歷史的價值」而很少「學術的價值」❼。

1967年12月23日林毓生在給殷海光的信中，曾對殷海光幾十年來所提倡的邏輯與「科學方法」提出看法，認為具有強烈道德熱情和詩人氣質的殷海光，幾十年來偏偏提倡科學方法和「無顏色的思

想」， 究其原因實受時代環境之刺激，而不是為科學而科學。然而道德熱情和科學方法融合所產生的巨大的緊張（如果不是衝突的話），有時固然能刺激個人的思想，但有時卻也造成很大的負擔⑱。林毓生是主張不應過分提倡邏輯的（當然也不應故意加以排斥），而且認為要清除對「科學方法」的迷信，「因為邏輯與『科學方法』所能接觸到的只是形式問題，如果我們對問題本身沒有具體而實質的瞭解，一個人無論邏輯如何精通，往往會根據對問題片面的瞭解加以演繹，自然要犯形式主義的謬誤」⑲。殷海光回信甚為稱許，認為道出其心靈深處多年來的緊張之源，並表示：「經弟的X光對我透視，我才自覺到，我二、三十年來與其說是為科學方法而提倡科學方法，不如說是為反權威主義、反獨斷主義、反蒙昧主義（obscurantism）、反許多形色的ideologies（意識形態）而提倡科學方法。」⑭

由於這樣的原因，晚年的殷海光對他平生用力最勤的邏輯與邏輯經驗論也進行了很多反省，對邏輯經驗論的基本缺點有所評論，以為邏輯經驗論的基本設定──一切知識都可「整合」， 結果造成「知識的權威主義」；尤其使人不滿的是：以為解決了大腦的問題，就可以解決人生的問題，其實人的問題並不止於此，人最重要的是心靈的問題⑭。談到與徐復觀的區別，殷海光認為自己長期沈浸在西方式的分別智中，求細密、講推論、重組織；而徐復觀比較東方式，講直覺、體悟、透視、統攝。這兩種思想模式應互相補償，而不應互相克制排斥⑭。類似的看法，殷海光在與韋政通的談話中也表達出來，指出西方哲學家並不完全是採用邏輯的方法，中國哲學家也不純然是直覺的；不應把直覺的價值看得很低，許多創發性的觀念，「在哲人們的腦際燦爛的一瞬之間，就是一種直覺活動」⑭。

放棄邏輯經驗論的知識的霸權與關切人生和心靈的問題，猶如一枚錢幣的兩面，這也使得他對中國文化的看法有所改變。躺在病榻上的日子裏，殷海光留下的許多話，尤其是〈古典中國社會的基本問題〉與〈既不進又不退：一個偉大的存在價值〉兩篇短文以及一些語錄，對中國文化的某些方面都有所肯定。如何看待這一問題，不是這裏所能討論的。但作為殷海光晚年生命裏極其重要的一頁，是不能忽視的。他在尋求思考中國文化新的起點，與林毓生的通信就提供了較為清晰的線索。

殷海光這種思想的轉變，實際上在出版《中國文化的展望》時已透露出某些信息；1967至1968年間殷、林師生二人的通信，或許能更充分地說明。基本上，林毓生所強調的是自由與傳統的關係極為複雜，自由主義的養成不能離開富有生機的傳統，而殷海光對此產生了極大的共鳴，這也是他躺在病床上經常思考的問題：「中國的傳統和西方的自由主義要如何溝通？這個問題很值得我們深思。如果我的病能好，我要對這問題下一點功夫去研究。」並檢討自己過去也曾和胡適諸人一樣，往往拿近代西方的自由思想去衡量古代的中國而後施以抨擊，殊不知在古代中國，強大的帝制下人民依舊有很大的社會自由；老莊的世界是多麼的自由自在，心靈何等的開放；就是猶太教與回教，也比孔教專斷多了。並得出結論說，只能將歷史的社會與歷史的社會比較，倘若以歷史的社會與近代西方的社會比較，是根本的錯誤❹。

殷海光這些與以往立場有較大差別的話，再加之他並沒能闡述很完整的思想，因此爾後也引起極大的爭論。恐怕誰也不會否認殷最後幾年的思想經歷著變化，所爭論的主要是在轉化的方向上。這個問題，以後還將專門討論。簡言之，筆者傾向於我們不必過於關

注那些結論性的意見，也不必過於進行推衍性的發揮。眾所周知，殷海光閱讀中國古籍的能力很差，一般的國學知識也很貧乏，因之將這些在沒有廣泛接觸中國文化基本資料的情形下表達的識見做過多的引申是殊為不當的。徐復觀曾宣稱，殷海光「轉變的方向，正是唐、牟兩先生歷年來的主張」❶，亦即把殷海光立場的轉變視為向新儒家的靠攏，這是大可懷疑的。事實上，究竟能走多遠，對殷海光自己來說也是未知數。但即便是在這一時期，對於流行的關於中國文化的見解，他的評價大多是負面的，所以他會說：「唐先生所樹立的為儒門風範，所成就的為道德理想，而非知識。以他的學術資本、思想訓練，和個人才力，顯然不足以完成他所要達到的目標和規模。古往今來，道德的奇理斯瑪人物，往往如此。」更耐人尋味的是，就是在這封致徐復觀的信中，他還明確表示：「對於中國的歷史、社會、文化的認知，尚是一大片未曾開拓的處女地。這有待真才實學之士的奮發努力」❷。這既否定了任何流行的見解，也表現出相當的自負。

步入晚年的殷海光思想愈益走向成熟，從他思想的發展軌跡來說，也是值得稱道的一件事。它蘊涵著充滿道德感的殷海光，在理知的追求方面同樣展現了他的那份率真。這一方面是個人的際遇使然，但更重要的一面是，通過他的學生，他獲取了更為豐富的思想資源，正如他稱許林毓生是他的「小天窗」，他的「一面鏡子」，我們看他們師生之間的通信，不能不為殷海光摯熱的求知熱情所感動。如果說殷海光以他巨大的道德力量與精神力量的感召力，使追隨他的學生湧動為苦難的中國盡一己之力的使命感，那麼經歷現代知識嚴格的訓練後，學生也不斷把新的學術信息回報於他。晚年的殷海光正是在由學生們提供的最新的現代知識信息面前不斷感受新的刺

激、新的提示，並經由學生道出其多年來心靈深處的緊張之源，他
急切地盼望著尋求思考中國問題的新的立足點。以殷海光在思想工
作上「不憚以今日之我與昨日之我挑戰」的嚴肅而真誠的態度，一
旦獲取新的思想資源，尤其發現自己以前的缺陷，他都會努力跳出
原來的窠穴，朝新的認知方向轉向的。遺憾的是，這項剛有肇端的
工作並沒有能夠展開。不過，從中我們可以看出，殷海光未來的角
色定位，無疑仍然是如何沿著五四所開闢的道路前進的問題。

正如殷海光生命中最光輝的一頁是在五四精神早已殘破的臺
灣社會，以無比的道德勇氣，不避橫逆，挺身重整五四精神，在生
命的彌留歲月，他反省最多的仍然是五四，尤其突出的是把自己的
生命緊緊同五四聯繫在一起。1967年在一封給張灝的信中，談及這
些年常常要找一個最適當的名詞來指謂自己在中國這一激盪時代所
扮演的角色，他表示最近終於找到了，那就是 "a post May-fourthian"
（五四後期人物）。這一角色，按他的描述：

> 這種人，being ruggedly individualistic（堅持獨立特行），不
> 屬於任何團體，任何團體也不要他。這種人，吸收了五四的
> 許多觀念，五四的血液尚在他的血管裏奔流，他也居然還保
> 持著那一時代傳衍下來的銳氣和浪漫主義的色彩。然而，時
> 代畢竟來得太快了。五四的兒子不能完全像五四的父親。這
> 種人，認為五四的父親淺薄，無法認真討論問題，甚至被時
> 代的浪潮沖褪了色，被歲月磨掉了光彩。而五四的父親則認
> 為他是一個「欠穩健的時代叛徒」，有意無意的和他alienate
> （疏遠）起來。⑭

　　借助五四的靈光表達對現實的希望與沮喪，是殷海光曾經展現的輝煌，步入晚年以後之所以有「五四後期人物」的自命，實在是由於生活的際遇使然。因而不能不感嘆自己像許多後期人物一樣，不僅沒有機會享受五四時代人物如日中天的聲華，卻有份遭受著寂寞、淒涼和橫逆，也只能陷身於希望與失望，吶喊與彷徨，悲觀與樂觀，嘗試與武斷的巨浪大潮中試著摸索自己前行的路。或許正是這樣的原因，殷海光晚年在肯定和維護五四精神的同時，對於五四所表現出的狂飆精神和浪漫情懷，也進行了深刻地反省。在給林毓生的信中，殷海光這樣寫道：

　　　　自五四以來，中國的學術文化思想，總是在復古、反古、西
　　　化、反西化、或拼盤式的折衷這一泥沼裏打滾，展不開新的
　　　視野，拓不出新的境界。……
　　　　五四人的意識深處，並非近代西方意義的 "to be free"（求
　　　自由），而是 "to be liberated"（求解放）。這二者雖有關聯，
　　　但究竟不是一回子事。他們所急的，是從傳統解放，從舊制
　　　度解放，從舊思想解放，從舊的風俗習慣解放，從舊的文學
　　　解放。於是，大家一股勁反權威，反傳統，反偶像，反舊道
　　　德。在這樣的氣流之中，有多少人能做精深謹嚴的學術思想
　　　工作？ [149]

　　殷海光一生的精神源泉與內心痛苦，皆由於此。他終身捍衛理性、自由、民主、仁愛諸價值，延續著五四精神的餘暉；只是他對於五四時代的人物與思想，也有相當的保留，因而呼喚一個新時代的來臨。不過，生逢理性遭大恐慌年代的殷海光，要以一己之力捍

衛知識、理性的永恆價值，沒有巨大的精神力量支撐，顯然是不可能的。而精神源泉還是只有五四。可以說，殷海光生命中所顯示的超越時代的永恆意義，以及強烈道德感的來源，都是和五四緊密聯繫在一起的。吾人不知，離開五四，哪裏還有殷海光。事實上，直至生命的最後一刻，五四仍然是他的魯殿靈光。

據殷太太的回憶，「所有中國的節日，我們一概不過，……結婚十幾年來，家裏只有一次放鞭炮，那是為了慶祝『五四』。」⑭在最後兩年的生命中，他的節日，也唯有五四。1968 年五四紀念日，他赴新竹清華大學遊覽，當晚他與學生圍坐於清華湖，論學評事，直至深夜才散。還寫下紀念五四的文章，感嘆今日的知識分子好像又逢肅殺的嚴霜，萎縮冬眠起來，而他自己則對開創一個蓬勃時代的五四嚮往之，並堅信「五四是一個良好的開端，中國文化必須從這一開端向前邁進，繼續不斷的充實和改進，才能走上正軌道」⑮；次年五四五十週年紀念日，他又在家中放炮竹慶祝，也寫下紀念文章。他所憂慮的仍然是，五四已經過去五十年了，現今的知識分子較之五四時代的領袖人物並沒有多少進步。因此，面對而今已成隱沒之勢的五四，他還渴望著盡自己之力，使五四精神有再現的那一天：

> 狂熱、幻想、激變、神話、偏執，總不是清明的思維活動的象徵。我們不能說這些東西真的有助理想世界之實現。……五四運動倡導「民主」及「科學」五十年後，民主完全落了空，科學的基本態度也很少被人接受。但是，如果二者是人的生活所必不可少的要素，那麼就會有許多人不斷的追求它們。如果有許多人不斷的追求它們，那足見它們還是社會文

化變遷的動力。如果它們還是社會文化變遷的動力，那麼遲早可能有再現的日子。[15]

　　然而，就像所有悲劇英雄的命運那樣，殷海光的悲劇大值人們同聲而泣。他一生信奉「不憚與昨日之我與今日之我挑戰」，經歷數十年來各種角色的沈浮，思想愈益走向成熟的時候，癌病卻奪走了他的生命。時1969年9月16日。所留下的遺囑除了對殷太太和女兒未盡責任的歉意，特別抱憾對於青年一代，責任未了；對於苦難的中國，沒有交代：

　　我如今也快活到半個世紀了。對於個人的生死並不足惜，否則這五年以來也不會是這個樣子了。所憾有：……在我的思想快要成熟時，我怕沒法寫下來，對苦難的中國人民有所貢獻。……對青年一輩，可能沒法有一個最後的交代，《思想與方法》《中國文化的展望》只是一個開始，何況我又一直在改變和修正我自己的思想。我若死在臺灣，希望在東部立個大石碑，刻著「自由思想者殷海光之墓」，身體化灰，撒在太平洋裏，墓碑要面對太平洋。[16]

注　釋

❶　陳鼓應編：《春蠶吐絲 —— 殷海光最後的話語》（以下簡稱《春蠶吐絲》）（臺北：寰宇，1971），頁22–23。

❷　羅素著，何兆武、李約瑟譯：《西方哲學史》（北京：商務，1986），上卷，頁8–9。

❸　參見蘇雲峰著：《中國現代化的區域研究：湖北省（1860～1916）》（臺

北：中央研究院近代史研究所，1987年版），頁22–23、78。

❹ 參見皮明麻主編：《近代武漢城市史》（北京：中國社會科學出版社，1993），頁467。

❺ 殷海光口述的自傳中，對家世只略為提及。以此為線索，參照其他資料，我們大致可以勾劃出這個家族的簡單譜系：殷海光的祖父殷明萬，字翼庭，以教書為業；祖母吳貴芝。下有三子：子衡、子林、子平。子衡子愛生，女昭泰、靜慧，孫樂毅、樂信；子林卒於1936年；子平子福生。參見殷子衡：〈獄中記〉，《辛亥首義回憶錄》（武漢：湖北人民出版社，1958），第三輯，頁5–34。

❻ 陳平景：《殷海光傳記》，收入陳鼓應編：《春蠶吐絲——殷海光最後的話語》（以下簡稱《殷海光傳記》），頁84。對於這個極為簡略的傳記，殷海光並不滿意，筆者在以後的討論中也將指出，這個傳記不僅過於簡略，還有許多回憶有誤的地方。

❼ 殷子衡（1876～1957），亦作子衡，教名勤道，晚號蕙園。少時隨父及母舅吳貢三治時藝及詩、詞、歌、賦等，後專治格致、輿地之學。曾應縣、府、鄉試，1905年受聘為團鳳小學國文、地理教習。在湖北革命風潮湧動的年代裏，殷子衡投身推翻滿清政府的革命運動。其最有影響的活動是開設黃州「鳩譯書舍」，秘密印刷鼓吹革命的書籍和傳單，還親坐小火輪送至武昌高家巷聖公會內的「日知會」，再秘密分散於軍學兩界。日知會被清政府破壞後，殷子衡被捕入獄，以「謀判」罪名被判處十年徒刑。在與日知會總幹事劉靜庵同監的日子裏，劉授以基督教義，為之起教名「勤道」。武昌起義時出獄，先後在漢陽和黃州參加革命政權工作。因感於革命者間的內訌，下決心脫離政治，獻身基督，於1912年在漢口聖公會受禮。1919年受神職，1920年受武漢聖公會會長。從此一直服務於宗教界和教育界，並留下《中華婚姻鑑》、《中國哲學撮言》、《比較宗教學》、《皈依基督自述》、《中國基督教兩大偉人》、《蕙園日記》等書。關於殷子衡的生平資料，除前述其本人的〈獄中記〉，還可參閱萬學華：〈殷子衡傳略〉，《黃岡文史資料》第1輯（湖北：黃岡，1985）；張難先：《湖北革命知之錄》，見沈雲龍主編：《近代中國史料叢刊續輯》854（臺北：文海）。

❽　陳平景：《殷海光傳記》，頁84–85。

❾　殷海光、林毓生：《殷海光・林毓生書信錄》（臺北：遠流，1984），頁149。

❿　陳鼓應編：《春蠶吐絲》，頁56。

⓫　皮明庥主編：《近代武漢城市史》，頁476。

⓬　參見皮明庥主編：《近代武漢城市史》，頁467。

⓭　《湖北省政府教育廳現行規章》（漢口：新昌印書館，1932），頁190。

⓮　1903年清廷頒佈的「奏定學堂章程」曾規定了「立學宗旨，勿論何等學堂，均以忠孝為本，以中國經史之學為基」。適應此要求，1903年的中學科目規定為修身、讀經、算學、詞章、中外史學、中外輿地、外國文、物理、化學、博物、圖畫、體操等科；次年改定為修身、讀經、講經、中國文學、外國語、歷史、地理、博物、理化、圖畫、法制及財政、體操。參見教育部編：《中國第一次教育年鑑》「丙編・教育概括」，頁190–91。民國建立以後，曾推行「壬子一癸丑學制」。到1922年又通過了新的學制，史稱「壬戌學制」。經歷這些變革，傳統中國教育的知識體系可以說完全被取代，中國的各級學校的課程設置及課程標準代之以西方的近代知識體系。語文課本中保留的些許文史詩詞篇章，也只是作為讀書寫作的訓練工具。參見李華興、陳祖懷：〈民國學制的演進與啟迪〉，《現代與傳統》第6、7輯（廣州：1994）。

⓯　陳平景：《殷海光傳記》，頁86–89。

⓰　卡爾・波普爾著，趙月瑟譯：《波普爾思想自述》（上海：上海譯文出版社，1988），頁3。

⓱　克特・W・巴克主編：《社會心理學》（天津：南開大學出版社，1984），頁69–74。

⓲　蕭乾：〈我當過文學保姆——七年報紙文藝副刊編輯的甘與苦〉（文學回憶錄之三），《新文學史料》13期（北京：1991），頁22–23。

⓳　參閱雷頤：〈中國現代思潮中的張申府〉，《東方》1期（北京：1994）。

⓴　《世界思潮》首刊於1932年9月3日，最初以週刊形式出版，從45期（1933年9月7日）起改為雙週刊，終刊於88期（1934年12月27日）正如張申府在終刊辭〈現代哲學的主潮〉中所說：「現代世界哲學的主要

潮流有二：一為解析，詳說邏輯解析；一為唯物，詳說辯證唯物。」這也代表著《世界思潮》的內容與特色。

㉑ 殷福生：〈意志自由問題底檢討〉，《東方雜誌》第32卷第1號（1935年1月1日），頁57–67。〈科學對話——因果律與外界存在〉，刊於《大公報》（天津：1933年9月7日）。

㉒ 陳平景：《殷海光自傳》，頁91–92。

㉓ 金岳霖：〈金岳霖的回憶錄〉，參見王中江：《理性與浪漫——金岳霖的生活及其哲學》（河南：人民，1993），「附錄四」。

㉔ 參閱殷福生：〈邏輯基本——譯者引語〉，林正弘主編：《殷海光全集》17（臺北：桂冠，1990），頁611–38；〈邏輯和邏輯學究竟是什麼〉，《文哲月刊》第一卷第七期，頁14–33。

㉕ 參閱清華大學校史編寫組編著：《清華大學校史稿》（北京：中華書局，1981），頁167–69。

㉖ 張申府：〈哲學系概況〉，見清華大學校史研究室編：《清華大學史料選編》第二卷（上）（北京：清華大學出版社，1990），頁326–29。

㉗ 金岳霖晚年的回憶對殷海光的北上另有一段說明，其中寫道：「殷福生是當時要學邏輯的青年，寫信給我要學這門學問，我問張東蓀，有什麼青年可以做的事，得點錢過日子。他說那好辦。我就讓殷福生到北京來了。來了之後，張東蓀說沒事給殷做。我只好維持殷的生活。多少時候，現在忘了。」參見金岳霖：〈金岳霖晚年的回憶〉，《東方》6期（北京：1994）。

㉘ 陳平景：《殷海光自傳》，頁104。

㉙ 熊十力也係湖北黃岡人，在其早年投身革命的過程中與殷海光的伯父殷子衡曾共事，皆為日知會的成員，當是較為熟識的。由於有這層關係，殷海光赴北平求學，時在北京大學任教的熊十力，當是其拜訪的對象，並有較多的接觸。

㉚ 陳平景：《殷海光自傳》，頁105–106。

㉛ 蔣夢麟：《西潮》（臺北：業強出版社，1991），頁222。

㉜ 清華大學校史編寫組編著：《清華大學校史稿》，頁293–95。

㉝ 馮友蘭：〈三松堂自序〉，《三松堂全集》（鄭州：河南人民出版社，1985），

第一卷，頁324。

❸❹　陳平景：《殷海光自傳》，頁120。

❸❺　參見「西南聯大各院系第一年級共同科目一覽表」（1938年度），清華大學校史研究室編輯：《清華大學史料選編》第三卷（下）（北京：清華大學出版社，1994），頁212-17。

❸❻　清華大學校史編寫組編著：《清華大學校史稿》，頁334。另據「西南聯大各院系必修、選修學科及任課教師表」收入的1940～1941年度哲學組的課程表，西南聯大期間，哲學組主要包括下列課程（括號內為任課教師）：「邏輯」（金岳霖、王憲鈞）、「哲學概論」（賀麟、鄭昕、石峻）、「科學概論」（毛準）、「中國哲學史」（馮友蘭）、「西洋哲學史」（馮文潛）、「人生哲學」（馮友蘭）、「印度哲學史」（湯用彤）、「邏輯問題」（沈有鼎）、「儒家哲學」（王維誠）、「哲學問題」（金岳霖）、「邏輯語法」（王憲鈞）、「魏晉玄學」（湯用彤）、「康德倫理學」（鄭昕）、「康德美學」（鄭昕）、「西洋現代哲學」（賀麟）、「呼塞爾原著習讀」（沈有鼎）、「亞里士多德哲學導論」（陳康）、「亞里士多德」（陳康）及畢業論文。見清華大學校史研究室編輯：《清華大學史料選編》第三卷（下），頁225-26。

❸❼　王浩：〈從金岳霖先生想到的一些往事〉，《中國哲學》第十一輯（北京：人民出版社，1984），頁487-93。

❸❽　殷海光：〈致林毓生〉（1968年9月24日），見盧蒼主編：《殷海光書信集》（臺北：桂冠，1988），頁212。以下簡稱《殷海光書信集》。

❸❾　殷海光：〈致盧鴻材〉（1968年4月21日），《殷海光書信集》，頁239。

❹⓿　參見〈總裁在第三次教育會議之訓詞〉，《第二次中國教育年鑑》㈠，收入沈雲龍主編：《近代中國史料叢刊三編》（臺北：文海），第十一輯，頁81-84。

❹❶　清華大學校史編寫組編著：《清華大學校史稿》，頁296、301。1943年9月，西南聯大成立了由陳雪屏、周炳琳、姚從吾、賀麟、崔書琴組成的「黨義教學委員會」，組織的專題演講有（括號內為演講者）：一、三民主義與大學教育（周炳琳），二、黨史（姚從吾），三、民族主義（孫毓棠），四、民權主義（崔書琴），五、民生主義（伍啟元），六、

理想與現實（陳雪屏），七、心理建設（賀麟），八、倫理建設（馮友蘭），九、物質建設（劉仙舟），十、中國之命運（上）（雷海宗）、（中）（鮑覺民）、（下）（陳雪屏）。還規定《三民主義》、《建國大綱》、《建國方略》、《中國之命運》為學生必讀書籍。參見〈西南聯大「黨義教學委員會」組織及授課情況〉，《清華大學史料選編》第三卷（下），頁253–54。

㊷ 據當時出版的書籍統計：聯大一百七十九位教授中，九十七位留美、三十八位留學歐陸、十八位留英、三位留日；三位常委：兩位留美，一位未留學；五位院長，全為留美博士；二十六位系主任，二十位留美、兩位留歐陸、三位留英，一位未留學。參見西南聯大除夕副刊主編：《聯大八年》（西南聯大學生出版社，1946年7月），頁160–61。

㊸ 聞一多：〈八年的回憶與感想〉，《聯大八年》，頁7。

㊹ 陳平景：《殷海光自傳》，頁121–22。

㊺ 殷海光：〈致張灝〉，《殷海光書信集》，頁76。

㊻ 參見蕭超然等著：《北京大學校史》（上海：上海教育出版社，1981），頁231；聞黎明著：《聞一多傳》（北京：人民出版社，1992），頁225。

㊼ 魯溪：〈我的教書生活〉，《聯大八年》，頁62。

㊽ 傅樂成：〈悼念殷海光兄〉，見殷夏君璐等著：《殷海光紀念集》，《殷海光全集》18（以下簡稱《殷海光紀念集》），頁95。此外李聲庭也回憶說，殷福生在斯時也是反共的，在一次座談會上，他便斥責共產黨那一套的假仁假義。參見〈南針社及南針壁報〉，《學府紀聞——國立西南聯合大學》（臺北：南京出版有限公司，1981），頁225–27。

㊾ 參見聞黎明著：《聞一多傳》，頁257–58。

㊿ 周宗王：〈從軍生活〉，《聯大八年》，頁106。

(51) 陳平景：《殷海光自傳》，頁138。

(52) 聯大1944年11月公佈的「志願從軍學生學業優待辦法」對從軍學生保留了原有學籍，結束軍人生活後，即可恢復。參見清華大學校史研究室編輯：《清華大學史料選編》第三卷（下），頁416–17。

(53) 參閱沈醒園：〈憶故人，憶斯人〉，《殷海光紀念集》，頁25–30。

(54) 徐復觀：〈對殷海光先生的憶念〉，《徐復觀雜文——憶往事》（臺北：

時報，1980)，頁168–79。

(55) 《中國民主同盟歷史文獻》(北京：文史資料出版社，1983)，頁72–74。

(56) 殷海光：〈光明前之黑暗〉，《殷海光全集》1，頁122、188、189–90。

(57) 參見卡爾納普（Rudolf Carnap）著，殷福生譯述，王憲鈞校閱：《哲學與邏輯語法》(*Philosophy and Logical Syntax*)(重慶：商務印書館，1946年9月)。

(58) 沈醒園：〈憶故人，憶斯人〉，《殷海光紀念集》，頁25–30。

(59) 徐復觀：〈對殷海光先生的憶念〉，《徐復觀雜文──憶往事》，頁168–79。

(60) 陶希聖：〈報人本色的布雷先生〉，《傳記文學》28卷4期（1976年4月號）。

(61) 陶希聖：〈八十自序〉（下)，《傳記文學》34卷1期。

(62) 蔣君章：〈布雷先生對「中央日報」社論的指示〉，《六十年來的「中央日報」》(臺北：中央日報社，1978)，頁158–60。

(63) 殷海光：〈中國共產黨之觀察〉，《殷海光全集》1，頁107。

(64) 殷海光：〈我為什麼反共?〉，《殷海光全集》11，頁255。

(65) 殷海光：〈我們走那條路?〉，《殷海光全集》11，頁5–23。

(66) 參閱許紀霖：〈中國自由主義知識分子的參政1945～1949〉，《二十一世紀》總第6期（香港：中文大學中國文化研究所，1991年8月)。

(67) 殷海光：〈我們走那條路?〉，《殷海光全集》11，頁5–23。

(68) 殷海光：〈趕快收拾人心〉，《中央日報》(1948年11月4日)。收入《殷海光全集》的此文，文字有脫落，此據刊在報上的稿子。

(69) 許冠三：〈我的朋友殷海光〉，《明報月刊》12期（1966年12月)。

(70) 參閱陳平景：《殷海光自傳》，頁152–53。在殷海光的自傳及其他人的文章中，都談到殷海光被中共在渡江前宣佈為文化戰犯，此不確。在中共兩次所宣佈的戰犯名單中，並沒有殷海光。就他的身分及影響來說，實在不可能列入僅有數十人的戰犯名單裏；也未見有文化戰犯的說法。

(71) 洪完成：〈省思與探索──懷念殷海光先生〉，《殷海光紀念集》，頁270。

(72) 趙天儀：〈教學、演講與寫作──憶殷海光師〉，《殷海光紀念集》，頁224。

㉓ 羅業宏、黃展驤:〈思想鬥士殷海光——紀念殷海光老師逝世兩週年〉,《殷海光紀念集》,頁195。

㉔ 陳平景:《殷海光自傳》,頁159。

㉕ 殷海光主編的《中央日報》《青年週刊》始刊於1949年3月16日（每逢星期三出版）。〈邏輯對話〉從《青年週刊》第3期開始登載,一直連載到第13期（1949年6月29日）。從第14期開始,《青年週刊》也改由王新命主編。除了宣傳邏輯,殷海光在週刊發表的一些短文和通信,頗能說明其離開大陸時的思想動向。參見《中央日報》(1949年3月16日～6月29日)。

㉖ 林毓生:〈殷海光先生終生奮鬥的永恆意義〉,《殷海光紀念集》,頁133。

㉗ 傅大為:〈科學實證論述歷史的辯證——從近代西方啟蒙到臺灣的殷海光〉,《殷海光紀念集》,頁420–21。

㉘ 林正弘:〈一個自由主義者的民主科學觀——殷海光先生的西學中用〉,《殷海光紀念集》,頁367。

㉙ 胡適:〈「自由中國」的宗旨〉,此文寫於1949年4月6日胡適從上海乘船赴美途中,參見《胡適日記》(臺北:遠流,1989),第16冊,「1949年5月17日」。

⑳ 許冠三:〈儆寰先生辭世十一年祭〉,《雷震全集》2,頁251–54。

㉛ 同⑳。

㉜ 雷震1949年11月23日記述《自由中國》編輯會的一則日記即寫道:「殷海光與許冠三對陳啟天之文章,挑剔備至。殷謂陳啟天文內之理性主義不合哲學所定之意義。而許冠三謂自由主義又是一種國家主義亦不合。毛子水未深察亦附會其說。予覺得如此討論,此誌能維持多久,實成問題。殷、許二君之言,不合於情理,最後交毛子水決定。」見傅正主編:《雷震全集》31,頁386。

㉝ 參見〈民族戰爭呢? 還是社會戰爭?〉、〈堵住中國這個缺口〉、〈中國會出現鐵托嗎?〉、〈反布爾希維克主義〉諸文,均收入《殷海光全集》11。

㉞ 參見〈思想自由與自由思想〉、〈戰爭與自由〉、〈這是唯一的出路〉、〈關於「統一思想」底問題〉諸文,均收入《殷海光全集》11。

(85) 殷海光:〈反布爾希維克主義〉,《殷海光全集》11,頁141-49。
(86) 殷海光:〈自由主義底蘊涵〉,《殷海光全集》11,頁189-216。
(87) 殷海光:〈我為什麼反共?〉,《殷海光全集》11,頁257。
(88) 參見牟潤孫:〈悼念殷海光〉,《殷海光紀念集》,頁31-39。
(89) 殷海光:〈自序〉,《殷海光全集》6,頁1-7。
(90) 同(89)。
(91) 殷海光:〈致王道〉(1953年10月27日),《殷海光書信集》,頁5-7。
(92) 殷夏君璐:〈永不能忘的日子〉,《殷海光紀念集》,頁7。
(93) 參閱韋政通:〈我所知道的殷海光先生〉,《殷海光紀念集》,頁58。
(94) 殷夏君璐:〈記憶的蒼穹〉,同上書,頁521-29。
(95) 殷海光:〈快!更快!〉,《殷海光全集》9,頁59、69。
(96) 殷海光:〈唐人街〉,《殷海光全集》9,頁129-31。
(97) 傅樂成:〈悼念殷海光兄〉,《殷海光紀念集》,頁99。
(98) 殷海光:〈「海光文選」自敘〉,《殷海光全集》17,頁652。
(99) 胡適:〈致雷震函〉(1951年8月11日),刊《自由中國》五卷五期;又見胡頌平編著:《胡適之先生年譜長編初稿》(臺北:聯經,1984),第六冊,頁2186。
(100) 雷震:〈我們五年來的工作重點〉,《雷震全集》13,頁41-65。
(101) 傅大為:〈科學實證論述歷史的辯證——從近代西方啟蒙到臺灣的殷海光〉,《殷海光紀念集》,頁423。
(102) 參見殷海光所寫的〈重整五四精神〉(1957年),〈跟著五四的腳步前進〉(1958年),〈展開啟蒙運動〉(1959年)和〈五四是我們的燈塔〉(1960年), 分別收入《殷海光全集》11、12。在1957年胡適六十五歲生日的時候,殷海光就寫了〈胡適思想與中國前途〉,高度評價胡適自由主義思想在中國啟蒙運動中有創導作用;《胡適與國運》的小冊子出籠後,殷海光還專門著文〈請勿濫用「學術研究」之名〉予以批駁,文章均收入《殷海光全集》11。
(103) 殷海光:〈致張灝〉(1967年3月8日),《殷海光書信集》,頁74。
(104) 殷海光:〈是什麼,就說什麼〉(今日的問題1),《殷海光全集》11,頁499-507。

- ⑮ 殷海光：〈反攻大陸問題〉，《殷海光全集》11，頁509–21。
- ⑯ 胡適：〈從爭取言論自由談到反對黨〉，《胡適作品集》26，頁232。
- ⑰ 參閱殷海光：〈關於「反攻大陸問題」的問題〉，《殷海光全集》11，頁524。
- ⑱ 同⑰，頁523–34。
- ⑲ 殷海光：〈與胡適先生論「反攻大陸」問題〉，《殷海光全集》12，頁609–18。編者注曰：這篇文章有違《自由中國》半月刊的「傳統」，所以沒有刊出。但「傳統」為何，並無說明。
- ⑳ 章清：〈自由主義兩代人：胡適與殷海光〉，《二十一世紀》8期（香港中文大學中國文化研究所，1991年12月）。
- ㉑ 參見殷海光：〈給雷震先生的一封公開信〉，《殷海光全集》12，頁897–908。
- ㉒ 聶華苓：〈憶雷震〉，《雷震全集》2，頁318–19。
- ㉓ 殷海光：〈我對於在野黨的基本建議〉，《殷海光全集》12，頁943–69。
- ㉔ 殷海光：〈大江東流擋不住〉，《殷海光全集》12，頁971–79。
- ㉕ 殷海光、夏道平、宋文明：〈「自由中國」言論撰稿人共同聲明〉，《殷海光全集》12，頁995–97。
- ㉖ 殷海光在《文星》雜誌發表的文章有〈論科技整合〉、〈「思想與方法」再版序言〉、〈自由的倫理基礎〉；由文星書店出版的著作為《思想與方法》、《中國文化的展望》以及翻譯著述的《到奴役之路》、《海耶克和他的思想》。參見李敖：〈為殷海光出書經過〉，《殷海光紀念集》，頁393–402。
- ㉗ 殷海光：〈致林毓生〉（1962年10月12日），《殷海光‧林毓生書信錄》，頁53–54。
- ㉘ 參閱殷海光：〈我被迫離開臺灣大學的經過〉，《殷海光全集》9，頁157–58。
- ㉙ 殷海光：〈「思想與方法」再版序言〉，《殷海光全集》17，頁639–43。
- ㉚ 殷海光：《中國文化的展望》，「序言」（臺北：桂冠，1988）。
- ㉛ 同㉚。
- ㉜ 許倬雲：〈讀殷海光「中國文化的展望」〉，原載《思與言》4卷1期

（1966年5月15日），收入《中國文化的展望》，「附錄一」，頁763–75。殷海光的答辯〈有關「中國文化的展望」的幾個問題〉，同上書，「附錄二」，頁777–96。

⑫ 金耀基：〈殷海光遺集「中國文化的展望」我評〉，原載《大學生活》，收入《中國文化的展望》，「附錄三」，頁797–818。

⑫ 金耀基這段話寫於1971年1月，同上書，頁797–98。

⑫ 參見殷海光：〈我被迫離開臺灣大學的經過〉，《殷海光全集》9，頁160。

⑫ 殷海光：〈致錢思亮〉（1966年8月15日），《殷海光書信集》，頁23–25。

⑫ 參閱殷海光：〈我被迫離開臺灣大學的經過〉，《殷海光全集》9，頁155–68。

⑫ 參見韋政通：〈「自由」和「存在」的對決〉，見《自由民主的思想與文化》，頁1–18。

⑫ 參見胡頌平：《胡適之先生晚年談話錄》（臺北：聯經，1984），頁87。

⑬ 殷海光：〈致屈萊果〉（1966年10月15日），《殷海光書信集》，頁51–55。

⑬ 此事費正清（J. K. Fairbank）的回憶錄裏也有所記載，參見《費正清對華回憶錄》（上海：知識出版社，1991），頁471–72。

⑬ 殷海光：〈致許冠三〉（1967年1月10日），《殷海光書信集》，頁34–37。

⑬ 殷海光：〈致張灝〉（1967年3月8日），《殷海光書信集》，頁73–81。

⑬ 張灝：〈一條沒有走完的路——為紀念先師殷海光先生逝世兩週年而作〉，《殷海光紀念集》，頁161–62。

⑬ 參見韋政通：〈我所知道的殷海光先生〉，《殷海光紀念集》，頁64–65。

⑬ 同⑬，頁74。

⑬ 殷海光：〈致盧鴻材〉（1968年5月24日），《殷海光書信集》，頁250–52。

⑬ 《殷海光‧林毓生書信錄》，頁124。

⑬ 參見林毓生為《殷海光‧林毓生書信錄》所寫的代序〈翰墨因緣念殷師〉「注釋」，同上書，頁6。

⑭ 殷海光：〈致林毓生〉（1968年9月24日），《殷海光‧林毓生書信錄》，頁149。

⑭ 陳鼓應編：《春蠶吐絲》，頁12。

⑭ 同上書，頁44。

⑭ 韋政通：〈我所知道的殷海光先生〉，《殷海光紀念集》，頁62。

⑭ 參見陳鼓應編：《春蠶吐絲》，頁33–34。

⑭ 徐復觀：〈痛悼吾敵‧痛悼吾友〉，《殷海光紀念集》，頁77–85。

⑭ 殷海光：〈致徐復觀〉(1969年8月24日)，《殷海光書信集》，頁3–4。

⑭ 殷海光：〈致張灝〉(1967年3月8日)，《殷海光書信集》，頁73–81。

⑭ 殷海光：〈致林毓生〉(1968年9月24日)，《殷海光書信集》，頁208–15。

⑭ 殷夏君璐：〈記憶的蒼穹〉，《殷海光紀念集》，頁521–29。

⑮ 殷海光：〈五四的再評價〉，《殷海光全集》15，頁1459–1471。

⑮ 殷海光：〈五四的隱沒與再現〉，同上書，頁1473–1494。

⑮ 〈殷海光先生遺囑〉，這是殷海光在臺北宏恩醫院口述、陳平景記錄的。
見陳鼓應編：《春蠶吐絲》，頁1。

第二章　邏輯經驗論的引介與認知獨立的倡導

　　殷海光一生的工作及影響大致可分成兩方面：一方面是學術性的；另一方面則是政治性的。雖說殷海光的俗世聲名多來自他在政治上的不避橫逆；一般社會大眾記憶中的殷海光，也主要是《自由中國》雜誌最富激情的政論作者。但正如其學生所言：「追求純理知識的欲望，在他身上表現得非常強烈。」❶這不僅意味著政治的殷海光與學術的殷海光密不可分，他的政治理念的闡揚，蘊藏著他對知識追求的熾熱與渴望；而且在純粹的學術工作上，他也下過很大的功夫，用過很多的心力。

　　幾乎不用說，殷海光一生的學術興趣是邏輯與分析哲學，在基本的治學方法上，他嚴守著邏輯經驗論的門徑，並通過引介注重邏輯與經驗的西方學術應付他所面對的問題：一是表達對現實的政治關懷；一是反思傳統中國的學術文化。

　　這種既非純粹政治、又非純然學術的角色塑造，或許是富於道德熱情的殷海光在道德安頓與知識追求兩者之間時常陷於緊張的寫照，也是擔當啟蒙思想家無法緩解的兩難。他自己就說過：「一個時代的思想者，必須有學人的訓練和學術的基礎，然而一個時代的思想者，他的思想方向和重點畢竟和學院式的人物不相同。」❷吾人知道，在現代中國的歷史中，類似於這樣徘徊於學術與政治間的身

影，並不孤單；許多知識分子無論潛心於學術，還是投身於政治，往往都會產生某種不安。殷海光類似的思想經歷或許並無任何獨特之處，但我們首先還得追問這樣的思想路數是怎樣形成的。由於殷海光情所獨鍾的邏輯與分析哲學主要是在五四時代成為中國思想界的「顯學」， 他的思想也成長於這樣一個背景，或許首先展示五四中國思想界的相關背景，更有助於我們理解殷海光思想路數形成的契機。

一、現代中國實證主義思潮興起的歷史辯證

邏輯實證主義 (Logical Positivism)，以及本世紀相當一段時間在英美思想界居於支配地位的分析哲學，是由本世紀最有影響的經驗主義流派奧國維也納小組 (通常稱之為「維也納學圈」 (Vienna Circle)) 開創、或者是最初在這個小組孕育的那些思想繼續發展的結果。1938年所謂德奧「合併」造成的政治形勢，維也納小組被迫宣佈解散，小組成員大部分移居美國避難，繼續發揮他們的觀點。就在這段時間，維也納學派的主要代表們逐步放棄了從孔德 (A. Comte) 到馬赫 (E. Mach) 的實證主義傳統，趨向於休謨 (Dowid Hume) 和穆勒 (J. St. Mill) 式的經驗主義觀點。隨之「邏輯實證論」的名稱被捨棄，改稱「邏輯經驗論」(Logical Empiricism) ❸。

邏輯經驗論的哲學傾向與古典經驗論 (Classical Empiricism) 基本相似。如同將各種經驗主義論者聯結在一起的共同紐帶並不是某些確定的學術內容，而是對形而上學的否定，邏輯經驗論大張旗鼓攻訐的也主要是形而上學，或其稱之為形而上學的東西——任何認為在我們的感官所能感覺到的合乎科學和常理的世界之外還有另

一個世界的看法；或者聲稱能夠用先驗的方法獲得有關現實的論斷或規範陳述的哲學。古典經驗主義通常以十七、十八世紀的英國哲學家洛克（John Locke）、貝克萊（George Berkeley）及休謨等人為代表，他們的基本信念大體可以這樣描述：只用純粹的思考而沒有經驗的檢驗（借助於觀察），要說明現實世界的性質及其法則是不可能的；人類所有的觀念，諸如顏色、形狀、大小、時空……等，都源於我們的感官經驗❹。邏輯經驗論與古典經驗論主要的不同在於它結合了數學，並且發展了一種有力的邏輯技術。因而在現代哲學發展過程中，邏輯經驗論的革命性意義就表現在將新邏輯和新科學運用於打破或改造傳統的哲學觀念和思想模式，古老的哲學問題由邏輯經驗論處理變得非常明瞭：要麼毫無意義，要麼就是可以用邏輯方法解決的。

　　從古典經驗主義發展到邏輯經驗主義，在英美學術思想界產生了極其重要的影響。而在中國，由嚴復肇其端，這一路思想也逐漸介紹進來。

　　當嚴復振聾發聵地宣稱中西之間的差異，尤其是西方強盛的原因，應該在除武器和技術，甚至經濟、政治組織或制度設施之外的思想和價值觀的領域去尋找，不能不說顯示了他獨到的眼光。嚴復留學英國時，正是經驗論哲學在英國廣泛流播之時，受此洗禮，因此高度重視邏輯學，並認同經驗論哲學。我們知道，嚴復的翻譯工作所致力的是希望把英國經驗論這套東西搬到中國來。他相信西方科學成就的背後，蘊藏著邏輯科學：「本學之所以稱邏輯者，以如貝根言，是學為一切法之法，一切學之學；明其為體之尊，為用之廣，則變邏各斯為邏輯以名之。」❺把百年學運倡明歸之於培根（Francis Bacon）提出的哲學經驗論和歸納法，即他所謂的「實測內籀之

學」。「實測」是指科學知識的形成仰賴對事物的觀察與實驗,「其為事也,一一皆本諸學術;其為學術也,一一皆本於即物實測」❻;「內籀」則是相對於「外籀」(演繹)而言的歸納,「內籀者,觀化察變,見其會通,立為公例者也」❼。按嚴復的理解,中西強弱在學術方面的原因皆由此發其端,「西學之所以翔實,天函日啟,民智滋開,而一切皆歸於有用者,正以此耳。」❽

嚴復對邏輯學的關注,也許始於他早年在福州船政學堂初次接觸西方科學之時❾,無疑他是近代中國最早講邏輯學的人❿。如果說不憚心力翻譯《穆勒名學》是這種關注的直接結果(這項艱苦的譯事他只完成了一半,後翻譯《名學淺說》作為對沒有完成的工作的扼要補充), 除此而外,1900年他還在上海組織「名學研究會」,講演名學,「一時風靡,學者聞所未聞」⓫。1908年他還以《名學淺說》作教材,給一位學生講授邏輯學。

按照史華茲先生對嚴復思想的精闢研究,我們知道嚴復對邏輯學和英國經驗論哲學的介紹,同樣有違背論著原意以適應他自己需要的問題⓬。但經由嚴復留下的遺產,我們可以瞭解到作為舶來品的經驗主義思想最初的功用。嚴復之所以重視邏輯與經驗論哲學,是看重其對於中國文化具有的獨特的糾正與解毒功能。他在翻譯《穆勒名學》時給張元濟的信中就表達了這層意思:「《名學》年內可盡其半,中間道理真如牛毛繭絲。此書一出,其力能使中國舊理什九盡廢,而人心得所用力之端;故雖勞苦,而愈譯愈形得意。」⓭在將「西學」與「中學」作了一番比較後,他就得出結論說,傳統中國的學術——宋學義理、漢學考據和辭章,「一言以蔽之,曰無用」、「曰無實」,「其為禍也,始於學術,終於國家」⓮。嚴復認為傳統中國的學術都不是本於經驗的立場,更多是以古書成訓出發,「中

土之學，必求古訓，古人之非既不能明，即古人之是，亦不知其所
以是」⑮。由於這樣，學術的根基是毫無經驗背景的先驗的「心成
之說」，「舊學之所以多無補者，其外籀非不為也，為之又未嘗不如
法也，第其所本者大抵心成之說，持之似有故，言之似成理，媛姝
者以古訓而嚴之，初何嘗取其公例而一考其所推概者之誠妄乎？此
學術之所以多誣，而國計民生之所以病也。」⑯

　　嚴復引見邏輯學與經驗論哲學，除了以此推論出中國傳統的思
想學術缺乏經驗基礎，還將此作為澄清各種概念的利器。嚴復從事
翻譯工作飽嘗了溝通兩種文字之苦，「正名定議之事，非親治其學
通澈首尾者，其甘苦必未由共知」⑰。或許是因為在中國古籍中尋
求可以表達現代西方學術觀念的詞彙，而使他對中國思想學術「義
界不清」感觸尤深，因此在引介邏輯學時，對中國哲學概念的極不
嚴密精確，也進行了深刻地揭露。針對中國哲學的重要範疇「氣」，
以及「元氣」、「正氣」、「邪氣」、「淫氣」等等，他就追問說：「今
試問先生所云氣者，究竟是何名物，可舉似乎？吾知彼必茫然不知
所對也。然則凡先生所一無所知者，皆謂之氣而已。指物說理如是，
與夢囈又何以異乎！」「出言用字如此，欲使治精深嚴確之科學哲學，
庸有當乎？」同時還認為，他若「心」字、「天」字、「道」字、「仁」
字、「義」字等古書中極重要之立名，意義皆「歧混百出」⑱。

　　如史華茲先生所說，嚴復信奉的穆勒的邏輯學，是背離了邏輯
學主要傳統的一種特殊的邏輯分支，即企圖建立一種完全以聯想主
義－經驗主義的傳統為基礎的邏輯學，把所有的經驗知識嚴格建立
在歸納的基礎上。然而他似乎不接受構成穆勒整部著作的基礎的、
實證主義的、「反形而上學」的設想，對於不可思議領域諸如老子
的道、佛教的涅槃和新儒家的大終極深深虔信⑲。不管怎麼說，嚴

復作為最初嘗試者，把邏輯學及經驗論哲學視為中國特別缺乏的學科引介進來，尤其是相應地對中國思想學術所進行的檢討，是彌足值得重視的。

由嚴復肇其端後，邏輯學在晚清曾風行一時，王國維、章士釗等均有譯著出版，尤其是梁啟超做過一些重要工作。戊戌維新失敗後，亡命日本的梁啟超廣泛接觸和閱讀了有關西方哲學的書籍，隨後在其主持的《清議報》、《新民叢報》上，有意識地作了相應的介紹。他的介紹不只是限於西方經驗論的思想，包括從古代的柏拉圖、亞里士多德到近代的培根、笛卡爾、斯賓諾莎、霍布斯、盧梭、孟德斯鳩、康德、費希特、達爾文、孔德、邊沁等等。

到五四時期，西方哲學的東漸形成了一個高潮，賀麟曾說過：「這時，我國研究西洋哲學基本上已經超出雜亂的無選擇的稗販階段，進而能作比較有系統的原原本本的介紹了，並且已能由瞭解西洋哲學進而批判了融匯和自創哲學系統，介紹西洋哲學的人數也隨之增加，這是前一個時期進一步發展的結果。」❷⓪是否已完全超出雜亂的無選擇的稗販階段，恐怕需視具體的思想與人物而定，不過就實證主義思潮的介紹來說，確實達到一個較高的水平。作為譯介者大多在西方受到較為系統的哲學訓練，是重要的原因；尤有甚者，像杜威、羅素這些在國際上享有盛名的學者都相繼來華舉辦哲學講座和講演，對於傳播實證主義的各種流派——實用主義、馬赫主義和新實在論，起到推波助瀾的作用。

這裏不可能詳細討論中國思想家對西方實證主義各種流派的介紹，大抵說來，實用主義哲學曾經在五四思想界產生了極大的影響❷①；相較而言，羅素來華及其學說的介紹沒有特別的轟動效應，但在知識界也產生廣泛影響。值得注意的是，五四以後中國學者對

西方學術不再停留在只是翻譯和介紹的階段,而是相當突出地表現出對方法的興趣。胡適即是個中典型,他相信一切學術必須化為方法才能凸顯其價值,並實際地將他所理解的杜威實用主義哲學的精髓「歷史的方法」與「實驗的方法」和中國古典的考據學傳統結合起來,努力為中國確立以「科學方法」為標識的現代型社會知識。這項工作是富於成效的,在1923年那場在現代學術思想史上具有重要影響的「科學與人生觀」的論戰中,以馬赫、孔德及英美經驗主義、實證主義為理論依托的「科學派」與以歐洲大陸的柏格森(Henri Bergson)、倭鏗(Eucken)、杜里舒(Driesch)以及康德的先驗主義為理論依托的「玄學派」展開論戰,「科學派」就明顯左右了輿論。自此以後,可以投向社會、文化、政治各個方面的「唯科學主義」(Scientism)立場,也構成了替代傳統知識樣式的現代型知識樣式的主軸❷。

從三十年代到四十年代,中國思想家進入自創哲學體系階段,作為其中的代表馮友蘭與金岳霖就深受實證主義哲學的影響。當然他們的思想都不能簡單地以實證主義來劃分。抗戰時期,馮友蘭完成系統闡述其哲學思想的「貞元之際六書」(《新原道》、《新理學》、《新知言》、《新原人》、《新事論》、《新事訓》),而他的哲學思想,「先是實用主義占優勢,後來新實在論占優勢」❸。金岳霖在三十至四十年代陸續完成《邏輯》、《論道》、《知識論》的寫作,談到思想發展歷程,他特別提到羅素的《數學原理》(*Principles of Mathematics*)和休謨的《人性論》(*Treatise of Human Nature*),是對他影響特別大的兩部書❹。實際是繼承了英國經驗論哲學重視感覺經驗的傳統,以及對概念進行邏輯分析的方法。

邏輯經驗論的先驅者羅素與維特根斯坦的學說在五四時期就

有了介紹，而對邏輯經驗論哲學的介紹，三十年代張申府在其主持的《大公報・世界思潮》作了追蹤介紹，涉及這個學派的主要代表人物、重要著作及基本哲學主張，但全面系統的介紹是由洪謙完成的。由於特殊的學業背景，洪謙擔任此項工作再適合不過❷。歸國以後，有感於「這個新起的哲學流派在吾國，雖然有人認為已有『若干年的歷史』，但是，我們除因之認識其中若干人的生平履歷和作品目錄外，一切其他方面的介紹，實在是無法談到的」，他以極大的熱情以介紹邏輯經驗論為終身職志。在大學任教的同時，先後在《學術季刊》、《哲學譯論》、《學原》和《思想與時代》雜誌上發表了評述這個學派的系列文章，這些文章後來加以充實和整理，1945年5月由商務印書館出版，取名《維也納學派哲學》❷。

　　從近代以來中國思想界對西方實證主義、經驗主義思想的引介，我們自然不難分析其方式的不免偏頗而難以周全，往往只是擷取自己所熟悉與喜愛的思想成分加以揉合，以應對中國特殊的問題；我們也可以指責這些思想家普遍有「化約論」的傾向，對其引介的學派只取一瓢飲，未能作全盤的介紹，尤其未能跟上該學派新近的發展；更可以批評這些學者對所引介的學說沒有原創性貢獻和深入的批評。這些無疑都是值得研究的問題之所在，在以往的研究中，這方面也已做了大量的工作❷。這裏我們更關心的是，中國思想界對西方實證主義哲學與邏輯經驗論這一路思想的介紹所體現的一些基本特點。

　　首先，觸發中國思想家引介西方實證主義、經驗主義思想的基本動因，是以此為西方知識與科學進步的學術思想背景，相信此一路與中國學術思想存在著根本差異的思想體系，可以補充中國傳統思想資源中所缺乏的注重邏輯與經驗的內容。因而以此反思中國傳

統思想文化，就成為伴隨這項引介工作極富特色的內容。於是嚴復把宋學義理、漢學考據和辭章，一概歸為「無用」、「無實」，以相信先驗之說、相信直覺為中國思想中最令人悲嘆的地方。而胡適本於他所謂的「拿證據來」的「科學精神與方法」，要求「重估一切價值」，對習俗相傳下來的制度風俗、聖賢教訓、行為與信仰，都要本著「評判的態度」重新估定。不過，這項工作並沒有簡單地朝向「全盤西化」的理路發展下去，──以西方經驗論這套東西替代中國的思想方式，相反從一開始，中國思想家就力圖在傳統資源中尋找與西方思想相通的地方。嚴復嘗言：「夫名學為術，吾國前秦，必已有之。不然，則所謂堅白同異、短長揣闔之學說，未由立也。」認為《孟子》書中及戰國說士皆含有豐富的邏輯思想❷；在《天演論》譯者序中，他更是熱情洋溢地表示在中國古代思想中可以找到類似西方科學發展基礎的邏輯學與物理學的基本範疇，其言曰，司馬遷所謂「《易》本隱而之顯，《春秋》推見至隱」乃天下至精之言，包含著西洋名學中類似「內籀」、「外籀」之術❷。胡適與嚴復頗有靈犀相通之處，近代中國哲學與科學的發展曾極大地受制於沒有適當的邏輯方法，使他感到沮喪，但通過研究先秦諸子，他又欣慰於「非儒學派」重視驗證的方法，和西方的科學精神有互相吻合的契機，認為「反對獨斷主義和唯理論而強調經驗，在各方面研究中充分地發展科學的方法，用歷史的或者發展的觀點看真理和道德」──這些西方現代哲學最重要的貢獻，「都能在西元前五、四、三世紀中那些偉大的非儒學派中找到遙遠而高度發展了的先驅」❸。爾後，如所周知的，胡適終生都在從事溝通中西古今的工作，如在清代乾嘉學說中發掘出「科學方法」的因素，指明中國古代知識遺產裏確有一個「蘇格拉底傳統」。

　　這種溝通中西的努力到金岳霖與馮友蘭那裏走得更遠。金雖也承認中國傳統哲學概念的意義含混不清，缺乏一種發達的認識論意識與邏輯意識，但他認為這只是問題的一面；相應的中國哲學概念所蘊藏的情感比之清楚明晰的西方哲學概念要豐富得多，「意義愈清楚，情感的寄托愈貧乏；情感上的寄托愈豐富，意義愈不清楚」，「恰巧有希臘文中的 logos，在別的文字如英文似乎就沒有相當的字，其他如天、性、命、體、用、誠、仁、義、禮，都是意味深長而意義在別的文字中得不到相當的字眼去表示的」❸。因此他相信中國哲學概念基本上無法用西方哲學概念取而代之，在他的著述中也保留了許多中國哲學的固有名詞、概念，如無極、太極、理、勢、情、性、幾、數、體、用等等，只是賦予這些概念新的解釋和意義。同樣是看到中西哲學的相同與相異之處，在馮友蘭所建構的體系中，不僅認為魏晉清談家和宋儒的不少命題都應用了邏輯方法；而且認為中國哲學方法與西方邏輯分析方法不同之處，正是中國哲學更高明的地方。當時人認為他的「新理學」跟維也納學派是相同的，還直接引發他撰寫《新知言》一書，辨其不同❸。書中就道出魏晉玄學家將「辨名」歸於「析理」比之維也納學派僅停留在辨名的層次要高明，「照我們的看法，邏輯分析法，就是辨名析理的方法，這一句話，就表示我們與維也納學派的不同。我們以為析理必表示於辨名，而辨名必歸極於析理。維也納學派則以為只有名可辨，無理可析，所謂析理，實質就是辨名。」❸

　　如前所說，在西方將各種經驗主義和實證主義聯繫在一起的，是鮮明的反對形而上學的立場，然而，經由上述中國思想家對該派哲學的引介所傳遞出的信息，很容易推導出在現代中國，反對形而上學並不構成實證主義思潮的主流。前面已提到嚴復並不接受穆勒

書中最為基本的反對形而上學的立場，金岳霖將哲學分為差不多完全是理性和不完全是理性的兩個部分，前者指知識論和邏輯，後者指形而上學，他構建的哲學保留了中國傳統哲學概念以求得情感的滿足，並實際以《論道》一書構造了一個形而上學體系。在他看來，「每一文化區有它底中堅思想，每一中堅思想有它底最崇高的概念，最基本的原動力。……中國思想中最崇高的概念似乎是道」，而「關於道的思想我覺得它是元學底題材。我現在要表示我對於元學的態度與對於知識論的態度不同」❸❹。而到了馮友蘭那裏則更進一層，邏輯分析方法倒成了他構建形而上學體系的工具。他把形而上學作為哲學最重要的一部分，代表著人生的最後覺悟，對經驗的內容進行邏輯的分析、總括及解釋，就是為著得到超越於經驗的形而上學觀念❸❺。

相較而言，現代中國表現出鮮明的反對形而上學的立場的主要是以胡適為首的「科學派」，1923年「科學與人生觀」的論戰中，胡適與丁文江、吳稚暉等人對形而上學極力反對，不僅沒有像金岳霖那樣分疏科學、哲學與形而上學的界限，更遑論像馮友蘭那樣賦予形而上學崇高位置，他們以科學可以解決一切人生問題和社會問題，一切精神現象都可以還原為感覺經驗，都可以通過科學知識解決。而且還判定傳統的精神、直覺、美學、道德及宗教感情，是與實證的因而是實際的思維相對立的空幻怪誕思維的最好例子❸❻。這樣形而上學就被一筆勾銷了，還有了「玄學鬼」的惡名。胡適讚譽吳稚暉的「一個新信仰的宇宙觀及人生觀」，就是因為吳稚暉「一筆勾銷了上帝，抹煞了靈魂，戳穿了『人為萬物之靈』的玄秘」，而他自己則建立起一套以科學知識為基礎的「自然主義的人生觀」❸❼。

經由上述例證我們不難發現，西方實證主義、經驗主義這一路

思想在中國並不是作為單純的學說來介紹的，而是具有濃厚的工具
意義，這其中便不免對這一路思想的曲解、甚至歪曲。相對而言，
作為一種學說的介紹，在洪謙那裏體現得最充分；檢討中國思想界
對這路思想的把握情形，洪謙真正意義上的譯介工作，倒多少具有
檢驗尺度的意義。《維也納學派哲學》一書是洪謙站在維也納學派立
場、飽含對其恩師維也納學派創始人石里克（Moritz Schlick）的感
激之情寫成的，他認為，本書「所能給讀者的，不在於對於維也納
學派的哲學整個的介紹或系統的敘述，而在於什麼是這個哲學學派
的理論原則和思想方法」。 因此他確認我們對知識的看法，原則上
只能如維也納學派所言：「一切知識都是對於事實有所傳達，每種
知識都必須是能傳達的，僅有能傳達的，方能成為一種知識。」 ⓫
對於知識與形而上學他也作了較為清楚的疏理，洪謙分析了「實在
論形而上學」、「歸納形而上學」、「直覺形而上學」等幾種主要的形
而上學學派，肯定任何形而上學學派之為實際知識理論的體系，都
是原則上所不可能的，「因為任何形而上學理論之為實際的知識理
論，都包含了邏輯的矛盾性和事實上的不相容性」，但他同時指出，
形而上學家所能安慰的是，他們的形而上學在事實上也是一種充實
我們內心生活和體驗境界的方法，可以通過所謂形而上學命題如「靈
魂不死」、「意志自由」、「上帝存在」等，彌補我們生活內容的空虛，
滿足我們理想中的欲求和精神上的願望。洪謙引述石里克的話說：
「形而上學的體系頗不能給我們以實際的知識，但確能給我們以生
活上許多理想和精神上許多安慰，所以人稱形而上學為概念的詩歌，
這是對於形而上學一種最恰當的看法。其實形而上學在整個文化中
的作用確如詩歌一樣，就是它確能充實我們的理想生活和體驗境界。
只是不能充實科學的知識體系和科學的真理理論。即以形而上學家

的理論體系而言，它有時是科學的，有時是文學的，但何嘗有所謂形而上學為其內容呢？」 ❸

耐人尋味的是，當馮友蘭以他的新理學的哲學系統為「真正的形而上學」，且認定一切似是而非的傳統形而上學已被「現代批評形而上學最力的維也納學派」「取消」了，而他的形而上學不但沒有被「取消」，反而其本質因之「益形顯露」；所以維也納學派對於形而上學的批評，不但與真正的形而上學無關，而且對於真正的形而上學有「顯示摧邪」的功用。洪謙再次強調說維也納學派的「反形而上學」（Antimetaphysik）的主要論點，並不如馮所言將形而上學從哲學上加以「取消」，只想將形而上學在哲學中的活動範圍加以指示，在哲學中的真正地位加以確定。針對馮友蘭「對於事實為形式的解釋」的形而上學命題如「山是山，水是水。山不是非山，水不是非水。山是山不是非山，必因有山之所以為山，水是水不是非水，必因有水之所以為水」，洪謙道出這樣的命題在原則上就是一些對於事實無所敘述無所傳達的「重複敘述的命題」。他還尖銳指出，傳統形而上學命題倘能給我們理想上的許多豐富的感覺，優美的境界，得到許多滿足許多安慰，而馮友蘭的形而上學命題不僅無有如此的感覺境界、滿足和安慰，甚至於似乎有點「無動於中」之感。所以傳統形而上學雖不能成其為一種關於實際的知識理論體系，但有其在人生哲學方面的深厚意義；而馮友蘭的形而上學似乎是兩者俱無一厝，不但不能超越傳統的形而上學，而且遠不如傳統形而上學之既偉且大 ❹。

簡單回顧現代中國對經驗主義、實證主義思想的引介，我們大抵能瞭解到中國思想界所擷取的思想成分，以及如何處理中國特殊的問題。毫無疑問，區分知識與形而上學，確立知識的經驗基礎，

對於克服中國傳統哲學概念意義含混的缺失，促成中國學術研究走向實證性，這一路思想都扮演了積極的角色。尤其重要的是，現代中國實證主義、經驗主義思潮的傳播者很多居於啟蒙的行列，因此這一路思想成為啟蒙思想家反思中國傳統與社會極為重要的理論源泉。我們知道在啟蒙思想千差萬別的活動中，有著基本的出發點和歸宿的清晰可辨的中心，那就是它的經驗傾向與實證傾向，啟蒙哲學在各個思想領域中的活動都帶有鮮明的經驗論的實證的傾向，如同德國哲學家卡西爾（Ernst Cassirer）所說的，啟蒙哲學認為，自然和認識都應置於它們自身的基礎上，按它們的自身條件加以說明。在這兩個領域，都不允許逃遁於超驗世界，要解決這個問題，必須以經驗為依據，因為哪怕我們只超越經驗一步，所得到的便只能是虛幻的解決，只能是用知之更少的東西去解釋未知的東西。由此可見，啟蒙哲學毅然決然地摒棄了為先驗論和唯理論視為認識之最高確定性的基礎的中間❹。相應的，在現代中國，站在啟蒙行列的知識分子也是運用同樣的理路對中國傳統展開激烈的攻訐。

但也要看到，中國思想家對這些思潮的把握愈益有停留於方法論層次的傾向，在這一過程中，對方法的迷信，愈演愈烈，掩蓋了很多實質性的問題。就像科玄論戰表現出來的那樣，科學的本質由研究的主題轉化成放諸四海而皆準的方法，重新把科學變成一種新的權威、新的迷信、新的宗教，即成為一種意識形態立場的「科學主義」。而這種對「科學方法」的膜拜情結，阻止了人們對科學本質及其方法進行更切實的領悟與理解。這樣當這種「科學方法」流行於現代中國學術研究的各個領域，就不能正確瞭解如何形成有意義的問題才是學術研究的關鍵，如林毓生先生所說：「在這樣的氣氛中不存在什麼是中心，什麼是邊緣的問題，結果是考據校勘、導論

式的敘述性著作、借學術之名傳播自己所相信的教條的活動——而非對有意義的問題進行根據學術訓練的理論上的理解——便漸次變成中國人文學科與社會科學的最主要活動。」❷就中國的啟蒙來說，由於這樣的原因，也未能結出豐碩的果實。從形式上講，中國啟蒙思想家對傳統文化非經驗、非實證的一面，可謂大加撻伐；西方啟蒙運動的那些令人矚目的口號，也在中國社會掀起過陣陣浪潮，但就啟蒙思想較為完整的理論構建來說，則幾乎沒有什麼重要的建樹。最突出的是，由於對西方實證主義、經驗主義思想存在著嚴重的化約傾向，這一路思想並沒有能夠幫助中國的啟蒙思想家建構較為完整的自由主義理論，而且鮮有在學理上理清自由主義理論與相應的哲學理論的聯繫。

二、從邏輯到邏輯經驗論
——臺灣科學實證論的浮現

　　經過上節初步展示現代中國實證主義思潮興起的歷史辯證，我們獲取了討論殷海光與邏輯及邏輯經驗論的基本的思想背景。這樣的思想背景之所以必需，最基本的理由，是殷海光思想的成長與這一路思想的發展有著不可分割的聯繫，而且，當他來到陌生的臺灣，相當一段時間，甚至說綜其一生，殷海光都還不可能從他所生活的社會抽離出一些特殊的問題，因而還必須在現代中國的問題結構與發言模式中，繼續他本人在大陸時即已展開的工作。可以說，殷海光在五〇、六〇年代成為臺灣科學實證論述的先驅，凸顯認知獨立的意義，很大程度上是現代中國這一路思想的辯證發展，其中的歷史脈絡清晰可辨。當然，這裏無意說明殷海光所確立的發言模態與

問題結構在臺灣特殊的背景下毫無改變；也無意否定近代西方背景
的重要性，但能否就此說明西方科學實證論述的歷史辯證是討論殷
海光思想更恰當的背景，甚至意味著殷海光的思想——臺灣「科學
實證」論述的先驅者——與五四相關思想的「斷裂」（rupture）❹，
則是大可商榷的。

通過前一章對殷海光問學歷程的展現，我們知道殷海光早年的
求學幾乎沒有任何特殊的背景，純然是對知識的興趣，使他進入常
人視作枯燥無比的邏輯天地。如果以之與前述現代中國實證主義、
經驗主義思潮的幾位代表人物相比，則後者的問學歷程大多經歷著
從傳統思想學術到西方思想的過渡，而殷自小所進入的便是西方近
代型的知識樣式。這種基本出發點的相異，以後會討論到，對殷海
光引介邏輯與分析哲學的方式，以及在中國背景上的闡釋，都將產
生極大的影響。不過，從殷海光的整個問學過程來看，我們似乎還
難以就殷海光由邏輯轉向邏輯經驗論劃出明顯的界限，因為就其整
個的思想成長的背景來說，無論是少年時代所閱讀的報刊雜誌，還
是就讀西南聯大期間，他所仰慕及問學的先生們，本身即對此沒有
恰當的區分；換句話說，整個求學過程本身同時包含著邏輯與邏輯
經驗論知識的傳授。從殷海光早年留下的不多的文字材料來，他對
邏輯的興趣主要偏重於技術方面，在〈邏輯基本——譯者引語〉文
中，他辯解邏輯「不是研究思想的學問」，「不是試驗的學問」，「不
是研究科學方法的學問」，「不是研究語言文字底用法的學問」，「不
是辯論術」，「不是推理的學問」，而界定邏輯乃「型構的科學」：「邏
輯不動，也不靜，即與動靜問題無關。邏輯不肯定實質世界裏的什
麼，也不否定實質世界裏的什麼。邏輯不僅可以型定某一特殊對象，
而且可以型定任何特殊對象。邏輯不唯心，邏輯也不唯物。它是我

們人類處理經驗的一套最完備的工具。」❹實際上就充分表達了對邏輯作為運思工具的理解。據此，殷海光在他所寫的迄今所能判明的最早的文章中，提出了意志自由是背謬邏輯的情感上的產物，服從邏輯規律只能得出意志自由實為不可能❹。而對邏輯經驗論的瞭解情形，直到1946年殷海光譯述的卡爾納普（Rudolf Carnap）所著的《哲學與邏輯語法》一書的出版，我們才得以知悉。從他所寫的譯序及所列參考書來看，對維也納學派的思想已有了相當的瞭解，介紹了這個學派基本的觀點❹。當然是極為粗淺的，因為卡爾納普這部演講集，本身是試圖用非技術性的語言來解釋邏輯句法的性質及其哲學意義❹。但可以肯定的是，當他專注於邏輯學，所投射的領域只能局限於抽象概念的辨明，而接受邏輯經驗論這些鮮明的觀點，無疑有助於他將此更廣泛地投射於所關注的學術問題、現實問題。

　　僅僅根據上述的資料，我們當然無法判明殷海光與現代中國實證主義、經驗主義思潮的聯繫性。但就其思想成長的背景來說，這是不容忽視的一環。事實上，殷海光與現代中國傳播實證主義、經驗主義的幾位代表人物像金岳霖、沈有鼎、王憲鈞都建立了良好的師生關係，也與洪謙熟識❹。因此對這一路思想在現代中國的傳播情形以及所面對的問題，殷海光應該是相當熟悉的。只是在西南聯大的受業年代，他的知識興趣就已為湧動的強烈的道德感所壓制，因而對這一路思想沒有表達更多的識見出來。但即便如此，到臺灣以後，當他的知識興趣重新得到提升，成為宣揚邏輯經驗論的知名教授，我們仍能發掘出與現代中國實證主義、經驗主義思潮聯繫在一起的歷史脈絡與問題結構。

　　1949年以後，在臺灣的知識分子重新聚集，尋找各自新的角色定位。很快的殷海光也確立了教授邏輯學、引介邏輯經驗論的哲學

工作者與投身現實政治批評的自由主義者的雙重身分。這種角色定位是耐人尋味的，雖然他的知識與趣得到提升，但對現實政治的關懷，對於純然學術性的工作不能不產生極大的影響。這也影響到對其學術工作的評價。

有必要將殷海光的學術活動作恰當的區分。從1951年開始一直到六十年代，尤其在接受陳伯莊的邀請參加編述《現代學術季刊》期間，殷海光確實用心寫了數篇闡述邏輯經驗論的文字，如〈科學經驗論底徵性及其批評〉、〈邏輯經驗論導釋〉、〈因果底解析〉、〈邏輯經驗論底再認識〉、〈論科際整合〉諸篇。這些文字包括一些討論邏輯學的文字，我們可以視作純粹學術性的工作，相當程度地忠實於學術的建構。就討論邏輯經驗論的文字來說，這一路思想的基本主張，他都大體作了平實的介紹。包括邏輯經驗論產生的背景、先驅者和思想由來，當然更涉及這一派別的基本觀點，如邏輯經驗論者所強調的有關實際世界的知識須以感官經驗為最後的依憑，任何不能被經驗（感覺）所證實的事物都是毫無意義的「可證實性原則」；除了「分析命題」（analytic proposition）或「分析語句」（analytic sentence）和「經驗命題」（empirical proposition）或「經驗語句」（empirical sentence）這兩類命題或語句，其他無法用邏輯與經驗檢驗的命題或語句都不具備認知意義（cognitive meaning）；以及由此引申出的對形而上學與倫理學的立場❹。而且，在這一引介過程中，殷海光表現出嚴謹的求知立場，一方面，他並不是一開始就膜拜於邏輯經驗論，在稍早的一篇文字裏，他就對此派學術所闡述的傳統形而上學沒有認知意謂的看法頗不為然，認為這種批評似嫌籠統，並非所有的形而上學陳述辭都沒有認知意謂，我們不可因形而上學的許多陳述辭有語法的毛病而一概抹殺其真實內蘊，一切嚴格

的形上學必須具有認知意謂；他還引申出別的批評：

> 科學經驗論一方面著重證實原理，物理語言，或protocols；
> 同時在另一方面又著重邏輯解析。顯然，前者為知識方面的
> 經驗的成素；後者為方法方面的理性的成素。既然如此，科
> 學經驗論者在知識論上為經驗論；在方法論上則為理性論。
> 這兩種成素各在一個極端,在哲學史上常成水火不相容之勢。
> 今科學經驗論者藉語言約定將此二者契合於一說之中。自來
> 經驗論與理性論之爭乃純粹哲學上最嚴重爭端之一。至少自
> 洛克以來無數哲學思想家苦思玄索以求此一爭端解決。而科
> 學經驗論者於勇敢抹殺形上學之餘，將經驗與理性二種成素
> 不獨契合於一說，且又極力張揚二者之特點與作用；同時，
> 談言約定之橋樑又不夠堅固。如此一來，科學經驗論在實際
> 上不獨沒有解決此一無可抹殺且亦不可不謀解決的爭端，而
> 且增長此一爭端之複雜性。❺

另一方面，在稍後更偏向於介紹性的文字中，殷海光也零星地提出
一些個人見解，希望表達個人的識見。如那篇寫於1957年的〈因果
底解析〉，　特別提出「鷹架說」說明因果律的意義，認為關於因果
律的幾種重要看法中,「先驗說」是對因果概念的特定性毫無特定指
陳和特定增益的一種說法；「經驗說」易導入不確定之境，且非科
學之所需；「約定說」只是有關語言層界和邏輯標定（logical
coordination），從衍發的觀點看，它是經驗說的一種，離開了經驗
的衍發的基礎，約定說將成一堆說不上有何意義的空虛記號或符式。
而「鷹架說」是順著約定說向前推進一步的一個論旨，可以導引我

們嘗試獲致比較確定的知識；至少，科學在其初期時需要它❺。

　　就此而言，我們當然可以說，殷海光這些闡釋邏輯經驗論的文字基本上停留在較為初步的介紹階段，遠談不上有什麼原創性的貢獻。耐人尋味的是，在引介此派學說時，他並非無意地對其內容作了相應的取捨，如論者所說的，殷海光不但沒有選擇任何邏輯經驗論者認真考慮的意義判準，也未詳細討論各判準的異同及其所引起的難題；同時忽略分析命題，未企圖解決倫理命題的意義問題❺。尤有甚者，在介紹維也納學派的思想來源，以及一些著名人物的政治與社會背景時，馬克思沒有出現在「先驅譜系」中；他們中大多數人社會主義者的身分也消失不見❺。相反，殷海光對這些人的政治和社會背景進行了符合自己需要的詮釋：

　　　　維也納學團的人，除紐賴特以外，實際一概不問政治。但是，他們底批評精神和科學脾味卻深為當時右翼政府所不容。歐洲到了納粹政權出現，這批人底處境更慘。他們大都被迫流亡。然而，在反納粹的共產蘇俄統治之下，他們底這種思想也大不見容。列寧曾指責馬赫及其徒從底思想為「布爾喬亞底唯心主義」。由此可見，邏輯實徵論的思想，既不見容於右翼，又不見容於左翼。之所以如此，實無庸驚疑。右翼和左翼，雖然在形態上有所不同，雖然前者比較保守傳統而後者比較違反傳統，但是二者底思想模態卻在基本上是相同的：二者都是權威主義的，都是蒙昧主義的 (obscurantistic)，都是獨斷主義的。這些「主義」與維也納學團底批評精神和科學脾味大不相合。所以，無論右翼勢力或左翼勢力，都不歡迎他們。❺

　　殷海光似乎要把他所認同的獨立於左翼與右翼之外的自由主義的政治立場，也加於邏輯經驗論者身上。可見，即便在這些比較嚴肅的論學的文字中，他都不疏於加入他個人的闡釋與運用，凸顯出作為啟蒙思想家關於知識的識見。由此，殷海光在五、六十年代的臺灣社會引介邏輯經驗論既表現出他的韜略，與現代中國實證主義、經驗主義思潮的聯繫性，也展現出來。

　　純粹學術性的探討與對學術工具性的理解畢竟是有顯著差別的。就像在現代中國經由嚴復與胡適等人提供的例證所足以說明的那樣，引介西方學術的工具性意義是壓倒知性追求的，因而各種學說經常被化約甚至曲解，以滿足中國現實社會特殊的需要。前面提及的現代中國的科學主義思潮即是個中典型，胡適利用科學的流行，努力建立了一套以「科學方法」為標識的現代型社會知識樣式；並將此轉換為一種意識形態（ideology）立場，投向社會、政治、文化各個領域；指導人們展開研究活動時，對「科學方法」普遍加以運用，而對科學的本質及其方法更切實的領悟與瞭解，倒被轉換為次要的問題❸。殷海光對邏輯經驗論的引介，置於相似的問題結構中，或許才能更好地理解。置身於五、六十年代臺灣社會特殊的時空背景下，不用說各方面的情形都異於往昔，但浮現的問題結構與解決問題的基本理路卻與在大陸時並沒有多少特殊性，因此如同殷海光借助重整五四精神表達對現實的沮喪，他對邏輯的興趣轉向邏輯經驗論，所希望獲致的也是一個討論問題的新起點。因此他既表達了對前輩的聯繫性，也要顯示其討論問題新的立足點。

　　最能體現殷海光這一構想的，是〈科學與唯物論〉和〈論「大膽假設，小心求證」〉這兩篇文字。富於意味的是，這兩篇文字分別針對現代中國科學主義最有影響力的代言人——陳獨秀與胡適——

郭穎頤先生劃分為唯物論唯科學主義與經驗論科學主義❺。在前文，殷海光先是概觀了唯物論或主義，又巡禮了科學的徵性，然後以此為依據分辨科學與唯物論或主義有何不同。借助說明邏輯經驗論的優點，得出科學在基本上不是唯物論或主義，唯物論或主義只是傳統哲學裏的東西，辯證唯物論或主義根本就是一種玄學，無論怎樣與科學靠攏，它既兼有主義的成分，所以不可能成為科學。他還明確表示說，他之所以分辨科學與唯物論或主義，不只是滿足理智的興趣，更有實際的「時代意義」，四十餘年前思想界的領導人物將此二者混為一談，已使中國受害不淺，今天還不能很好地分辨，只有使中國的前途愈加渺茫❺。而在〈論「大膽假設，小心求證」〉文中，除了不失時機的闡釋邏輯經驗論關於「假設與求證」的說明，將科學的假設與玄談、主義、迷信嚴格區分。但對同樣是現代中國唯科學主義代表人物的胡適，殷海光顯得相當寬厚：一方面他充分肯定「大膽假設」與「小心求證」的實際效果，前者是向前開闢新境界的探求；後者是制約大膽開闢以便獲致可靠果實的一種程序。尤其讚揚提倡「大膽假設」與「小心求證」在社會思想所產生的「重致知」、「發揮適度的懷疑心理」效應，對於中國社會簡直是對症下藥，利莫大焉。另一方面，他以邏輯經驗論的基本觀念，強調必須分辨清楚所謂「大膽」和「小心」都是心理狀態方面的事，與理論構造毫不相干，要提出合用的假設，不能全憑直覺，全憑猜度，全憑想像，多少總得有些方法學的訓練才行。為說明這點，殷海光很漂亮地列舉了十九世紀海王星發現的例子，那就是天文學家勒弗利（Leverrier）即令再「大膽」些，如果沒有數學訓練和天文學的知識，海王星存在的假設也不會提出來❺。

殷海光所確立的發言位置，也相當清楚地顯示出來。作為大陸

來臺學人，他的思想形成的歷史脈絡與問題結構都與大陸過去幾十年思想的進程息息相關。在五、六十年代臺灣特殊的時空背景下，歷史傳承既不能輕易抹殺，新的問題意識又浮現出來，因此必須在此基礎上謀求問題的切入點。從上述例證中，我們看到殷海光非常巧妙地將現代中國唯科學主義的兩位代言人作了區分，胡、陳之爭原本是站在「科學」一邊的小爭議，卻成了科學與非科學的軒輊對立。而在有保留地肯定胡適基本方向的同時，臺灣版本的科學實證論凸顯出來：既塑造了歷史傳承，又有了新的發言位置。當然，在殷海光對胡、陳不同的把握中，我們不難看出其中所包含的政治意味，就像殷海光對邏輯經驗論的代表人物的政治關懷加入他自己的詮釋，胡、陳不同的政治立場在他那裏也成為評判各自學術思想不自言明的參照。這樣，殷海光在五、六十年代的臺灣社會確立邏輯經驗論立場的發言位置，便有了更為實際的功效；亦即是他所引介的邏輯經驗論也有了更多的投向。

三、「是什麼就說什麼」
——從有顏色的思想到無顏色的思想

「把不是什麼說成是什麼，或把是什麼說成不是什麼，是假的；而把是什麼說成是什麼，把不是什麼說成不是什麼，便是真的。」曾幾何時，亞里斯多德這句名言沁入殷海光的心扉，作為認知的基本設準。於是，在多處文字中，這段話或加以簡化的「是什麼就說什麼」，就成為謀求「從有顏色的思想到無顏色的思想」的轉型，提倡認知的獨立的表徵。

在上節文字中，我們初步闡述了殷海光引介邏輯經驗論的歷史

脈絡與問題意識，基本上，他所謀求的是與大陸時代科學主義思潮既聯繫又有別的發言位置。前已提到，或許最值得注意的是，殷海光與前述現代中國實證主義、經驗主義思潮的幾位主要人物相比，後者的問學歷程大多經歷著從傳統思想學術到西方思想的過渡，而殷自小所進入的便是西方近代型的知識樣式。這種基本出發點的相異，對殷海光引介邏輯與分析哲學的方式，以及在中國背景上闡釋，都產生著極大的影響。顯然，殷所具備的中國背景的思想學術還很不夠，因此他不可能像上述人物那樣將所引介的西方思想與中國傳統的思想學術進行溝通，也不能像一些學院式人物那樣，沈湎於純理的境地，借助西方思想構建自己的學術體系。對殷海光來說，他的思想路數或許已限定他只能以此作為運思的工具，因而如何依據學術訓練來闡揚他對現實政治的關懷，以及對中國文化前途的展望，也構成了他引介此路思想的用心所在。基於此，儘管闡釋邏輯經驗論的純理性的工作還停留在比較介紹的階段，但他很快就實現了某種思想的過渡，將邏輯經驗論的哲學意涵作盡量的發揮。

在這個意義上，〈從有顏色的思想到無顏色的思想〉、〈論認知的獨立〉等文字尤其引人注目。如何透過他所熟悉的邏輯經驗論來處理現實問題，殷海光在這些文字中作了充分的示範。關於有顏色的思想與無顏色的思想的劃分，在殷海光那裏極其簡單明瞭，「有顏色的思想」包括祖宗遺訓、傳統、宗教、意識形態（ideology）等因素，它是依靠訴諸感情、訴諸成見、訴諸權威、訴諸巨棒的思想方式支持的；而「無顏色的思想」則是「認知的思想」（cognitive thinking），意即免於上述有顏色的思想模式和內容的思想，它的基準只有一條，那就是亞里斯多德所說的作為一切經驗科學共同要求的「是什麼就說什麼」。科學知識只訴諸經驗與邏輯，並在此基礎上

撇開「不相干的因素」而接近「客觀的知識」。　在這裏，殷海光倒
沒有將「有顏色的思想」一概歸於掃除之列，他承認大多數人是需
要活在有顏色的思想裏的，唯其如此，才感到生之樂趣與生之可欲，
他所強調的是，「有顏色的思想不能代替無顏色的思想之功用」❺ 。
於是，「認知的獨立」的呼籲也隨之凸顯。

　　1964年10月由文星書店出版的《思想與方法》一書，就匯聚了
殷海光這方面的主要文字。正如他在該書的再版序言中所說的，這
本書所包含的文章各有不同的論題，可是卻有一個共同的軸心和指
向，就是重「無顏色的理知」。　他把這項工作比喻為知識上的「掃
霧」：

　　　　我的這本書在知識上「撥雲霧而見青天」方面可能對你有點
　　　幫助。如果你的內心有這份要求，那麼我特別向你介紹這幾
　　　篇，請先讀他們：〈正確思想的評準〉；〈從有顏色的思想到無
　　　顏色的思想〉；〈成見與進步〉。你把這幾篇讀過以後，如果
　　　尚感到興趣並且需要進一步由「掃霧」而「致知」，那麼請你
　　　接著讀〈試論信仰的科學〉、〈運作論〉、〈論科際整合〉等
　　　篇。❻

　　在稍後所寫的一篇文章中，如何使認知獨立，殷海光作了更全
面的闡述。他把文化的特徵分為規範特徵、美藝特徵、器用特徵、
認知特徵，認為其中美藝特徵會拗歪認知特徵；器用特徵過於肥腫
常常取代認知特徵，尤其強調屬於「應然」範層的規範特徵常常拘
限屬於「實然」界域的認知特徵。這裏西方經驗的借鑑作用體現出
來，因為現代西方的科學是西方文化的認知特徵高度發展的結晶；

西方現代的認知能力之顯明的表現是經驗科學及科學的成就，而緊緊貼在經驗科學背後作為經驗科學之理論倚靠的是數學、邏輯和科學的哲學，由此殷海光也推論出，在認知特徵久被遮蔽的中國社會，只有相應的在這些方面著手訓練，學習理論的技術，從吸收和訓練數學、邏輯和科學的哲學入手，才能走上純粹的認知之路❻。

由對邏輯經驗論純然學術性的介紹過渡到上述對無顏色的思想與認知的獨立的強調，伴隨著邏輯經驗論的哲學意涵被發揮至某種極致，而殷海光的發言位置也相應發生急遽的轉換，凸顯出作為啟蒙思想家的角色。在這個意義上，他所積極引介的邏輯經驗論因而也更具有工具性的意義。知性追求並非不重要，但必須簡化為評定是與非、好與壞，以便更能深入人心。如果說〈從有顏色的思想到無顏色的思想〉、〈論認知的獨立〉等文字還保留著一般性的論理色彩，那麼像〈成見與進步〉、〈正確思想的評準〉這些文字，題目本身就昭示著濃郁的啟蒙色彩：先羅列出阻礙知識進步的種種成見以及影響吾人正確思想的各種因素，然後推導出一旦獲得免於成見的自由，或消除那些常常侵犯知識疆界的「有顏色的思想」，則就可以達至知識的進步和接近正確的思想❷。至於像《怎樣判別是非》那樣的小冊子，更近於一種佈道式的啟蒙宣傳。如其所言，「是」與「非」嚴格以真、假、對、錯為基礎，於是他先提出種種謬誤，然後分列出十一種對科學的誤解，進而闡述科學的特徵，最後還列出獲取知識進階的參考書目。我們完全可以視其為將一般理論落實於行動層面的知識速成❸。

E. 卡西爾（Ernst Cassirer）在一本論述啟蒙哲學的書中，曾提及啟蒙思想的真正性質從它的最純粹、最鮮明的形式上是看不清的，因為在這種形式中，啟蒙思想被歸納為種種特殊的學說、公理和定

理❻。我們已揭示出殷海光作為啟蒙思想家的發言位置，按照傅大為先生的解釋，1949年所寫的〈爭思想自由的歷史巨流〉一文是到臺灣後的殷海光「再出發」的早期文字之一，開宗明義地點出殷海光企圖承續西方啟蒙精神的基本傾向❻。實際上，就五四所象徵的中國的啟蒙運動來說，西方近代啟蒙運動無疑就是最重要的力量源泉，而且啟蒙思想被歸納、化約為強調科學與科學方法的理性主義，以科學為展現人類理性的唯一方式。從某種意義上講，中國的啟蒙思想與科學主義思潮也實難劃分明確的界限。問題在於，當歷史行進到五、六十年代臺灣社會特殊的時空背景下，殷海光既已確立啟蒙思想家的角色身分，那麼又是如何歸納啟蒙思想特殊的內涵與品質呢？

　　毫無疑問，運用科學的道德權威，將科學的功能發揮至盡，是殷海光所歸納的啟蒙思想的特殊內涵與品質，換句話說，如果我們承認殷海光身上同樣有著化約論的傾向，那麼經由對邏輯經驗論的化約，所突出的恰恰是科學與科學方法。前面曾提到殷海光在《怎樣判別是非》書中所列舉的對科學的誤解的十一個方面，這很容易讓人聯想到在1923年那場著名的論戰中胡適為科學所作的辯護。應當說，胡適將科學能否解決人生觀的問題轉換為什麼是科學的人生觀，從中國落後的現實推導出科學的無所不能，並逕直以二、三百年來的科學常識為科學的人生觀的十項要點，這在學理上是極不充分的。相較而言，殷海光倒真是為科學辯護，按照菲格（H. Feigl）的論列和疏導❻，他為科學的辯護包括對科學誤解的諸方面：科學不能確立人的事務之基礎；科學不過全然起於實用的需要；科學是建於沒有經過批評的預先假設；科學的定理定律不盡合於事實；科學只能對付可度量的事物；科學從來不能夠「說明」經驗現象；科

學與宗教不相容；科學對於現代文明底種種罪惡和失調之處應負責任；科學的知識對於真理是中立的；科學方法在說明、預斷並控制物理現象時固然極其成功，可是在研究有機事實時則成功極少，而科學研究心靈現象和社會現象更無成功的希望；科學不能決定價值。對於這些通常視作對科學的挑戰，殷海光極耐心地進行了駁答。問題的關鍵似乎是，或者說他所急於要表達的是，科學方法是能夠產生比較可靠的知識的唯一方法，至於神學、形上學、神秘主義、直覺和辯證法，也許能滿足人別的方面的需要，但顯然都與科學方法大相逕庭，不能藉以獲得致知的知識；再者說，儘管目前還沒有具備足夠的科學知識來一一解決現代的緊迫問題，但除了依賴現有的科學知識以外，不能在此之外去找依據——如決定倫理價值就必須在科學所提供的經驗知識基礎上為之，否則便是盲目決定❻。殷海光這些答辯也許並沒有強詞奪理地認為科學可以認知所有的事物，或將科學的有限原則普遍應用於傳統與遺產中，在他去世後所發表的〈我對中國哲學的看法〉一文中，他也確實有「我們不能過分沈湎於科學主義之中」的自省，然而這裏科學與科學方法作為唯一的、至高無上的道德權威的形象，卻也昭然若揭。

　　在此要辯護殷海光的立場是不是科學主義的，似乎並沒有什麼意義，倒是他構建科學道德權威霸權的歷史脈絡與理論源泉，以及將科學實證信念系統性投射的領域，更耐人尋味。

　　殷海光構建科學權威的理論源泉，籠統地當然可以歸於邏輯經驗論對科學客觀性的闡釋，但具體說來，對科學與科學方法的信仰的基石，則是經由表達科際整合的理想確立起來的。維也納學派所從事的科學統一工作的歷史脈絡，殷海光深為關注，對此派學說所闡述的科際整合的基礎以及程序，他也大體接受。殷海光同意構成

科際整合的基礎，是建立在科學諸部門之間有基本共同的地方，包括共同的設定、構造、方法、語言，這些是科際整合能夠實現的真實憑藉。而由於一切經驗科學的語言是記述語言或以此為主體語言，因而依照記述語言的分類，可以相應地進行科際整合的程序，把科學分成圍繞著物理學這一中心的「物理科學」（化學、天文學、氣象學、地質學等）；圍繞生物學這一中心的「生物科學」（解剖學、生理學、植物學、動物學等）；包含心理學、社會學、經濟學、文化學等的「行為科學」。 在殷海光看來，目前所能見及的還只是低度的整合，即邏輯的整合，但他確信，「整合的程度愈高，則我們所得到的知識能力愈大」。 而關於自然科學與社會科學的整合，殷海光認為根本就是無須提出的問題，把這二者截然劃分為二，只是由於心理方面與風俗習慣方面的障礙所致。他寫道：

> 在我們這個星球表面，有一個頗饒興味的反喂現象。這個現象，值得知識社會學家切實研究一下。在一方面道德、倫理、宗教，以及若干民俗思想自來直接間接釀造出一種空氣，這種空氣不利於「社會科學」本著客觀的態度並用中立的科學方法來對「人的事情」作科學的研究；可是，在另一方面，由於這種原因所產生的「社會科學」在客觀真理面前遲滯不前的情形，又造成人情家說「人的事情」不能用科學的態度和科學的方法去研究的口實。知識社會學家把這一部分的題材研究通了，「自然科學」與「社會科學」的劃分就會淡漠，而科學各部門之際的整合便可更為順利的進行了。❻❽

就像卡爾納普闡述的物理主義理論的第一個論題中，統一科學

實質上意味著自然科學和社會科學中一切實際認識的(即非分析的)陳述的證實基礎是統一的，而從這個論題中必然得出的結果，就是肯定科學方法的統一性，即強調儘管不同學科的專門科學技術千差萬別，但各門學科在建立知識論斷時採用的歸納法和假設演繹法都具有基本的共同的特徵❽。殷海光通過科際整合的構建確立科學的權威性，也主要以科學方法作為其基石。如他所說的，演繹、歸納、統計、分析、綜合、定義、假設、求證，是一切科學必須全部或至少部分地運用的，所以要建立起科學，必須不離方法❼。這樣，經由科際整合的信念，殷海光所要達至的樹立科學與科學方法的道德權威的目的，也得到充分的實現。

再要繼續討論科學實證信念系統性的投射，似乎多少顯得有些多餘，因為在上述論證中這個問題已是題中應有之意。或許作為啟蒙思想家的殷海光關注得更多的就是要確立可以投向社會、政治、文化各個領域的現代型社會知識樣式，因而他還是系統性地闡述了科學與科學方法在整個經驗世界有些什麼樣的訴求，以及它的正當性與合理性何在。

殷海光對科學實證信念的發揮，除了前述關乎自然科學與社會科學的整合，面對不同的知識領域，他都盡可能地為運用科學方法的正當性與合理性進行了辯護。不僅有專文指陳政治科學以及對信仰的研究都必須使用科學方法❼，尤其用心於將人文學科的研究帶上科學之路。在殷海光看來，人文領域的研究最有賴於科學的整合，絕棄科學的人文研究所得結果，只有滿足同好者情緒之功用，而很少認知的成就；這樣的結果是不能與文化人類學、知識社會學、心理學,尤其是心理解析等科學的整合所得到的認知成就相提並論的；科學並非萬能，但科學的整合是動員科學成就來進窺「人理世界」

的先行準備❼。殷海光對於人文學科的科學化確實傾注了大量的精力，這可由他投身「後設歷史學」的思索看出。歷史學其實是他十分陌生的領域，或許是不滿於在他看來是由形上學與考據學建構的歷史，更許是為了證明科際整合對歷史研究可能產生的積極影響，殷海光花了相當的精力構建科學化的歷史學❼。這也足可見科學與科學方法在殷海光的構建中所具有的特殊內涵與品質。

　　由引介邏輯經驗論，再經由科際整合，可以說殷海光不僅確立了其獨特的發言位置，而且還對科學與科學方法投射於各個領域的合理性與正當性進行了充分的論證。我們知道，運用科學的道德權威縱橫於現實社會層面與傳統文化領域，帶給了殷海光最多的毀與譽，在下面的章節中將會討論此問題，那麼，僅就學術層面而言，殷海光所樹立的科學實證信念，其意義與局限又何在呢？

四、現代中國科學實證論述的新進展及其自我反省

　　殷海光引介邏輯經驗論所形成的思想路數，以及五、六十年代臺灣社會科學實證論述浮現的歷史脈絡與問題結構，我們都作了大體的介紹。僅此而言，我們並不能很輕易推斷出為何科學實證論述易於被斯時的知識界所接受，甚至也不能揭示其意義何在。筆者曾強調殷海光作為重要催生者的科學實證論述的臺灣形態與現代中國實證主義、經驗主義思潮的聯繫性，或許置於這樣的思想學術背景中，上述問題的解答才有一個較好的切入點。

　　梁啟超嘗言：「凡『思』非皆能成『潮』；能成『潮』者，則其『思』必有相當之價值，而又適合於其時代之要求者也。凡『時代』

非皆有『思潮』；有思潮之時代，必文化昂進之時代也。」❼這段話大抵涉及知識形態傳播兩方面的問題，其一純就學術本身而言，其二則關乎思想的實際相關性。或許討論殷海光引介邏輯經驗論所引發的科學實證論述臺灣形態的浮現，梁啟超這一觀察，仍是可茲借鑑的角度。極富意味的是，對殷海光引介邏輯經驗論及其在近三十年來臺灣思想界的作用，一些卓有影響的研究即著眼於此。林正弘先生通過比較殷海光與胡適的科學觀，大體是緊扣思想的實際相關性來解答。在他看來，第一，臺灣近三十年來，由於現代化所引起的許多政治、經濟及社會問題，亟需社會科學來應付，因而從美國引進許多社會科學理論（包括行為科學在內）。這些強調實證研究與努力建立嚴密的理論體系的美式社會科學，其傾向正好與邏輯經驗論的科學觀吻合。殷海光在這種情況下引介邏輯經驗論，恰好提供了知識界所需要的科學觀；第二，近三十年來，港臺地區的新儒家引進西方哲學中的某些學派融入中國哲學之中，企圖使中國哲學以新的面貌出現。而胡適的科學觀拒絕討論抽象理論，對此無力回應，殷海光引進的邏輯經驗論並未排斥抽象理論與概念，對此能做較有力的回應；第三，胡適的科學觀對民國以來在思想界頗為流行的科學唯物論無法做有力的批評，而殷海光從邏輯經驗論立場對唯物論所做批評，對具有科學心態及自由主義傾向的知識分子有相當程度的說服力❼。而從學術層面對殷海光引介邏輯經驗論的工作成效的評價，則大抵是批評意見居多，不過，林毓生先生從知識與道德的分野提出另一個問題，他認為注重純理知識的殷海光在其學術專業——邏輯與分析哲學——並沒有重大的原創貢獻，是其道德成就甚難避免的一面。他寫道：「邏輯與分析哲學的研究是需要極端冷靜的心情下鑽研的。殷先生經常處在道德忿怒與純理追求的兩極

所造成『緊張』的心情中，自然不易獲致重大的學術成就。……易言之，他之所以在學術上沒有獲致原創成就，正是因為道德成就過高的緣故。」❼

　　上述論者的討論無疑都涉及評價殷海光引介邏輯經驗論工作的重要面相，但也留下可茲進一步討論的餘地。以殷海光與胡適的比較來討論此一問題，固然可以說胡適的「大膽假設，小心求證」的「科學方法」確實離科學太遠了，他所努力建構的以科學方法為核心的現代型社會知識樣式，在向社會、文化、政治各個方面作盡可能的投射時，所關注的只是能夠在極為現實的層次產生特殊的效果，因此很容易就轉變為一種意識形態立場。然而倘若說胡適的科學觀太過粗淺，那麼並不是在五、六十年代的臺灣社會才如此，在五四時期，同樣有學者提出相似的問題：以「舊學邃密」而言，胡適不但比不上章太炎、梁啟超、王國維等老輩，也未必能駕乎同輩以至早期弟子之上；以「新知深沈」而言，他也不一定真的超過當時許多留學生❼。但胡適在五四以降的思想學術界所產生的影響力，確乎又是他人難以望其項背的。按照孔恩（Thomas Kuhn）所建構的「典範」（paradigm）觀念以及所強調的科學發展必須依據「典範」產生正確的問題，或許我們可以這麼說，胡適影響力的產生所涉及的除了他奉為圭臬的那套方法，他的貢獻還在於建立了新的「典範」，一方面在處理傳統資源時提出新的問題，另一方面則通過他具體的研究成果在整個學術界產生著示範作用❼。要而言之，胡適的科學觀儘管存在不堪推敲之處，但緣於其開啟諸多新的學術門徑，也贏得許多追隨者。因此，胡適的事例，實際為我們做思想學說的影響研究提供新的視角。反觀殷海光，我們自然不能由胡適的科學觀太過粗淺，就推導出他引介的邏輯經驗論提供了知識界所需的科學觀。

但將這一工作置於現代中國實證主義、經驗主義思潮的背景中，問題就較為清楚。基本上，殷海光的努力代表著這一路思想在中國的新進展。我們已論及這一路思想在中國的傳播所凸顯的主要是其工具性意義，在極為現實的層面上作盡可能的投射。殷海光的工作當然有同樣的問題，後面的章節也會討論到他所引介的邏輯經驗論或許需要放在更大的時空背景才能清楚其位置與意義。不過，單就斯時邏輯經驗論在國際知識界所具顯學位置，殷海光引介邏輯經驗論就使中國建構現代型知識樣式的努力得以提升。而由於特殊的際遇，注重純理知識的殷海光雖未在邏輯與分析哲學領域取得原創性貢獻，然而依據此派哲學所提供的理路，他所張揚的科學實證信念或將科學的功能發揮無遺，本身在理知層面進行了充分的論證。就像我們所強調的，殷海光是真正為科學辯護，而在過去的相當一段時間裏，科學所具有的至高無上的地位，是毋庸置疑的，不容懷疑，也毋須辯護。

至於林毓生先生所描述的殷海光在道德不安與知識渴求之間陷入緊張，自然不易獲致重大的學術成就，從為學之道的理想狀態來說，確乎如此。畢竟為學問而學問的治學之道讓位於強烈的道德熱情呼喚，使對學問的目的性追求不能得到彰顯。這一點，殷海光與他的老師金岳霖所遭遇的問題有相似的一面。王浩在分析金岳霖1949年以前及以後所走的兩種不同道路時曾指出：

> 我以為，在工作方面，金先生於1949年以前及以後追求了兩個很不相同的理想。這兩種理想在今天都值得推薦，值得追求。但我不以為一個人可以同時追求這樣一對難於兼得的理想，而能發揮較大的效果。……1949年以後的理想，可以說

是以哲學作為一項思想上的武器，為當前國家的需要直接服務。1949年以前的理想則是以哲學作為一項專門的學問來研究，直接間接為中國在國際哲學領域內爭取較高的地位，同時逐漸擴展後來者的眼界，改進他們的精神生活。為接近這兩個思想所需要的能力和準備都很不一樣，所以一個人如果多年來專心追求一個理想而中途忽然轉向另一個理想，恐怕不易得到像持續一個理想所能得到的成績。**㊾**

　　在金岳霖那裏，還可把追求的理想作不同階段的劃分；而對殷海光來說，則終其一生，他都在同時追求著學術理想與政治理想，當然也不易在學術上取得突出的成績。無疑的，由於同時希望滿足道德不安與知識渴求的理想，是殷海光在學術上沒有重大成績的主要原因。但這裏討論思想學說所產生的影響，如果僅局限於學術性的建構，似又不盡然。如同書齋裏的學問在當時並不一定產生很大的影響力；道德激情與知識傳播二者之間也並非完全不相容，甚至還需保持「必要的張力」。在西方文藝復興與啟蒙運動中，我們已熟知在擴張科學理性過程中道德激情作為主要動力的種種故事，在科學與科學精神尚處於被壓制者的地位，那些道德英雄的作用是不容低估的。而在現代中國，像康有為、章太炎對孔子的不同解釋，以及疑古派闡述的古史觀，也在在說明沒有科學的意義，並不等於沒有歷史的意義。就此而言，這也是討論殷海光影響於近三十年臺灣思想界的一個重要面相。這裏並非否認知識性建構對推動學術發展的意義，所強調的只是在啟蒙思想高昂的年代，時代思潮的形成摻雜著其他一些因素。就以胡、殷二人來說，我們已經道出胡適在學術研究中的「示範」對傳播他那套「科學方法」所起的積極作用，

反觀殷海光，在學術研究上的「示範」基本上是失敗的。然而在五、六十年代的臺灣社會，殷海光作為一個反抗英雄，對於推動科學實證論述的發展，卻起到重要的作用：一方面重鑄科學的權威以及對知識的追求，深受其道德熱情驅使；另一方面他的巨大的道德感召力，又成為那個年代辯護科學的見證。總之，在知識的建構處在一個被壓迫的歷史格局中，道德英雄所能產生的積極意義，是不能低估的。以後的章節將繼續討論這個問題。

倘若把殷海光引介邏輯經驗論的工作置於現代中國歷史發展的大背景中，而不是局限於五、六十年代臺灣特殊的時空背景，我們大抵可以說，殷海光的工作既代表著現代中國實證主義、經驗主義思潮的新進展，也意味著在他那裏對這一路思想中發展出的唯科學主義思潮進行了深刻地反省。

當儒家意識形態構築的大廈傾覆，社會急需新的意識形態填補由於全面的社會、政治、文化危機造成的真空狀態之時，現代中國實證主義、經驗主義這一路思潮中以胡適為代表的科學主義者，將「科學方法」投向社會、政治、文化各個領域，實際上為尋求一種新的意識形態提供了思想契機。而在中國社會呼喚意識形態、啟蒙話語滲透進生活的每一個角落的年代裏，胡適等人所建構的意識形態立場的現代型社會知識樣式，並未產生太大的爭議就獲得舉足輕重的發言位置。殷海光作為這一路思想臺灣形態的詮釋者，運思模態其實與這一路思想的先進是如出一轍的。從引介的學說中抽離出科學方法，啟蒙式的發揮邏輯經驗論的哲學意涵，甚至其彰顯的科學道德權威也具有明顯的意識形態色彩。然而，如同殷海光自己所道出的「五四的父親」與「五四的兒子」生活遭際已有顯著的區別，前者可以充滿樂觀地以社會公德與良知的名義介入社會的公眾生

活，一切似乎都在按照理性所規劃好的一步步展開；而後者則成長於理性遭恐慌的年代，政治上的迫害與社會的冷漠，也使之失去了那份狂飆精神與浪漫情懷。因此在這樣的思想格局中，殷海光獨自出來尋找出路，不僅沒有機會享受五四人物如日中天的聲華，而且由於對社會的反抗與環境的扭執，不能不努力鍛鍊「隔離的智慧」。平心而論，在五、六十年代臺灣特殊的時空背景中，殷海光所確立的發言位置既成長於泥沼，又要脫離泥沼，很大程度上只能是一廂情願，所謂獨自出來尋找出路與答案，可供選擇的可能性路徑其實相當的局限。然而即便是殷海光的運思模態與五四人物沒有顯著的區別，但在業已改變了思想環境，由於現實大眾層面所能提供的支持愈益匱乏，因而必須在認知層面多下功夫。在這個意義上，沿著同樣的思路，殷海光將現代中國科學主義思潮的正當性與合理性，在認知的層面作了充分的說明，剔除了建構科學主義基石的非認知因素，可以說到殷海光那裏，這一路思想的哲學意涵才真正被發揮到極致。這也是評價殷海光引介邏輯經驗論的工作，首先須正視的問題。同樣突出的問題是，現代中國科學主義思潮的流行，自身是缺乏深刻的反省的，而殷海光對此深加反省的結果，也為這一路思想的發展，作了一個總結。

　　我們知道，殷海光借助科學的道德權威除了在現實政治領域廣泛投射，在學術領域也是希望起到某種示範作用的。然而他自己所熟悉的自然、社會與人文的學科似乎都不多，因此當他在某些方面進行著嘗試，不但未能成功地起到示範作用，相反卻促使他對於其奉為圭臬的科學方法進行深刻地反省。他在晚年投身「後設歷史學」的思考，就提供了充分的例證。

　　在殷海光沈湎於科際整合的理想時，未經深思就接受了他自己

都承認尚在起步階段的諸行為科學，甚至連佛洛伊德心理學也輕易放過。在此基礎上，殷海光走上用科學知識來說明歷史的路途，投身「後設歷史學」的思考，甚至論及歷史研究門徑，希望藉此闡述作為人文領域的歷史學科能夠像許多社會科學那樣科學化。在1962年寫給林毓生的信中，針對林毓生提出的「所謂『方法』實在與各科的subject matter（主題）有連帶的關係」，殷海光就道出這種說法嚴格地說只是部分正確，關於包括人類學、心理學及社會學等部門在內的行為科學與歷史構造的相干性，他是這樣表達的：

> 第一，就歷史構造之theoretical layer（理論層）而言，行為科學實為前者不可少的依托。……如不依托行為科學，則所謂歷史也者，不過只是a haphazard collection of drifting facts（把零星的事實漫無目的地集攏起來）而已。……第二，so far historian's capability concerned（就史學家的身分來說），一旦conversant with the fundamentals of 行為科學（熟習行為科學的基礎知識），眼力可不能與只具常識者相提並論。

除了闡述行為科學構造科學化歷史學的正當性，殷海光還特別為方法與各科的主題作一注腳：一般方法是從屬在一切特殊方法之下的，是貫通於所有特殊方法的；特殊方法則係因各自主題而制定 ⑳。

過了幾年，同樣是給林毓生的信中，殷海光對自己曾經極為自信的用科學知識說明歷史的嘗試，進行了較為深刻的自我反省。不僅論及史著與科學之間的干隔是「殊相」與「共相」之間干隔的問題，科學的世界是一個洗煉得很純淨的世界，歷史卻是一個五顏六

色的世界，因此科學不能無遺的說明歷史，科學迄今不是說明歷史之充足而又必要的條件。「僅僅有理論的普遍知識是空架的」，長期沈迷於構建純理知識的殷海光說出這樣的話來，是極富意味的。關於科際整合，抑或統一科學的困難，這時他也源源道出：

> 在物理現象裏，我們可以找到"repetition"（重複性）和"regularities"（規律性）。
>
> 在生物世界，打點折扣，我們可以找到"repetition"和"regularities"。
>
> 在行為領域中，我們要找到"repetition"和"regularities"，就大感困難。
>
> 在人事歷史裏，我們要找到"repetition"和"regularities"，為事更難——假定並非邏輯的不可能。而且歷史之所以為歷史，就在那無可化約的及無可代換的特殊事件之出現，或一去不復返。

　　殷海光還看到，上列遞增的困難，既在知識組成的程序中，也在各類知識的性質和結構的殊異上，尤其是歷史知識。一方面歷史知識的性質和結構之本身往往不能不含蘊一叢價值活動，在這一關聯中，價值判斷及事實陳述常難截然劃分。如果不假定一些價值架構，那麼所謂歷史的事實敘述，即令不是不可能，也必大為改觀；另一方面，在物理學科中，我們可以找到相對獨立的因果系統和相干系統的確定邊沿，然而在人事歷史中，客觀的因果脈絡往往無法確定，而且相干系統的邊沿何在根本難以摸清。要而言之，「要瞭解歷史，必須瞭解人的wonderfulness（多姿多彩性）。要瞭解人的

wonderfulness，主要的在抓住人的uniqueness（獨特性）。到了這一層，才算對歷史入木三分。到了這一層，普遍定律或推廣便英雄無用武之地了。」❸

由於這樣的緣故，殷海光最終放棄了「後設歷史學」的構想。從投身「後設歷史學」的思索到後來自我放棄這一努力，是殷海光晚年極富象徵意味的事。如論者所說的，殷海光構建「後設歷史學」的整合理論總是在假定：行為科學所建構的原理原則，所揭示的常規常律，乃是放諸四海皆準、施於古今齊效的。雖在原則上肯定經驗實證的最高主宰地位，但對發源於西方、取證於西方、盛行於西方的諸行為科學的「經驗基礎」，他從未動用邏輯解析之刃❷。因此，放棄構建「後設歷史學」的殷海光實際是開始正視人的思想與行為的複雜性，承認對人的理解，除了認知層面，尚有各種非認知層面。這也成為其思想轉變的契機，並最終引發他對於其在問學論道上所嚴守的邏輯經驗論，有了新的看法：

> 邏輯經驗論有一個假定，以為一切知識都可「整合」（unity），邏輯經驗論的這種發展，結果造成了「知識的極權主義」。……
> 邏輯經驗論最使人不滿的是：以為解決了大腦的問題，就可以解決人生的問題。其實人的問題並不止於此。人最重要的問題是心靈的問題。
> 大腦的問題是「觸及」（touch）。由於心靈的問題不能確定，邏輯經驗論便認為心靈的問題是「假擬的問題」（pseudo problem）。也許從邏輯經驗論的論點來看，心靈的問題是「假擬的問題」，但它卻是「真實的問題」（genuine problem）。人是有悲歡離合的。❸

尤其值得重視的，對於這些年來他所努力建構的科學與科學方法的道德權威，殷海光在晚年也有了新的視野。1967年年底，林毓生給殷海光的信中，有一段對殷海光多年來提倡科學方法的意見：

> 我最近常想到您平生提倡科學方法的志趣與您近來治中國近代思想史的宏願。您做人的風格上充分表示出您是具有intense moral passion 和 poetical inspiration 的人，讀您最近的數信更confirm了我這一看法；但幾十年來偏偏提倡科學方法，colorless thinking。究其原因實受時代環境之刺激，而不是為科學而科學——科學方法是一個tool，是一個使人頭腦清楚不受騙的工具。至少在下意識裏，科學是滿足您moral passion的道路。However，moral passion和科學方法的溶合有時能產生極大的tension(if not contradiction)。這種 tension 有時能刺激個人的思想，但有時卻也不見得不是很大的burden。❽

殷海光對此段描寫甚為稱許，認為道出了他「心靈深處多年來『緊張』之源」：

> 經弟的X對我透視，我才自覺到，我二、三十年來與其說是為科學方法而提倡科學方法，不如說是為反權威主義、反獨斷主義、反蒙昧主義(obscurantism)、反許多形色的 ideologies（意締牢結）而提倡科學方法。在我的觀念活動裏，同時潛伏著兩種強烈的衝力：第一是iconoclasm（反傳統思想）；第二是enlightenment（啟蒙）。❽

　　毫無疑問，殷海光晚年的自我反省，代表著其思想方法的一大轉向。就此而言，論者的意見頗有分歧。張灝先生談到殷海光晚年的思想轉變，認為他走出邏輯實證論的樊籠而認識到主觀的價值是決定人的行為的因素，乃是思想的一大解放❽。而針對張灝所暗示的殷海光早年因嚴守邏輯實證論的門庭，以致無法接觸他早已發生興趣的行為科學，林正弘先生則提出，關於邏輯經驗論不重視價值問題（包括道德問題）這一點，有些常見的誤解。他予以澄清說，按照邏輯經驗論的意義判準，價值判斷的命題（包括道德命題在內）既非分析命題也非經驗命題，因而無認知意義。邏輯經驗論者也通常不討論價值問題。但這不等於說邏輯經驗論者不做價值判斷（包括道德抉擇）或反對價值判斷。人活在世上不可能不做價值判斷。他們也不否認人會做價值判斷，以及價值觀念會影響人的行為。因為這些都是事實，而敘述這些事實的命題當然具有認知意義。承認這些事實，並對這些事實加以研究，絲毫沒有違背邏輯經驗論的立場❽。

　　不難看出，張灝與林正弘兩位先生所說的並不是一回事，前者是就殷海光論殷海光，而後者涉及對邏輯經驗論本身的評價。這又牽涉到對殷海光引介邏輯經驗論的方式的討論。實際上在現代中國思想發展的軌跡中，我們已無數次的面對差不多同樣的問題，那就是現代中國的思想家在處理所引介的西方學說時，幾乎都只是擷取自己所喜好的思想成分，以面對中國特殊的問題，從而也導致人們對這些思想成分進行恰當分析的困難，因為西方思想的中國化與原本的西方思想往往有很大的差異。殷海光所引介的邏輯經驗論同樣存在著不免偏頗以致難以周全的地方。不過這裏不打算討論此一問題，也不準備把問題引向另一個人們討論思想溝通通常採用的方式，

即根據晚近學說的發展，把學界對邏輯經驗論的批評引入對殷海光的評價。就我們所討論的問題而言，也許取張灝的方式就可以了。正如我們一開始就表明的，殷海光引介邏輯經驗論的方式有其特殊的歷史脈絡與問題結構，所凸顯的主要是此派學說邏輯與經驗的工具性意義，是否全盤性地介紹邏輯經驗論甚或追隨此派學說新近發展，並不是殷海光關注的。因此在這樣的思想脈絡中，殷海光晚年的轉變，也許並未逸出邏輯經驗論的哲學意涵，但對他本人來說，卻是具有實實在在的意義的。「不憚以今日之我挑戰昨日之我」，梁啟超此言，殷海光頗樂道之，他在五、六十年代臺灣社會特殊的時空格局中，將現代中國實證主義、經驗主義思潮推展到一個新的高度，也以他自己的不斷嘗試反省，對現代中國科學主義思想滲透進社會、政治、文化各個領域的時代作了總結。可以說，殷海光為學的歷程在現代中國思想學術發展史上，本身構成了彌足珍貴的遺產。

　　以上討論了殷海光在學術方面的工作。無庸諱言，從純粹學術的層面來說，殷海光在他所用心的邏輯與分析哲學領域並不算成功，更不用說獲得原創性貢獻。但筆者所強調的是，這並不能構成我們忽視殷海光學術性工作的理由。我們以現代中國實證主義、經驗主義思潮為背景，也意在說明殷海光的工作代表著這一思想傾向的一個面相，而且在這個層面而言，殷海光有他的階段性與歷史性貢獻；當他對此進行深刻的自我反省，也為此路思潮在中國的發展，作了階段性的總結。或許這又涉及關於知識與道德，以及知識分子分別以學問中人和問題中人為鵠的所形成的不同理路，但成就知識與成就道德畢竟是不可以輕易論高下、道長短的。殷海光為此也曾終生陷於難以化解的緊張，但這種緊張卻並不影響他在學問之外成就一番事業。所以筆者也傾向於在現代中國實證主義、經驗主義思潮的

背景下——並從中抽離出相應的問題意識，來討論殷海光學術性的
工作。

這裏還只是論及殷海光引介邏輯經驗論在學理層面的投射，只
是問題的一個面相。我們知道，將所引介的西方學說廣泛投射於社
會、政治、文化諸領域，是此路思想題中應有之意，甚至是首要的
關注點。而殷海光以此作利器，廣泛涉足於政治、文化領域，既帶
給他巨大的俗世聲名，也同樣面臨著困境。

注　釋

❶　林毓生：〈殷海光先生終生奮鬥的永恆意義〉，《殷海光紀念集》，頁133。

❷　殷海光：〈「海光文選」自敘〉，《殷海光全集》17，頁652。

❸　正如維也納學派的著名哲學家克拉夫特（V. Kraft）說過的：「把維也
納學派稱為邏輯實證主義，從三〇年代的 M. Schlick, R. Carnap, O.
Neurath, H. Hahn以及他們對於L. Wittgenstein的見解來說，是完全有
理由的。但是，這個哲學運動由於這些年來進一步的發展，與實證主
義觀點有了一定的距離——至少部分是如此的。當前，維也納學派所
堅持的主張，是一種『新的經驗主義』」。參見洪謙主編：《邏輯經驗
主義》（北京：商務，1989），「前言」。

❹　施太格繆勒著，王炳文等譯：《當代哲學主流》（北京：商務，1986），
上冊，頁367；布萊恩・麥基編，周穗明等譯：《思想家——當代哲學
的創造者們》（北京：三聯，1992），頁154–60。

❺　嚴復：〈「穆勒名學」按語〉，《嚴復集》（四）（北京：中華，1986），頁
1028。

❻　嚴復：〈原強〉（修訂稿），《嚴復集》（一），頁23。

❼　嚴復：〈原富・譯事例言〉，參見《原富》（北京：商務，1981）。

❽　嚴復：〈「穆勒名學」按語〉，《嚴復集》（四），頁1047。

❾　本杰明・史華茲著，葉鳳美譯：《尋求富強：嚴復與西方》（江蘇：人

民，1989），頁179。

❿　邏輯在中國的最早介紹始於明季李之藻所譯《名理探》，參見嚴復：
〈「穆勒名學」按語〉，《嚴復集》（四），頁1028。對嚴復關注邏輯學
的推論，見前揭史華茲書，頁179。

⓫　王遽常：《嚴幾道年譜》（上海：商務，1936）。

⓬　參見前揭史華茲書，頁179–80。

⓭　嚴復：〈與張元濟書〉（1991年9月2日），《嚴復集》（三），頁546。

⓮　嚴復：〈救亡決論〉，《嚴復集》（一），頁40–54。

⓯　嚴復：〈原強〉（修訂稿），《嚴復集》（一），頁29。

⓰　嚴復：〈「穆勒名學」按語〉，《嚴復集》（四），頁1047。

⓱　嚴復：〈與梁啟超書〉，《嚴復集》（三），頁517–18。

⓲　嚴復：《名學淺說》（北京：商務，1981），頁18–19。

⓳　前揭史華茲書，頁180、184–85。

⓴　賀麟：〈康德黑格爾哲學東漸記〉，《中國哲學》第二集，頁366。

㉑　參見章清：〈實用主義哲學與近代中國啟蒙運動〉，《復旦學報》6期（上
海：復旦大學，1986）。

㉒　按照郭穎頤先生的解釋，「唯科學主義」是一種從傳統與遺產中興起的
信仰形式，科學本身的有限原則，在傳統與遺產中得到普遍應用，並
成為文化設定及該文化的公理。嚴格地說，它把所有的實在都置於自
然秩序之內，又確信僅有科學方法才能認識這種秩序的所有方面，包
括生物的、社會的、物理的或心理的各個方面。參見郭穎頤著，雷頤
譯：《中國現代思想中的唯科學主義》（江蘇：人民，1989），頁17。

㉓　馮友蘭：〈三松堂自序〉，《馮友蘭全集》1（河南：人民，1985），頁
196。

㉔　金岳霖：《論道》（北京：商務，1985年重印本），「緒論」。

㉕　洪謙青年時代曾在德國柏林大學、耶拿大學和奧地利維也納大學學習，
1934年在維也納學派創始人M. 石里克教授指導下完成博士論文，取得
博士學位。在此期間，他也參加了維也納學派的活動。

㉖　參見洪謙：《維也納學派哲學》（北京：商務，1989），「序言」。

㉗　如前揭史華茲書對嚴復思想的精闢研究，就對嚴復的翻譯工作哪些是

對西方思想的曲解，哪些是經他的改造以適應所面對的中國問題，都做了詳細的分疏；而吳森先生在〈杜威思想與中國文化〉文中，則認為胡適對乃師杜威之實用主義哲學「瞭解膚淺」，「有師而無承」，完全未能掌握杜威思想的精義。參見汪榮祖編：《五四研究論文集》（臺北：聯經，1979），頁125–26。

㉘ 嚴復：《名學淺說》，頁46。

㉙ 嚴復：〈「天演論」自序〉，《嚴復集》（五），頁1319–1320。

㉚ 胡適：《先秦名學史》（上海：學林，1983），頁9。

㉛ 金岳霖：《知識論》（北京：商務，1983），頁797、817。

㉜ 馮友蘭：〈三松堂自序〉，《馮友蘭全集》1，頁254。

㉝ 馮友蘭：《新知言》，頁67。

㉞ 金岳霖：《論道》，頁16，「緒論」。

㉟ 馮友蘭：《新知言》，頁6。

㊱ 參見郭穎頤：《中國現代思想中的唯科學主義》，頁118。

㊲ 胡適：〈「科學與人生觀」序〉，《胡適文存》第二集卷二。

㊳ 洪謙：《維也納學派哲學》，頁1、104。

㊴ 見前揭洪謙書，頁116。

㊵ 洪謙：〈論「新理學」的哲學方法〉，同上書，頁181–92。

㊶ E.卡西爾著，顧偉銘等譯：《啟蒙哲學》（山東：人民，1988），頁94。

㊷ 林毓生：〈民初「科學主義」的興起與含義〉，《中國意識的危機》，「附錄一」，頁330。

㊸ 傅大為：〈科學實證論述歷史的辯證——從近代西方啟蒙到臺灣的殷海光〉，《殷海光紀念集》，頁407–75。

㊹ 參見殷福生：〈邏輯基本——譯者引語〉，《殷海光全集》17，頁611–38；〈邏輯和邏輯學究竟是什麼〉，《文哲月刊》第一卷第七期，頁14–33。

㊺ 殷福生：〈意志自由問題底檢討〉，《東方雜誌》第32卷第1號（1935年1月1日），頁57–67。

㊻ 參見卡爾納普著，殷福生譯：《哲學與邏輯語法》（*Philosophy and Logical Syntax*）（重慶：商務，1946），「譯者引言」。殷海光在譯序中開列了卡爾納普的下列論著：*Der Logischer Aufbau der Welt*（《世界

的邏輯構造》）；*Abries der Logistik*（《邏輯概論》）；*Die Physikalische Sprache als Universal Sprache der Wissenschaft*（《物理語言是科學的普遍語言》）；*Ueber Protokollsaetze*（《論記錄句子》）；*Logische Syntax der Sprache*（《語言的邏輯句法》）；*Foundation of Logic and Mathematics*（《邏輯與數學的基礎》）；*Introduction to Semantics*（《語意學引論》）。大體包括了卡爾納普的一些重要著作。據殷海光說，他還曾翻譯了出版於1936年的艾耶爾（A. J. Ayer）所著的《語言、真理與邏輯》（*Language Truth, and Logic*），以期介紹此路思想，惜全稿毀於戰亂。參見約德原著，殷海光摘譯：〈實徵論底批評〉，《殷海光全集》13，頁249。

❹ 參見卡爾納普著，陳曉山等譯：《卡爾納普思想自述》（上海：譯文，1985），頁51。

❹ 殷海光赴西南聯大途經貴陽時，就結識了留德歸來前往西南聯大任教的洪謙；後來殷海光到南京求職時，按徐復觀的推測，還是洪謙向金陵大學文學院院長倪青原推薦殷海光。參見陳平景：《殷海光傳記》，頁119；徐復觀：〈對殷海光先生的憶念〉，《徐復觀雜文——憶往事》，頁172–73。

❹ 參見殷海光：〈邏輯經驗論導釋〉，〈邏輯經驗論的再認識〉諸文，分別收入《殷海光全集》13、14。

❺ 殷海光：〈科學經驗論底徵信及其批評〉，《殷海光全集》13，頁93–120。這裏他把維也納學派、邏輯實徵論（Logical Positivism）、邏輯經驗論（Logical Empiricism）統稱為科學經驗論。

❺ 殷海光：〈因果底解析〉，《殷海光全集》14，頁505–42。

❺ 參見林正弘：〈一個自由主義者的民主科學觀〉，《殷海光紀念集》，頁365–91。

❺ 卡爾納普就介紹了維也納小組中大多數人，包括他自己，都是社會主義者，特別是紐拉特（Neurath）在社會問題上的觀點深受馬克思的影響，並經常在小組討論中解釋馬克思主義的基本觀點。參見卡爾納普：《卡爾納普思想自述》，頁33–37。

❺ 殷海光：〈邏輯經驗論底再認識〉，《殷海光全集》14，頁937–56。

⑤⑤ 參見林毓生:〈民初「科學主義」的興起與含義〉,《中國意識的危機》,「附錄一」,頁330。

⑤⑥ 按照郭穎頤先生的解釋,唯物論的唯科學主義認為生命的所有方面都從屬於自然的秩序並能通過科學方法來控制和認知,因為它們僅是簡單的自然物質並按照確定的科學規律運動;而經驗論的唯科學主義的結論比唯物論唯科學主義略少一些教條氣味,但二者都有共同的設定(從科學方法和「科學傳統」中得到)和共同的祖先。經驗論唯科學主義在長期以來一直是西方社會的一種主要思想模式的經驗主義中找到了自己的最佳表達。參見《中國現代思想中的唯科學主義》,頁20–23。

⑤⑦ 殷海光:〈科學與唯物論〉,《殷海光全集》14,頁837–80。

⑤⑧ 殷海光:〈論「大膽假設,小心求證」〉,《殷海光全集》14,頁701–37。

⑤⑨ 殷海光:〈從有顏色的思想到無顏色的思想〉,《殷海光全集》14,頁957–94。內容相似的文字還包括有〈論沒有顏色的思想〉,見《殷海光全集》13,頁23–36。

⑥⓪ 殷海光:〈「思想與方法」再版序言〉,《殷海光全集》17,頁639–43。

⑥① 殷海光:〈論認知的獨立〉,《殷海光全集》15,頁1409–1429。

⑥② 參見殷海光:〈成見與進步〉、〈正確思想的評準〉,均收入《殷海光全集》15,分別載於頁1097–1111、1113–1130。

⑥③ 殷海光:〈怎樣判別是非〉,《殷海光全集》14,頁761–836。

⑥④ E. 卡西爾:《啟蒙哲學》,「序」,頁5。

⑥⑤ 參見傅大為:〈科學實證論述歷史的辯證〉,《殷海光紀念集》,頁422。

⑥⑥ 殷海光曾翻譯過菲格這篇文字,所不同的是,菲格概括的對科學的誤解包括十二個方面,這裏殷海光略去了其中的第十一項:「科學方法從來不能代替實用心理學家、心理病學家、文化人類學家、或歷史學家底直觀或同感的瞭解」。參見殷海光:〈自然思想與人文思想〉,《殷海光全集》13,頁321–51。

⑥⑦ 殷海光:〈怎樣判別是非〉,《殷海光全集》14,頁784–95。

⑥⑧ 殷海光:〈論科際整合〉,《殷海光全集》15,頁1053–1095。

⑥⑨ H. Feigl: *The Philosophy of Rudolf Carnap*,參見洪謙主編:《邏輯經驗主義》,頁512。

⑦ 殷海光：〈論科際整合〉，《殷海光全集》15，頁1074–1075。

⑦ 參見殷海光：〈政治科學底指歸〉，《殷海光全集》14，頁543–65；〈試論信仰的科學〉，《殷海光全集》15，頁1021–1047。

⑦ 殷海光：〈經驗科學整合底基礎〉，《殷海光全集》13，頁459–65。

⑦ 這方面的主要文字包括〈歷史解析的邏輯〉（《殷海光全集》13，頁353–74）；〈後設歷史學試論〉（《殷海光全集》14，頁739–60）。不過在稍晚所寫的英文長篇論文〈後設歷史學芻議〉(Some Heuristic Remarks on Metahistory or Some Tentative Remarks on Metahistory) 以及與學生和朋友的通信中，想法有所轉變。參見許冠三：〈殷海光：走科際整合的路〉，《殷海光紀念集》，頁477–98。

⑦ 梁啟超：《清代學術概論》，《飲冰室合集》（上海：中華，1932），「專集」第九冊。

⑦ 參見林正弘：〈一個自由主義者的民主科學觀〉，《殷海光紀念集》，頁365–91。

⑦ 參見林毓生：〈殷海光先生終生奮鬥的永恆意義〉，《殷海光紀念集》，頁129–41。

⑦ 余英時：〈「中國哲學史大綱」與史學革命〉，收入胡頌平編著：《胡適之先生年譜長編初稿》，「序」，「附錄」。

⑦ 余英時就提出胡適在中國學術史上的貢獻在於建立了庫恩所說的新「典範」，而且這個「典範」約具庫恩所說廣狹兩義：廣義地說，它涉及了全套的信仰、價值和技術的改變；狹義地說，具體的研究成果則起到「示範」作用，即一方面開啟了新的治學門徑，另一方面又留下許多待解決的新問題。參見余英時為胡頌平編著的《胡適之先生年譜長編初稿》所寫「序」——〈中國近代思想史上的胡適〉。筆者也曾著文對此作了推衍性的發揮，參見〈胡適與現代中國學術轉型〉，《復旦學報》1期（上海：復旦大學，1993）。

⑦ 王浩：〈金岳霖先生的道路〉，《金岳霖學術思想研究》，頁47–48。

⑧ 殷海光：〈致林毓生〉（1962年6月4日），《殷海光書信集》，頁147–51。

⑧ 殷海光：〈致林毓生〉（1968年5月9日），《殷海光書信集》，頁190–207。

⑧ 許冠三：〈殷海光：走科際整合的路〉，《殷海光紀念集》，頁494。

⑧ 陳鼓應編：《春蠶吐絲》，頁12–13。

⑧ 參見林毓生：〈致殷海光〉（1967年12月23日），《殷海光·林毓生書信錄》，頁125。

⑧ 殷海光：〈致林毓生〉（1968年9月24日），同上書，頁149。

⑧ 張灝：〈一條沒有走完的路〉，《殷海光紀念集》，頁161–70。

⑧ 林正弘：〈一個自由主義者的民主科學觀〉，《殷海光紀念集》，頁390–91。

第三章 自由主義的理知詮釋與道德尊嚴的賦予

　　自由的理想作為一種支配性觀念在現代中國的歷史脈絡中無疑是罕見的。或許在中國近百年的問題結構中，自由對普通民眾來說還是過於奢侈、遙遠的期望，因而不僅從未作為一種準則經常性地成為召喚民眾聚集在一起的呼聲，相應的自由知識分子也始終未能改變在現實環境中的淒楚命運。不過，雖說自由主義只是曇花一現地成為部分知識分子醉心的理想，但即便是以一種被壓抑、無定型的形式出現，也曾釋放出影響悠遠的道德力量。1949年以後，國共兩黨的紛爭告一段落，似乎也預示原本「先天不足」的自由主義理想走向末路。然而，就是在這種極不利於自由思想生成的現實環境中，中國自由主義思想的臺灣形態，悄悄地誕生、浮現，而殷海光也成為其中最雄辯、最具影響力的代言人之一。

　　討論殷海光學術性的工作，我們選取了現代中國實證主義、經驗主義思潮作為相關的背景，那麼闡釋殷海光的自由主義思想，亦即其政治方面的角色定位，能否選取中國自由主義思潮作為相應的思想背景呢？從實際的結果來說，由於殷海光與他的朋友們不懈的奮鬥，中國自由主義的理想在五、六十年代的臺灣社會還能維持不墜，延續了中國自由主義的理想，他本人也成為構成中國自由主義傳統不可或缺的代表人物。但就殷海光思想路數的形成來說，其前

半生政治理想的投射是游離於五四以來脆弱的自由主義思想之外的。夏道平先生曾說過，殷海光「鍥而不捨地要把一個具有不同傾向的氣質陶鑄成理想中的自由主義者。這種心智的努力，是件十分艱苦的事情」❶。這段話可以為殷海光自由主義思想的成長作一注腳。基本上，殷海光原初所崇尚的思想與中國自由主義的源流是格格不入的，經歷艱苦的自我否定，自由主義思想才得以浮現。因此，討論殷海光的自由主義思想，或許首先值得重視的問題便是他如何確立自由知識分子的角色。

一、自由主義思想由背景走向前臺

論及殷海光自由主義思想的心路歷程，許多研究者都按照殷本人的揭示而推論說，求學時的西南聯大仍保持著五四遺風，因而他很自然地接受了許多五四時代知識分子為科學、自由、民主奮鬥的思想；尤其是師從深諳西方自由主義思想的著名邏輯學家金岳霖先生，更受到自由主義精神的洗禮。種子業已埋下，這確實不假。但以此作為殷海光自由主義思想成長的背景，不免有太多的困難。我們在第一章已指出，實際上在西南聯大讀書期間，殷海光是有名的右派學生，法西斯色彩頗濃，對於斯時校園內的民主運動，是格格不入的。以後相當一段時間他在國民黨的政治輿論圈沈浮，也證明了他這一時期的政治理想安頓於何處。

或許抗戰結束後中國自由主義波瀾壯闊的運動，是討論殷海光自由主義思想養成更恰當的背景。無可否認，當殷海光凸顯自由主義思想家的角色身分，其基本的問題結構與發言位置，我們仍然可以發掘出與現代中國自由主義思想發展的聯繫性，只是不斷分化的

自由主義陣營，為釐清這種聯繫增添了種種困難❷。但只有在戰後的自由主義運動中，殷海光才最初表達了對現代中國自由主義思想發展的基本看法。這些看法，多少也預示了將來殷海光自由主義思想成長的方向。

在本書的第一章，我們已揭示了處在戰後政治紛爭格局中的殷海光，對於斯時自由知識分子的參政熱情還有相當的保留。相反的，他的思想傾向與政治關懷，由於認同於國民黨政治權威而得到暫時的安頓。無論是供職於獨立出版社與中央日報社，還是先後在重慶、南京出版的《光明前之黑暗》、《中國共產黨之觀察》，他所表達的都是寄望於國民黨將國家民族帶上長治久安的康莊大道；既站在國民黨與蔣介石忠誠的擁戴者立場立言，因此除了極端反共，也將作為斯時自由主義運動代言人的中國民主同盟視作共產黨的外圍。至於自由主義所闡述的選擇新的政治生存方式的主張，對那時的殷海光來說都還不成其為問題，也毋須「談判」「協商」，因為答案早已很清楚。當然，四十年代末期這段時間對殷海光來說之所以重要，還在於他的政治理想第一次經歷著靈魂深處的拷問：一方面徹底的反共立場並未稍或改變；另一方面心中的政治偶像國民黨又漸喪道義。尤有甚者，他根本否認除此而外的「第三條道路」的可能性。我們也談到，殷海光的思想在經歷著轉變的過程中，唯一見其心靈曙光的，是他將胡適稱為「真正的自由主義者」。

問題在於，斯時標榜「第三條道路」的自由主義知識分子，固然有殷海光所覺察到的難以保持獨立的發言位置的問題，但他沒有對這些形形色色的人物作具體的區分，是頗令人感到遺憾的。因為在多數的自由知識分子向左右兩極分化的時刻，仍有少數人能夠超越「兩害相權取其輕」的現實邏輯，堅守自由主義的最後堡壘，其

中尤以《觀察》週刊立場最為鮮明。1948年秋天楊人梗曾寫道：「在目前國共兩大勢力對立的局面中，最現實的態度是『擇一而事』。要兩面討好是不可能的，兩面不討好是最不『現實』的，最聰明的辦法是暫時保持緘默，待機而動，自由主義者卻要採取這麼一種既不現實又不聰明的態度；因為科學的精神使他們有這麼一種認識，他們的認識決定了他們所採取的途徑。」❸他與儲安平、施復亮等人堅持什麼也不選擇，對國共兩黨始終保持獨立的批評立場。同時，呼應《觀察》週刊的，在上海有王芸生主持的《大公報》，北平則有大學教授主辦的《新路》週刊❹。

　　再者，殷海光賦予胡適「真正的自由主義者」的讚譽，也應該作進一步的分析。就胡適的自由主義知識分子的角色定位來說，由於他所關心的始終是社會秩序穩定下一點一滴的改良，因而他與事實上的統治者國民黨政權的關係是頗不尋常的。他的自由主義思想的出發點都是把國民黨政權當作事實上的統治政權，因而所努力的並不是要推翻這個政權，而是要對其進行啟發。他對於中國統治者的要求只是應該有傾聽認真負責的批評的勇氣和從批評中可以受益的信念❺。胡適自己也樂於把這看作一種忠誠的反對立場。或許一個現代國家正應該在這種不絕於耳的批評聲中尋求不斷的改良與進步，胡適甘願充當「討厭的烏鴉」、「魔鬼的辯護士」本未可厚非。問題在於，當你所忠誠的當局並不領情這樣的善意批評，反而對諍友式的立場實施公開的懲處；或者說當你執意維護理性的尊嚴和思想的自由，但卻無力促使當局一起來維護，又該怎樣呢？胡適在現代中國的政治環境中所面臨的正是這樣的困境。但在不斷碰壁中他還是堅持要做只有在政治正常有序的社會中才能發揮作用的批判者，卻沒有真正考慮在一個不符合理性的專制制度下如何恰當地調

整自己的運思與言論。事實上，就在殷海光稱讚胡適是「真正的自由主義者」的前後，胡適固然在〈我們必須選擇我們的方向〉、〈自由主義是什麼?〉等文字中，繼續闡釋自由主義的觀念，重申他的基本立場是「深信思想信仰的自由與言論出版的自由是社會改革與文化進步的基本條件」；民主政治「最可以代表全民利益」，最能促成建立一個「愛自由、容忍異己的文明社會」。還特別強調「現代的自由主義正應該有『和平改革』的含義」，似乎要向在綿延數千里的戰線上鏖戰正酣的國共雙方呼籲「不流血的和平革新」❻。如果說這些都維護了他作為自由主義代言人的聲譽，那麼當1949年國民黨的失敗已不可避免，胡適還表示，「我願意用我的道義力量來支持蔣介石先生的政府」，甚至說:「我的道義支持也許不值得什麼，但我說的話是誠心的。因為我們若不支持這個政府，還有什麼政府可以支持? 如果這個政府垮了，我們到那兒去?」❼也意味著獨立的社會批判立場，在胡適那裏已愈益匱乏。

　　四十年代末期中國自由主義運動的發展，以及作為中國自由主義代言人胡適的示範，是養成殷海光自由主義思想的直接土壤。顯然無論是他對「第三條道路」的否定，還是對胡適的讚許，實際上是從兩個側面表明，斯時的殷海光對於自由主義政治取向的理解尚停留在相當浮泛的階段；只是從中我們能夠推斷出對塑造殷海光未來的角色所具有重要的意義。一個顯而易見的事實是，殷海光尚未真正從民間右派的角色擺脫出來，已對斯時的自由知識分子頗有微辭，尤其是認定所謂「中間道路」者其實並不能擺脫兩極分化的結局，這樣當他凸顯其作為自由主義思想家的發言位置，勢必以此為借鑑，尋找新的出路；而我們道出殷海光所認同的真正的自由主義者胡適，其實更主要地是希望借助於現存的秩序謀求變革，並盡量

避免與政治當局對抗，也希望藉此點出，胡適作為中國自由主義的象徵，在殷海光經歷極端痛苦的抉擇時，似乎是他心中唯一的曙光，成為其最終歸宿於自由主義的契機。而胡適與國民黨政權宛如是「同舟共濟」的關係，他的思想在晚年不免處處受到掣制。這樣，當殷海光等年輕一輩自由知識分子發揮批判社會的角色功能，在許多問題上引發與胡適等老一輩的激烈爭論，也在情理之中。甚至可以說，在殷海光認同胡適為真正的自由主義者的時候，早已埋下思想衝突的端倪。

殷海光的自由主義思想何時浮現，頗難給出確切的時間。從他留下的文字看，對國民黨喪失信心，早在1948年底徐蚌會戰之前即已發生。爾後又比較傾慕於費邊社的思想，以為「政治民主化」和「經濟社會化」的主張可以作為解決中國問題的良方，但這只可視為思想的朦朧狀態❽。畢竟放棄原來的政治偶像與重建新的政治理念不是一回事。事實上儘管思想發生動搖，他還在國民黨輿論圈沈浮了一段時日。及至他加入《自由中國》雜誌社，也不能就此說他確立了自由知識分子的獨立政治立場。論者曾把〈爭思想自由的歷史巨流〉一文作為到臺灣以後的殷海光「再出發」的象徵，開宗明義地點出殷海光企圖承續西方啟蒙精神的基本傾向❾。其實包括同樣寫於1949年、並刊載於《自由中國》一卷一期的〈思想自由與自由思想〉一文，殷海光都只是一般性地闡述思想自由與自由思想的重要性，並未昭示其發言位置有了根本性的轉換。前已提及，從《自由中國》雜誌組織過程與經費籌措方面來看，它的官方色彩是甚為明顯的，側身於國民黨丟失大陸的痛苦現實，所圖謀的不過是希望藉振起輿論，化解所謂河山沈淪之痛。殷海光介入《自由中國》雜誌時，雖對雷震有些成見，總思議從政多年的雷震能否超越黨派識

見❿。但他本人又未嘗不是同許多人士那樣，不自覺地把自己的命運同國民黨集團聯繫在一起，考慮的問題並未逸出反共的主軸。這期間所寫文字就集中於檢討國共這場戰爭的性質及可能造成的後果，尤其是把中共與共產主義及蘇俄聯繫在一起思考⓫。至多是把政治民主與經濟平等設想為解決中國問題的不二法門。這也構成了中國自由主義思想臺灣形態浮現、誕生過程中焦點性的問題⓬。

照筆者的看法，殷海光思想立場的真正轉換，1952～1953年是富於象徵性的年份。前已提到，1952年他在一篇反思自己心路歷程的文字中，對過去一段日子思想的變遷，有了較為深刻的反省。談到反共思想形成的幾個轉折，他承認自己相當一段時間的反共，觸及現實問題所吸入或呼出的「多是一個黨派底觀點，一個組織底成見，或一個集體底利害」。並沒有認識到任何與黨派之實際利害不分的政治觀點，對人的心理平衡和健康，常為一大威脅，他自己就是為了對付某一政敵「飢不擇食」。而到現在，他的反共理由和情緒，與似乎得勢的群組所播散及其希望在人群中流行的理由頗不相同，愈益不合時宜。除了明確顯示其逐漸放棄以一個黨派對抗另一個黨派的識見，尤其重要的是，關乎政治民主與經濟平等，殷海光也有了新的認識。

殷海光把專注於民主政治視為其思想發展的第三個階段，實際也意味著，到臺灣以後的殷海光不僅化解了以一個黨派對抗另一個黨派的識見，也抖落了現代中國自由主義思潮在四十年代所形成的以「政治民主」與「經濟平等」立論的因襲重擔，開始為中國自由主義的發展尋找新的出路。而接下來將討論到，殷海光在1953年發現海耶克，則為其形成自由主義的發言位置與問題結構，注入了新的政治理念。因此1952～1953年對殷海光自由主義思想的養成具有

特殊意義，便在於他既抖落了以往純然的黨派識見，又確立了新的立言基石。在這個意義上，或許我們也才能確信，殷海光的自由主義思想由背景走向前臺。

我們知道，在西方作為一種自覺的理論，保守主義／自由主義／激進主義是以三位一體之不可分離的整體出現的。這三項範疇大致同時出現的事實，恰足以說明它們在許多共同觀念的同一架構運作，而這些觀念出現於歐洲歷史的某一時期，則昭示出對於現實挑戰的不同的歷史性回應❸。中國的情形也大致如此。中國自由主義與西方自由主義一樣都有一個不容爭辯的意義，即處在保守主義和激進主義之間的中間政治立場，狹義地說是一種贊成改革卻反對激進的立場，廣義地講則大抵體現為對民主政治的追求。同樣的，如果說西方自由主義經常在兩個極端之間處於困難的中間地帶：被右派視為秩序與安全的破壞者，替危險的過激派敞開大門；也經常被左派說成是柔順的處處討好的好好先生，認為不打破雞蛋就能做煎蛋餅❹。那麼中國自由主義所遭受的兩種思想的夾攻尤其劇烈。如林毓生先生所說，自由主義漸進改革的途徑預設著最低限度的社會、政治與文化秩序的存在；在這樣的秩序之內以漸進和平的方式進行逐項改革才有其可能。但現代中國的政治、社會與文化秩序均已解體，處於深沈的政治、社會與文化三重危機之中。在這樣整體性危機之中的人們，渴望著整體性的解決❺。這樣，中國自由主義的發展是在客觀環境極不利於自由思想的成長的時代裏進行的，不僅不能寄望於外界資源予以更多的襄助，而且在思想上還要極為艱難地應付來自迎合了許多人渴望整體解決中國問題的左、右思想的夾攻。

中國自由主義思想在左右政治勢力爭鬥的夾縫中艱難地成長，我們因此也太多地見識了自由主義知識分子向左右政治勢力的分

化。在這個意義上，原先是右派，法西斯色彩甚濃的殷海光能夠從中掙脫出來，轉變為一個自由主義者，不能不說是非常了不起的。就純然的自由主義立場來說，他逐漸抖落黨派識見在觀念上和行動上的影響，希望借助於民主政治理念重新建立觀念和行為，打開中國問題的死結，則無疑是確立了作為自由主義知識分子不可讓渡的根本❶。

二、羅素、海耶克、波普爾
——自由主義思想的源泉

就殷海光自由主義思想的理論源泉來說，所涉及的面相是頗為廣泛的。既包含著他基本的哲學立場，又有他從其他的思想系統引介的理論，影響各不相同。茲分而述之。

（一） 從邏輯經驗論立場建構民主自由理論的闕失

討論殷海光的自由主義思想，我們自然會聯想到他所秉持的邏輯經驗論投射於現實政治領域發揮了怎樣的作用。籠統地說，以邏輯經驗論為依托，自然注重純理知識，排斥諸如情感、意義等經驗上不能驗證的構建，同時有助於對科學、民主、自由的性質、功用及目的作純然的知性瞭解。如論者所說的，殷海光特別長於將邏輯經驗論對當時歐洲形上學的「評擊術」拿過來對付東方各種形態的形上學或「意識形態」❶。就批判性功能的發揮來說，邏輯經驗論可以說堪當其任，尤其是該派學說所確立的意義判準，已明確表明其所要排斥的對象，甚而把諸多建構都視作無意義。但這裏也昭示了殷海光引介邏輯經驗論所遭遇的一個極大的困難，這派學說除了

從負面、消極的意義幫助他審視現實層面反自由反民主的言論，對於建立自由主義的正面理論是無能為力的。論者正確地指出了，我們還不知道有那一位邏輯經驗論者借用或依據該學派的觀點來建立自由民主的理論❽。

我們知道，政治哲學的特殊貢獻是由於其特別關注於價值、規範和標準的信念。從自由主義的理論發展來說，由洛克首先闡明並且在美國獨立宣言以及法國和美國的人權法案一類政治宣言裏所體現的那套政治理想，其哲學根據，即如何把政治學說同哲學立場統一起來，進行理性的論證，一直遭遇著極大的困難。正如以賽·柏林（Isaiah Berlin）所說的，古典自由主義信仰的哲學基礎，有點曖昧不清。人們所謂的「自然的」或「與生俱來的」權利，所謂絕對的真理與正義之標準，和嘗試性的經驗主義與功利主義，是不相容的。然而，自由主義者卻同時相信這二者❿。即以主張凡人均有天賦的理性的自然權利學說來說，要撇開人們之間的所有社會和政治聯繫來談論一切個人是由造物主賦予生命、自由和財產的權利，這肯定不是任何經驗所能證明的命題。於是，除了像洛克和杰斐遜那樣，肯定個人權利是不言自明之理以外，沒有別的辦法能為不可侵犯個人權利的理論進行辯護❷。大致說來，自由主義哲學依賴於兩個先決條件，或者說假設與公理，其一是不言自明的「個人主義」，其二則是個人在社會中相互的關係歸根結底是道德關係。這些先決條件事實上都是近代倫理哲學普遍承認的，也代表著西方自由主義的傳統，可是還沒有而且也從來沒有一個如何陳述它們的標準或普遍被接受的方式❷。直到現在，實際上也沒有一個討論權利的理論曾經斷言人是擁有某項自然權利的，而往往採取某種實用主義的立場：即不去嘗試證明或否證人有沒有任何自然權利，只是去問，如

果接受人是有某些自然權利的話，會帶來什麼結果？如果不接受人是有任何自然權利的話，又會帶來什麼結果❷？

　　顯然，古典自由主義的哲學基礎，很難滿足邏輯經驗論的意義判準。實際上，直到十九世紀哲學家們還傾向於相信的道德觀念可以像經驗的知識那樣客觀和確定，以及認為過去它們最終是以神的啟示、自然，或不需證明的直覺為基礎的信念，在本世紀的大部分年代中，受到嚴重的挑戰，並實際造成政治哲學缺乏偉大的創造性，走向普遍的衰落。其中削弱政治哲學中創造性衝動的思潮之一，便是邏輯經驗論❸。邏輯經驗論者對從柏拉圖到現代哲學的發展，實際都採取一種非難的、幾乎是蔑視的態度。單就自由主義的理論而言，在自由主義興起並逐漸完善其理論的過程中，曾發揮創造性、促進性力量的自然權利學說以及功利主義原則等有關理論，或許都因為缺乏經驗背景而遭到非難。如前所說，邏輯經驗論者傾向於認為道德陳述是毫無意義的。就像艾耶爾所斷言的，道德判斷的真理，不能像科學的陳述那樣被驗證，因而道德說明是沒有意義的❹。而如果道德判斷無論如何沒有合理的或認識的意義，那麼政治哲學的道德基礎就應該是沒有意義的，這無疑於將此視作徒勞無益的事業。於是受到邏輯經驗論浪潮衝擊的政治學，便演化出兩種傾向，要麼偏廢了對政治哲學規範問題的探索，開始專注於那些似乎是可以實證分析的諸如投票行為、選舉制度、民主政制等問題；要麼是受到維特根斯坦後期著作的有力影響，相信通過語義分析可以賦予政治哲學令人滿意的基礎，即作為恢復道德和政治哲學的方法。但同樣令人遺憾的是，沒有一個分析哲學家真正寫出過一部政治哲學方面強而有力、令人信服的著作，以顯示這種方法的成功❺。

　　以上只是極為粗淺地解說政治哲學發展的歷史脈絡，但討論殷

海光自由主義思想的源泉，已能夠獲得相應的背景。這裏只是涉及古典自由主義的一些理論問題，主要是因為就中國自由主義的發展來說，其核心問題差不多都停留在古典自由主義的層面。殷海光也不例外。他對海耶克的自由理論表現出某種親和性，顯然就與海氏「老輝格」的立場有莫大的關係。而對於邏輯經驗論在政治哲學方面的立場，殷海光並沒有作更多的介紹，他似乎也並不清楚邏輯經驗論的流行對政治學的衝擊。顯然，當殷海光把眼光投射於現實政治層面，關注於自由主義目標的實現，他所秉持的邏輯經驗論並不能對他有更多的幫助，因此他必須借助於其他的相關思想，用以闡述自由民主的理論。

（二）對羅素、海耶克、波普爾思想的抉擇

在許多場合，殷海光都談到羅素對他的影響。按韋政通先生的說法，在中國的知識界裏，尤其是在臺灣受大學教育的年輕一代心目中，「羅素—殷海光」似乎存在一種不可分離的關係**㉖**。他寫過許多介紹羅素思想的文字，在西方早已不甚流行的羅素，卻在臺灣廣為人所知，這和他的努力分不開。而且終其一生，羅素在他的心靈始終占據崇高的位置。1967年11月，應劉福增的要求，殷海光為《羅素選集》所寫的介紹羅素的文字，還這樣表示：

> 如果火星上有像人的生物，他要作一次太空旅行，那麼他的第一站很可能就是地球。倘若他來地球作一次星際交誼，那麼地球上的人類最好是請羅素（1872～）和他談談。的確，無論是就學識說，還是就胸襟說，羅素是人類中最適宜的代表。

殷海光將羅素推為人類的代表，並始終對其充滿景仰之情，有相當的理由。羅素既作為現代西方百科全書式思想家的代表人物，又樹立了現代知識分子熱心於各種社會政治活動的典範，可以說相當程度地滿足了殷海光本人成就知識與成就道德的追求。也許，從另一方面來說，他對羅素的介紹還停留在相當粗淺的層面，甚至並沒有特別引介過羅素在邏輯與知識論方面的學說成就。但這恰恰表明，羅素對他的影響主要是在形成知識分子道德人格方面，從殷海光最終在道德上取得傑出的成就來說，羅素的影響倒是非常有意義的。

　　不用說，殷海光更多地是借助引介海耶克與波普爾的學說來闡揚自由民主的理念。海耶克與波普爾在當代學術界都是倍受爭議的思想人物，而且他們所涉足的學術領域，涵蓋面都極之廣泛。因此論及殷海光對這兩位二十世紀自由主義大師的引介，首先令我們感興趣的是，殷海光是如何進入的。林正弘先生曾言及殷海光對波普爾的引介，認為殷若想尋找一位思想家，借用他的學說來闡揚自由民主的理論，則這位思想家最好能具備兩個條件：一是思想路數（尤其是哲學思想或知識論）與邏輯經驗論相近；二是對自由民主理論有相當貢獻。而在當代思想中，能符合這兩個條件的，除了波普爾之外，不做第二人想[27]。就富於成效的完善性的引介工作來說，確乎應當如此，但殷海光卻並不是從這個角度進入西方自由主義思想的，基本上他完全是依據其所面對的問題結構。與其說殷海光關注於引介相配合的思想路數，毋寧說更關注於思想的實際效果，而所擷取的外來思想是否相配合，倒是次要的問題。殷海光將海耶克引入臺灣思想界，就體現了這種「只取一瓢飲」的用意。

　　殷海光約在 1953 年通過早年曾從學於海耶克的周德偉先生的介紹，讀到海耶克出版於1944年的《到奴役之路》。 前面提到的周

德偉先生對這一過程的回憶，其實已相當傳神地揭示出，在怎樣的歷史脈絡與問題結構中，海耶克及其著述被介紹進臺灣。殷海光更是極之感性地將此過程形容為好似一個寂寞的旅人，在又困又乏又渴時，突然瞥見一座安穩而舒適的旅舍，並道出在他陷於「政治民主」與「經濟平等」的困惑時，海耶克把他解救出來：

> 同五四運動以後許多傾向於自由主義的年輕人一樣，那個時候我之傾向自由主義是未經自覺地從政治層面進入的。自由主義還有經濟的層面。自由主義的經濟層面，受到社會主義者嚴重的批評和打擊。包括以英國從邊沁這一路導衍出來的自由主義者為主流的自由主義者，守不住自由主義的正統經濟思想，紛紛放棄了自由主義的這一基幹陣地，而向社會主義妥協。同時，挾「經濟平等」的要求而來的共產主義者攻勢凌厲。在這種危疑震撼的情勢逼迫之下，並且部分地由於緩和這種情勢的心情驅使，中國許多傾向於自由主義的知識分子醞釀出「政治民主，經濟平等」的主張。……我個人覺得這個主張是怪彆扭的。但是，我個人既未正式研究政治科學，更不懂得經濟科學。……正當我的思想陷於這種困惑之境的時候，突然讀到海耶克教授的《到奴役之路》這本論著，我的困惑迎刃而解，我的疑慮頓時消失。海耶克教授的理論將自由主義失落到社會主義的經濟理論重新救回來，並且擴大到倫理基礎上。[28]

海耶克進入臺灣的管道經由殷海光等人的描述，相當傳神地揭示出 1949 年以後重新集結的中國自由主義的臺灣形態的發言位置。

殷海光在海耶克那裏發現自由主義失落於社會主義的經濟理論被重新救了出來，也感到以往從自由主義立場對抗左派思想的缺失得以彌補，無疑是展示出「自由」與「反共」成為臺灣自由主義思想新的箴言。而殷海光翻譯此書時所寫的第一則「譯者的話」也明確道出，這部論著是一面鏡子，「對於趨慕自由但卻為流行的似是而非之說所困擾的人，應該是一座指路標」，「對於一方面並未反對與極權暴政抗鬥而同時卻竭力提倡德意志型及其兄弟思想者，應該引起若干反省」❷。如果說在引介邏輯經驗論時殷海光有意或無意地避而不談當時學圈中人的政治與社會背景，那麼當他驚奇地「發現」海耶克，海耶克在知識論與認識論上以反對實證論、科學主義著稱的立場——強調不能用自然科學的方法研究社會科學，並對受實證主義影響的諸行為科學提出嚴厲的批評——可能和他在學術上引介邏輯經驗論的工作產生極大的不協調，或許殷海光根本不清楚，他也來不及關心這些問題❸。

　　為了讓其他人分享海耶克《到奴役之路》這本書的益處，殷海光1953年開始動手「翻譯」此書，並從該年9月起在《自由中國》連載。他作了許多注腳，寫了不少譯者的話，其情形與當初嚴復譯介《群己權界論》一書時使穆勒的觀點屈從於自己的目的，將穆勒的許多思想強加進斯賓塞主義範疇的框架中❶，並無多大的差別。基本上殷海光是試圖把海耶克納入到他所熟悉的思想架構中❷，如論者所說的，在深層的義理上，海耶克思想與邏輯經驗論的接觸相當有限，殷海光對《到奴役之路》所加譯注卻企圖使之「實證化」或「自由中國」化，而且海耶克被「整合」的方式似是相當的強制與直接：殷海光以「科學實證」之譯注所構成的 text，細碎但全面地滲透混雜進《到奴役之路》的 text 之中；再以殷海光及《自由中

國》的社會發言位置為管道，促成了臺灣科學實證論述「整合」部分海耶克思想的新社會構成 (social construction)；而在許多殷注自我發揮的地方，殷海光往往以科學實證精神為基本立場，上下古今中外肆意攻擊，以他「啟蒙文體」之辛辣，自然充分發揮了以「純粹科學理性」為基石的啟蒙批評與實證反革命精神❸。

　　1965年10月海耶克訪臺，殷海光曾有機會與海氏晤談。稍後給林毓生的信中，他表示「在臺灣，能和他談經濟學的可以找出三五人。但是，能同他談philosophy和social thought的人就少之又少了」。進而表達了對海氏的拳拳服膺，「我和他討論時，除了學識上的滔滔不絕以外，所表現的愛智的真誠，在中國文化分子裏我只見於本師金（岳霖）先生等少數學人。這實在令人感動。」❹晤談大致是甚為投契的。這段時間，殷海光除了全力促成《海耶克和他的思想》論文集的出版，在《文星》正式為他的「譯述」出單行本時，殷海光承認他的翻譯只能算是意譯，還有節譯的情形，也有幾章未譯；尤其是「《到奴役之路》經過我的述要，於不知不覺之間將我的激越之情沾染上去」，與海氏著作和行誼裏表現出的「言行有度、自律有節和肅穆莊嚴」頗不協調❺。因此在單行本出版時，作了頗有意義的修訂，殷海光強調他所注重的是觀念和思想及制度，於是把有關人身方面的内容稍加修改，使得該書似乎更恰當地針對較為抽象的政治獨裁者以及極權統治者。

　　就在這篇〈自序〉中，殷海光談到平生讀書與思考受羅素影響最深，而除了羅素之外，近年來對他影響最深的要推波普爾與海耶克。我們知道，在此前後討論自由民主的文字中，殷海光一再引用波普爾的「開放社會理論」，稱許波普爾與海耶克對建構自由主義理論的貢獻。而且相當明顯的，殷海光引介波普爾的「開放社會理論」，

與他「發現」海耶克有極為相似的一幕，再度表明「反共」與「自由民主」成為斯時自由主義思想臺灣形態的新箴言。前面我們提到殷海光邏輯經驗論的知識立場，對於引介以反對實證論與科學主義著稱的海耶克思想所造成的困難，那麼殷海光引述波普爾的思想，在知識背景上又有什麼問題呢？

如所周知，波普爾的開放社會理論是將批判的與理性的科學方法應用在開放社會問題上，並分析民主社會的重建原則。在《科學發現的邏輯》（*The Logical of Scientific Discovery*）及《猜想與反駁》（*Conjectures and Refutations*）等書中，波普爾建立了反歸納主義—證偽主義的科學知識觀，構成其「批判理性主義」（critical rationalism）❸❻。而波普爾對社會和政治問題也極感興趣，將批判與理性的科學方法應用於這個領域，就構成了他的開放社會理論，並且系統地反映在他的兩部書中：《開放社會及其敵人》（*The Open Society and Its Enemies*）和《歷史決定論的貧困》（*The Poverty of Historicism*）。從科學知識只是假說，以及反歸納主義—證偽主義的科學哲學出發，波普爾闡述了反駁歷史決定論的五個論題：人類歷史進程受到人類知識增長的強烈影響；我們不可能用合理的或科學的方法來預測我們的科學知識的增長；所以我們不能預測人類歷史的未來進程；這就是說，我們必須摒棄理論歷史學的可能性，即摒棄與理論物理學相當的歷史社會科學的可能性。沒有一種科學的歷史發展理論能作為預測歷史的根據；所以歷史決定論方法的基本目的是錯誤的，歷史決定論不能成立❸❼。在此基礎上，波普爾將民主社會的重建原則稱為以「細部社會工程」（piecemeal social engineering），反對「烏托邦社會工程」（Utopian social engineering）的原則。一方面人類的知識對於預測未來是無能為力的，越是悠遠龐

大的全面改革現狀的計劃，其所蘊涵的錯誤與危機也越多，因此對
於改革社會，我們應該盡量做短程與小幅度的計劃，裨便隨時對此
進行修正。另一方面，人類的知識處於不斷增長中，任何重新設計
未來社會的方案推出後，必須勇於接受批判，承認隨時都有被推翻
的可能，這樣一旦發現問題就容易進行修正或放棄。實際上，波普
爾開放社會的自由民主觀念也藉此導出：每個人的自由批評討論對
於設計及修正社會的政策與方案有實際的影響，因而一個開放的社
會也應當是鼓勵自由討論與理性批評的社會。

　　經由對波普爾科學哲學與開放社會理論的粗淺介紹，討論殷海
光對波普爾的引介也有了相關的背景。無疑的，殷海光對波普爾的
學說作了取捨，取其開放社會理論，而絕口不提其科學哲學與知識
論。但個中原因是不是僅僅是與波普爾不排斥形而上學有關呢？我
們固然可以說，波普爾雖然嚴格區分科學與非科學理論，但並未主
張非科學理論無認知意義，他甚至肯定形而上學的價值。這種立場
與邏輯經驗論的意義判準不相符合，而意義判準卻是殷海光分析問
題、批判傳統的有效武器❸。但更重要的是，殷海光不可能不清楚
波普爾對邏輯經驗論尖銳的批評。波普爾在其思想自述中，曾表示
他應該對邏輯經驗論的消亡承擔責任❸，或許這是過於自負的說法，
但他確乎是第一個批判邏輯經驗論者奉為圭臬的「可證實性」原則
的，而且，該學派的瓦解與衰落，波普爾的批判起了不可忽視的作
用。因此，殷海光引介波普爾的思想學說時，或許是為了減輕引介
邏輯經驗論的壓力，只取其開放社會理論，而捨其科學哲學。

（三）　政治取向與學術立場的緊張

　　海耶克與波普爾闡述的自由民主觀念，構成了殷海光表達其自由主義思想最重要的理論源泉。我們在上面的討論中，也簡單地說明了殷海光的引介方式，將海耶克的思想整合進臺灣實證論述的思想模式中；而對波普爾的學說則做了取捨。這種知識引介的方式所造成的問題當然很多，在前面的討論中我們已涉及到殷海光面對與其基本的學術立場不相一致的思想模式時，並沒有正視。但當他沈涵於海氏、波氏的思想日深，必定會導致對其基本的學術立場進行檢討。這裏只想就對殷海光的思想方法產生較大衝擊的方面作些檢討。

　　我們已強調殷海光發現海耶克與波普爾，相當直接的原因是在他們的思想中發現了可以作為臺灣自由主義思想的新的箴言，而沒有更進一步深入探討他們各自的知識論、認識論基礎。但就他們反對極權主義與「烏托邦社會工程」，以及強調自由討論與理性批評的自由民主觀念來說，其知識學的原始精神無疑是來自對蘇格拉底「我知道我一無所知」的智識謙遜的禮讚。海耶克與波普爾同屬於批判理性主義的代表，強調的是理性認知能力的有限性，任何人絕不可能擁有可以指導一切社會行為的知識，他們實際上都是從知識的局限性展開其政治哲學的。海耶克將笛卡爾以來賦予人類理性全知全能威力的「建構理性主義」（constructivist rationalism），作為現代世界中威脅個人自由的主要思想源泉，而他自己則明言認清無知的不可避免是討論個人自由的基礎，保障自由的制度也是適應無知的結果。波普爾建構的自由民主觀念的知性基礎，也是以認清無知的重要性作為基點❹。而且波普爾與海耶克一樣，他的反對極權主義、

建構開放社會理論的知識學基礎也是從知識的有限性推導出來。可以說批判理性主義正是基於對人的無知的揭示，而充分闡述理性思考與自由討論的重要性，既然沒有任何個人甚或組織能夠掌握每個個人手中的全部知識，因此每個個人充分應用自己的知識於自己的目的，應該成為開放社會的基石；相反剝奪個人使用這種知識的機會，則會限制這種知識帶來的益處。

這裏之所以強調海耶克與波普爾闡述知識的有限性的闡述的重要意義，除了這是構成他們自由民主理論的知識學背景，還在於殷海光在引述海耶克與波普爾的自由主義理論時，雖然「整合」或避而不談其知識論，但這種批判理性主義的知識觀無疑對殷海光將科學實證信念發揮無遺的科學主義構成了極大的衝擊。而且，殷海光並不是一直迴避這一問題，1965年刊於《時與潮》的一篇文字〈海耶克論自由的創造力（代序）——從「無知論」出發〉就顯示，他對於海耶克與波普爾討論自由民主據以出發的知識學基礎是「無知論」已有相當的瞭解。從殷海光引述與發揮的部分來看，除了揭示開放的和法治的社會在許多方面是一個普遍性的和有彈性的社會，這樣的社會，對其中一切成員提供權利均等的機會，沒有任何一種言論和思想可以特別居於壟斷地位而特別受到保護；同時承認每個個人自由創造的價值，不輕易誇言舉國規模的建設，而是從事波普爾所說的「細部社會工程」（殷海光譯作「片斷的社會工程」）。他還注意到海耶克與波普爾闡述自由創造力的重要性以及反對「烏托邦社會工程」的知識學基礎，肯定我們所擁有的知識不足以作過多的預測，也不足以負擔全盤計劃。殷海光這樣引述海耶克表達的意思：

　　在正常情形之中，我們的知識是從我們置身於其中的文明裏

得來的。可是，據海耶克說，人類的知識是很不完備的，我們對於社會的知識尤其不完備。古往今來，有許多思想家常對社會的遠景作烏托邦式的構想。這類構想者往往以為他們的構想是建立於對社會之完備而堅實的知識上面。殊不知這樣的知識迄未獲致。所以，這類構想很少不是建立在沙灘之上的。因此，海耶克說這類構想是沒有價值的。

從殷海光對海耶克與波普爾所闡述的「無知論」的引述來看，還存在著相當程度的誤解，並沒有著重指出在認知過程中理性本身的能力有限，而往往從他一貫的知識立場出發，把「無知」與「真知」作對比，知識的有限性轉換成「抗拒知識」。殷海光這樣寫道：

> 「抗拒知識」自古已然。一切形態的極權統治和真知真識不能兩立。真知真識的光一照，一切黑暗立即消失不見。所以它要想盡方法抗拒知識。秦始皇「焚書坑儒」算是開其先河。但是，現代極權統治之抗拒知識的技術比秦始皇進步。現代極權統治刻意洗掉一切客觀知識，而換上依其政治需要來織成的一套知識。這一套知識乍看起來似乎也言之成理，真實根本經不起分析的批評。真正無知還不太嚴重。抗拒知識才是絕症。無知的人總不知道自己無知。人間許多不必要的禍亂常由此造成。❹

這段文字顯示殷海光的思想還存在著相當程度的模糊，並沒有真正領悟到海耶克與波普爾批判理性主義思想的精髓，然而我們也要看到，這種對知識有限性的揭示已構成了對殷海光所揭櫫的科學實證

信念極大的挑戰。前面我們已經論及殷海光晚年努力在走出邏輯經驗論的樊籠，並反省到這一路思想發展的結果是造成「知識的極權主義」，相當程度上是受到批判理性主義思想的影響所造成。

在本節的討論中，我們重點展示了殷海光引介海耶克與波普爾思想的歷史脈絡，也揭示出在知識學方面面對與他信奉的邏輯經驗論有巨大差別的思想體系時殷海光採取的策略。那麼，殷海光對海耶克、波普爾的思想學說作這樣的取捨，會帶來什麼後果呢？籠統地說，海耶克與波普爾所闡述的自由民主觀念，有著相應的知識論背景，只是將批判與理性的科學方法應用於社會政治層面，如果忽略其科學哲學與知識論，則不可能周全地理解民主社會的重建原則。但究竟以什麼形式表現出來，仍需作進一步的探討。

三、自由主義思想理知基礎的建構

自由、民主與法治等自由主義的中心觀念作為口號來說，在中國已有百餘年的歷史，肇其端的當推維新運動與辛亥革命時期那一代知識分子。早在十九世紀八、九十年代，康有為就在《實理公法全書》等論著中，將自由、平等宣佈為「幾何公理」，定「天地生人，本來平等」為「實理」；定「人有自主之權」為「公法」❹，從而由人的共同自然本質引申出理性、自由、平等等啟蒙運動的原則。這是近代中國為重新評定人的價值，探索人的本質的先聲，爾後穆勒與斯賓塞的自由論、盧梭的自由平等論、國家主義自由論等理論體系在中國思想舞臺都產生了頗大的影響。然而，綜觀這一時期中國知識分子所表達的自由主義思想，不難發現，燃眉之急的救亡圖存的現實鬥爭，迫使他們把主要精力集中投放於急迫的社會政治問

題的研討和實踐活動中，他們思想整個興奮的焦點集中表現在對國家富強的關注上。從有關第一代自由主義者嚴復與梁啟超的精闢研究中❹，我們知道個人自由之所以引起自由知識分子的強烈反響，主要是看到其作為誘導民眾獻身民族國家的直接價值，這樣，任何國家的主要目的之一應該是對每個個人身體與精神完整的保護與維持；個人為不可化約的價值——西方自由主義的核心觀念——便遭到嚴重的曲解。到五四時期，個人意識又成為宣揚自由民主思想最重要的切入點。但從中我們也不難發現，固然五四一代已不再傾力論證個人自由與國家富強之間有必然的聯繫，然而他們並沒有真正釐清把個人價值當作手段或視為目的的看法，因為以社會為本位的集體心態、群體意識又納入對個人意識的彰顯。這裏，個人價值與社會群體之間可能產生的緊張關係並沒有被注意到，相反，他們所揭櫫的個人價值還必須根據其獻身於民族主義的目標這一背景才能加以理解，即個人本身的獨立和終極價值，須由其對社會有機體的貢獻來評判。這樣，隨著民族主義情緒的日漸高漲，就會產生個人主義諸價值並不一定是實現民族主義有效工具的想法，而自由主義的理想也讓位於各式具有強烈意識形態色彩的民族主義❹。

　　中國自由主義思想展開的上述背景，無疑是耐人尋味的。然而，中國自由知識分子對個人主義諸價值工具性意義的探討固然顯示了對西方自由主義思想的曲解，但與此同時產生的另一個問題則是，他們往往認為自由、民主等觀念的內容與價值是不證自明的，因而所關注的焦點只是其未獲實現的原因。這些無疑不可避免地都會妨礙中國的知識分子對自由主義諸價值實質內容的領會。筆者在前揭文字中基於此，曾將胡適的自由主義思想定位於「信念型」。實際上胡適的自由主義立場相當程度上表達了以往中國自由主義知識分

子共同的識見，他自詡為「不可救藥的樂觀主義者」，終其一生，他主要是憑藉信念的力量縱橫捭闔於政治思想舞臺，從主張思想的改革是其他一切改革的源泉到容忍態度的提倡，似乎解決中國問題的根本途徑就在於依據正確的思想與正確的態度。至於自由主義諸價值本身需要的辯護理由，卻鮮少進行認真的思考，更毋須說在知識學方面進行分析與建構。

　　以此比照殷海光確立自由主義立場後的發言模態，或許對討論其自由主義思想有一個較好的切入點。前面我們已揭示殷海光自由主義思想由背景走向前臺所具有的特殊意義，——極為艱難地把一個具有不同傾向的氣質陶鑄成理想中的自由主義者，為自由主義賦予了道德尊嚴，那麼，他在自由主義理論分析與建構方面又如何呢？由於殷海光這方面的文字主要以關懷現實的政論形式刊佈，因而在現實政治層面抗爭的道德形象得以提升後，往往掩蓋了這些文字所具有的理論認知意義。但細讀這些文字，我們仍會對殷海光在理論建構上的用心產生相當深刻的印象。因為受邏輯經驗論影響的緣故，即便是那些情緒激昂的政論文字，他都著力於對自由、民主等觀念的性質、功用及目的作純然的瞭解，使之具有認知意義。再者，殷海光面對的是與五四時代有著巨大差別的現實環境，從某種意義上講，這是中國自由主義首次側身於唯一的、強勢的意識形態之下，胡適輩能夠充滿樂觀地以社會公德和良知的名義，把自由、民主、科學等理性精神推崇為人皆應享有；他們也因之成為大眾趨之若鶩的英雄，且能在政治交鋒中成為政治勢力相爭的「籌碼」。而殷海光生逢理性遭大恐慌的年代，政治上的迫害接踵而至，寄望於社會力量的襄助是枉然的，唯有設法在知識建構上進行艱苦的經營。另外，殷海光雖不以政治學者自居，且有「失學」之嘆，但接觸了海

耶克與波普爾等的思想學說，特別是後來《自由中國》的發言場所
被剝奪後，他越發對政治理論產生濃厚的興趣，不斷借助新的思想
修正自己原有的看法，試圖賦予自由主義理知的說服力。所有這些
無疑都顯示了殷海光自由主義思想發展性的建構過程，以及所具有
的獨特的問題結構。因此我們有充分的理由作為探討中國自由主義
發展趨向的重要參照，並揭示自由主義在五、六十年代臺灣特殊的
時空背景裏可能具備的意義。茲分而述之：

（一）初期對民主自由鍾情式的理解階段

　　前已提到，殷海光自由主義思想的凸顯建立在對現代中國自由
主義思潮批判性的思考上，他並不認同那些走「第三條道路」的自
由知識分子，但這主要著眼於政治立場的獨立性考慮，在基本觀念
上並未能逸出相應的問題意識與思考模式，理想化色彩極為濃烈。
在一篇討論中國現代政治思潮的短文中，殷海光展示了他心目中的
自由主義：

　　　　自由主義是西歐文明底徵象，歐洲文藝復興以後發現了「自
　　　我」，自我底發現，就衍生出自由主義。所以，自由主義底出
　　　發點是個人主義。自由主義在經濟上的表現就是放任主義。
　　　這種主義傳播到中國以後，所給予中國人民的印象，大致說
　　　來，就是所謂「歐風美雨」。在意識形態上，它帶給中國的是
　　　要求自由解放、反對傳統、反對保守、主張言論自由、思想
　　　自由。在政治的醒覺上，它帶來的是要求實現民主政治，在
　　　實際事物上，它帶來的是歐美的物質文明，和科學技術。總
　　　而言之，從大體上觀察，自由主義來到中國以後，加速舊的

> 文物制度底崩潰，和舊社會底瓦解，並且灌輸歐美文明，啟
> 發民智。所以，自由主義是有利於國家社會之進步的。
> 因為自由主義有這樣的價值，所以在中國近三十年來的文化
> 與政治上發生了巨大的作用。❹

這在很大程度上繼承了現代中國自由主義者樂觀主義的情懷❹。這個時候殷海光已對國民黨倍感失望，但與他認同國民黨政治權威時，把民主比作「一個純潔的處女」的看法，並沒有什麼不同❹。

到臺灣以後，殷海光開始對民主與自由問題作較為深入的考察，表現出思想過渡時期的一些特點。一方面配合反共救國的大趨勢，以對民主自由的信仰重建希望。相應的自由主義諸價值終極正當的理由還沒有成為認知的對象，只是專注於探討這些價值何以未能在中國落實，尤其突出的是把民主政治與反共及重建希望聯繫起來。單就這一時期文章的題目來說，就預設著這種關懷：〈堵住中國這個缺口〉表示世界反極權陣營還剩中國這一缺口，「在世界防蘇陣線相繼構成的現在，有力的民主國家必須趕快援助中國人民民主反共的運動，堵住中國這個缺口」❹；〈這是唯一的出路〉則道出接受科學和實現民主是中國唯一的選擇，只有照著這條大道前進，中國才能得救❹。但大致的意思無非是在〈反對布爾希維克主義〉文中所說的：「民主自由是最好的防腐劑。在不腐爛的社會環境裏，赤色細菌滋長不起來。而且，只有實行民主，才能真正集中意志，團結力量。所以，自由民主是對付極權統制最有效的武器。」❺對民主自由仍建構在鍾情式理想化的表達上。

而在同期的另外一些文字中，殷海光開始注意自由思想養成的重要意義。認為自由思想的能力是獨立不倚的、不受任何權威或暴

力之影響的，而要養成自由思想，除了外界不給任何限制，思想者
還需具備至大至剛之氣質和必需的思想技術，擁有重經驗的、分析
的、懷疑的、試行的和少談籠統主義多談問題的重事件的態度❺，
顯示出借助科學方法闡釋自由民主觀念的傾向。同時，殷海光還著
力於探討提倡民主自由的理由，尤其是肯定民主政治的理據是落實
在維護「人的尊嚴」上。在1950年發表於《自由中國》的〈自由主
義的蘊涵〉一文中，他這樣論述「自由主義根本底要素」：「活潑、
寬宏、大量、無拘無束，反對加於人性的任何形式的抑壓，反對加
於人智一切桎梏，反對加於人類行動的每一不合理的管制。」然後
再將自由主義劃分成政治、經濟、思想、倫理四個層面後，他強調
說：

> 「民主政治是一種政治制度。依這種制度而言，社會上的每
> 一分子都被看作是人，而不是別的東西。」這可以看作是民主
> 政治的基本概念。……民主政治真正實現，就可能防止這些
> 「把人不當人」的弊端。防止弊端之最佳的方式，就是法治。
> 所以，民主與法治底關係，是正比例的關係。❺

　　從這期間的文字來看，殷海光對自由主義、民主政治以及民主、
法治的觀念的瞭解還較為浮泛。在對自由主義諸觀念理想化的把握
下，難免對這些觀念不做仔細的分疏。但個中顯示的某些傾向——
注意民主自由落實的理由，揭示民主政治與節制權力的關係，以及
用科學方法闡釋民主自由的觀念，可視為殷海光自由主義思想的肇
端。

（二） 將民主政治落實於基本人權

　　1954年殷海光在《自由中國》發表〈政治組織與個人自由〉一文，文末附記：「作者將諸基本人權用來定義個人自由，係因讀張佛泉教授最近論著而思及者。」《殷海光全集》的編者也說：「本文主要係因校讀張佛泉教授的名著《自由與人權》獲得啟迪後的發揮，它結束了著者以前在『自由』學說方面的粗糙認識，正式提出諸自由即諸人權的理論；這是著者個人思想歷程劃階段的文獻。」❸這篇文字確實有值得我們注意的地方，它顯示了殷海光闡述自由主義理論的一個基本傾向，把民主政治落實於個人自由。行文中殷海光先是區分「民主的政治組織」是「依洛克政治思想在重商和重科學的環境裏逐漸成長的政治組織」；「非民主的政治組織」是「依列寧思想和作風在專制暴政基礎深厚的環境裏捏成的政治組織」。 然後揭示出民主的政治組織所依據的觀念型模是多元論、客觀相對論的、名目論的，它不是全體主義的政治組織，而是一種最低限度的政治組織，「這種政治組織所涉及的，有而且只有各個人與政治目標直接相干的活動層面。其餘與政治目標沒有直接相干的活動層面，這種政治組織視為獨立變化而概不涉及」。 從這樣的分際中，殷海光推導出：

> 　民主的政治組織並不與個人自由衝突；不僅不衝突，而且其落實的旨趣，正所以保障個人自由，並進而發展個人自由。個人自由的生活，才是人類生活底健康方式。如果從事政治組織而演至與個人自由不相容，那麼這種政治組織一定係非民主的政治組織。❹

　　實際上,把民主政治落實於個人基本權利的立場,貫穿於五〇、六〇年代殷海光討論自由主義的主要文字中,對個人自由的關注成為其運思的焦點。如果說中國早期的自由主義者往往將社會本位的集體心態、群體意識納入對個人意識的彰顯,那麼,這一時期以殷海光為代表的自由主義者已能契合自由主義的基本預設:個人為不可化約的價值,不僅明確反對把對民族國家的盡忠置於首位的主張,而且還引申出任何國家及政治組織的主要目的之一,應該是對每個個人身體與精神完整的保護與維持❺。這個觀念,殷海光1955年發表的〈民主的試金石〉一文,表達得很清楚。除了繼續闡釋民主政治的真實基礎是諸基本人權,任何國邦或社會,它的基本性質是否民主,端視這一點而定。離開了基本人權這一基石,民主將無處安頓,而成為毫無意義和內容的空殼。殷海光尤其關注於基本人權是以個人為本位,還是以群體為本位,結論是:

> 在民主制度下,個人不被視作達到任何目標底工具:每一活生生的個人之本身就是終極的目標。……這種政治思想,自洛克以至哲斐遜,自哲斐遜以至艾森豪,深入西歐以及美國底人心。因而,儘管他們底黨派眾多,政治花樣層出不窮,他們能而且只能在絕對尊重個人的這一基礎上玩弄。……認真說來,有而且只有在尊重個人的民主社會裏,人才嘗得到人的滋味。❺

　　表達相似見解的文字還有不少,就在殷海光即將結束他的「《自由中國》時代」時,他還在〈我對於在野黨的基本建議〉一文中特別指出,建立新黨的基本目標就是要搶救基本人權。民主自

由往具體的地方安頓，便落實到基本人權上。人權是民主自由的核心，是不可讓渡、不可剝奪的，「民主自由挖去了這個核心，所剩下的不過一空殼而已。如果基本人權搶救住了，那麼民主自由便『自在其中』矣」**⑰**。

　　六〇年代以後，殷海光表達政治取向方面文字的主要發言場所被剝奪，除了1965年初發表的〈自由的倫理基礎〉，另外大概只有1966年出版的《中國文化的展望》其中一章〈民主與自由〉，是較為完整地討論自由主義理論的文字。雖說文章的數量有限，但由於殷海光愈加浸淫於海耶克、波普爾等人所闡釋的自由民主觀念中，這些文字在殷海光自由主義的思想片斷中仍具有足夠的分量。特別是〈自由的倫理基礎〉一文，這是殷海光在讀了海耶克的《自由的憲章》後的引申，他在分析海耶克自由思想時，仍然是強調只有自由的民主制度最能維護個人的尊嚴；自由與民主必須建構在個人尊嚴上，而且得出結論說，「自由的倫理基礎有而且只有一個：把人當人」。如若不以「人當人」為政治行為的前提，終究是藉自由民主之名，行反自由民主之實。文中還寫道：

> 個人主義是自由主義的落實之處。個人主義是自由主義最真實的起點，也是自由主義最真實的終點。自由主義從個人主義出發，經歷社會的程序，及文化的涵化，又回到個人主義。實在，要人類歸於和平，要人類得到正常的發展，要人類不向螞蟻看齊，除了康正的個人主義之外，別無道路可走。**⑱**

可以說，整個五〇、六〇年代，殷海光的自由主義思想都表現出對人的權利及自由特別的關注，以此作為民主政治基本的落實點，而

且論證愈益趨於理知的色彩。

（三）批駁反民主反自由的種種「主義」

在逝世前不足一個月為學生編輯的《殷海光選集》所寫〈自敘〉中，殷海光曾寫道：

> 在一方面，我向反理性主義、蒙昧主義、偏狹主義、獨斷的
> 教條毫無保留的奮戰；在另一方面，我肯定了理性、自由、
> 民主、仁愛的積極價值——而且我相信這是人類生存的永久
> 價值。……但是，我近來更痛切地感到任何好的有關人的學
> 說和制度，包括自由民主在內，如果沒有道德理想作原動力，
> 如果不受倫理規範的制約，都會被利用的，都是非常危險的，
> 都可以變成它的反面。民主可以變成極權，自由可以變成暴
> 亂。自古以來，柏拉圖等大思想家的顧慮，並不是多餘的。❺

這段坦露心跡的話，實際昭示了殷海光闡述自由民主觀念另一側面，即在努力辯護自由主義諸價值正當理由的同時，尤其關注於在中國現存狀態下如何使這些價值得以落實。關心民主與自由在中國的前途的人士，或許都會對中國社會百餘年來有自由民主之名而無自由民主之實、甚至假自由民主之名推行反自由反民主之實的現實狀況倍感攪心。而殷海光特出的貢獻，就在於利用其理知資源，揭示了各種反民主反自由的「主義」，並對達至自由主義諸價值的落實，在觀念上進行了較為完善的闡釋。

實際上，在前面引述的文字中，殷海光把個人自由或權利的保障作為民主政治的落實點，從一開始便是將民主與反民主、自由主

義與極權、「民主的政治組織」與「非民主的政治組織」等截然相反的建構進行對比，以此揭示捍衛個人基本價值的正當理由。另外則在〈教育部長張其昀的民主觀——君主的民主〉、〈反民主的民主〉等文字中，把張其昀所謂的「愛民、教民、養民」的「民主真諦論」斥之為「君主的民主」——充其量不過是「慈惠的君主專制」⑩；又勾勒出四種贗品民主：集中的民主、專政的民主、指導的民主和革命的民主⑪。這些都顯示了殷海光闡釋自由民主觀念值得注意的一個傾向。不過，就五〇年代來說，尤值重視的是殷海光在與胡適圍繞「容忍與自由」的爭論中表達的識見。胡、殷二人共事於《自由中國》雜誌期間，在很多問題上都表現出嚴重的分歧，那些年間臺灣自由主義思想發展的幾件大事，舉凡「吳國楨事件」、「反攻大陸問題」、「反對黨問題」以及「雷震案」等問題，兩人都曾有過激烈的爭論⑫，但就自由主義思想顯示的差別來說，「容忍與自由」的爭論更具象徵意義。

在1959年3月16日刊行的《自由中國》第二十卷第六期上，胡適發表了〈容忍與自由〉一文。他所闡述的中心意思是：容忍是一切自由的根本；沒有容忍就沒有自由。在列舉自己年輕時作為極不容忍的無神論者的偏差，以及宗教改革家加爾文居然把敢於獨立思想敢於批評其教條的學者定為「異端邪說」等等不容忍異己的事實後，胡適得出結論說：「我常常在想，我們還得戒律自己：我們若想別人容忍諒解我們的見解，我們必須先養成能夠容忍諒解別人的見解的度量。至少至少，我們應該戒約自己決不可「以吾輩所主張者為絕對之是」。」⑬

緊接著殷海光在《自由中國》下一期發表了回應文章，一方面他對胡適的言論表示了相當的尊敬，稱讚是一個偉大的文獻，中國

人應走的大方向的指南針，「如果近半個世紀以來，中國人對於政見，對於國事，對於意識形態（ideology），都抱著這篇文章所說的態度，那麼中國何至於冤死幾千萬人，我們底國邦何至於弄到像今天這樣『天下滔滔』」。但另一方面殷海光對胡適的觀點作了一些推衍與批評，他的意見是：

> 同樣是容忍，要求別人對自己容忍易，要求自己對別人容忍卻難。同樣是容忍，無權無勢的人易，有權有勢的人難。容忍，是屬於自我訓練（self-discipline）一類的行為。當無權無勢的人面對權勢時，他受到種種限制和壓力。這種種限制和壓力使得他不能不調整自己底言論或行動之角度以適應求存，或達到某一目標。所以，無權無勢的人較易對人容忍。阿克頓爵士（Lord Acton）說：「權力使人腐潰，絕對的權力絕對地使人腐潰。」歷代暴君底行為就是顯明的例子。當著沒有外力抑制而猶能自律，這只有最高「心性修養」的人才辦得到。在通常的情況之下，一般人是當有外力抑制時他就收斂些；當外力不在時，他就放肆些。平凡的人總是多些。有權有勢的人在「心性修養」方面似乎更屬平凡。有權有勢的人頤指氣使慣了。他言欲為無窮則，行欲為後世法；到了現代更變為「主義」等類「絕對真理」的化身。要這類人士學習容忍，真比縷繩穿過針孔更難。適之先生是歷史大家。他一定知道，就咱們而論，自古至今，容忍的總是老百姓，被容忍的總是統治者。所以，我們依據經驗事實，認為適之先生要提倡容忍的話，還得多多向這類人士說法。[64]

顯然，胡適的基本出發點是注重社會中個人的態度問題，所涉及到的主要是容忍的態度與自由的關係。他相信，倘若大家都希望享有自由，則必須每個人擁有謙遜的美德，承認自己的看法不一定對；又須具有開闊的胸襟與兼容並蓄的雅量，尊重與自己不同的意見。乍看起來，這似乎是極為淺顯的道理，從某種意義上容忍也確乎是自由的異語同義詞。但就實質而言，如論者所說的，這個看法卻牽涉到種種困難。對自由主義者來說，倡導民主自由面對的是不自由不民主的現實，因此反覆申說大家一見便知，一見便能同意的異語同義的意見是遠遠不夠的。重要的乃在於為了實現容忍的社會，應當如何限制社會的種種權力，對付社會上種種反自由反民主的種種現象。而像胡適那樣把如此艱巨的問題引向個人心性修養，則無可避免地要面臨無法由自身資源解決的困境，迴避爭自由民主面對的種種矛盾。相較而言，殷海光已經洞悉到像胡適那樣試圖依靠理性說服力去喚醒人們內在的自覺，以及由人們內在的精神與理知的自覺就可導向道德與心理的容忍的構想，是很難奏效的，必須通過權力才能制約權力，也必須針對社會上摧殘自由踐踏民主的種種現實立言，自由主義思想才能獲得長久的生命力❻。

殷海光在「容忍與自由」的論爭中表達出與胡適不同的識見，實際上顯示了他闡述自由主義理論的另一個側面，也代表著他晚年努力的方面。1965 年殷海光在為文星版的《到奴役之路》所寫〈自序〉裏，談到譯注該書十一年來，經歷時代的激變，個人思想也發生若干改變和進境。特別提到對於民主和自由的認識，現在的瞭解和當時頗不相同，需要在別的論著裏去表示❻。殷海光這個承諾，因為他不久之後就罹患重症，實際上無法完全展開。不過，就這一時期出版的《中國文化的展望》中論自由與民主的一章來看，除了

繼續把諸人權與自由作為自由主義思想的價值核心，他的思想也顯示一些變化的痕跡。

在文章的開篇，殷海光就指出「民主與自由不是一件事」，民主政制和自由主義二者之間並沒有一一相應的關係。自由主義是一個價值系統，民主政制只是一種政治方式；而且民主政制並不是實現自由主義的唯一方式，同一民主政制的方式，可以用來實現自由主義，也未嘗不可用來實現「專政」。他這樣寫道：

> 通常把民主與極權對稱；自由與專制對稱。這是亂點鴛鴦譜，配錯了對兒。民主政制的反面是專制政制。自由主義的反面是極權主義。這也就是說，在專制政制之下一定沒有民主政制；可是不一定沒有自由主義。在極權主義之下一定沒有自由主義；可是不一定沒有民主政制。

按照殷海光的劃分，民主政制和自由主義的排列組合共有四種可能：既民主又自由，有民主而少自由，無民主而有自由，既無民主又少自由。結論是，一個國邦能否實行自由主義，不在是否實行民主政制，主要決定於它的社會文化內容[67]。對殷海光所作的組合，後來許倬雲先生在一則書評中有所質疑，認為所謂「有民主而少自由」似乎是把形式上的假民主當了真[68]。而殷海光在答辯中，指出這種狀況便是J. L. Talmon在*The Origins of Totalitarian Democracy*一書中所揭示的「極權的民主類型」。他還道出，當他初次接觸這部書時，看到它把其深惡痛絕的「極權的」字眼與其心愛的「民主」聯在一起，內心的不快真是難以言傳。「我實在沮喪極了！這本書嚴重地打擊著我所持的民主信念，攪亂了我在這方面的思想秩序，當然也

使我內心的情緒一時失去平衡。」❻殷海光沒有提及何時讀到出版於1952年的這部書，但他在心思上所經歷的痛苦的掙扎是彌足珍貴的，這是以往中國的自由主義知識分子所不曾有過的經歷，無疑有助於殷海光改變對民主純粹理想化的嚮往，調整自己的運思。

藉此，殷海光在這篇文章中特別強調他不是民主政制的教條主義者，他看到落實民主政制至少有兩條途徑：有投票資格的人投票；藉民主方式而決定提案。但這兩條途徑中，任何一條都不能必然造福人類。因此他也特別揭示出對民主的正反兩種看法，強調如果真要建穩民主政制的理論和實踐，最好先多考慮反對民主政制的說法以及民主政制確實不易避免的弊端，尤其是要警惕多數表決可能產生的「多數暴力」。 可以說，在充分認識到民主政制可能有的局限甚至危險的基礎上，殷海光才列舉出民主的優點：⑴「數頭而不必砍頭」；⑵「民主政制比較接近自由」；⑶「民主政制能使大家熱心公共事務」；⑷「鎮制權的使用受到限制」 ❼。

針對殷海光上述論證，有的學者利用晚近西方政治思想界對民主理論的發展，認為這樣的看法是一種比較消極的民主觀，頗近於西方學者所謂的「保護性民主」， 主要把民主看成一套旨在防範政府專權、保障個人自由的制度，而沒有從積極參與這個角度去思考民主的意義❼。殷海光思想這方面的限制我們當然不可忽視，不過就「積極」與「消極」來說，在他那裏具有另外的旨趣，即把民主轉換成「消極的」手段；而把個人自由作為「積極的」目的。就像殷海光在「容忍與自由」的討論中認為把「容忍」作為自由的積極性說明並無實質性意義，在他生活的年代裏，向那些反自由反民主的思想形態作戰，是比積極介入政治過程更緊迫的課題。更何況，艱難地從現實權力集團的旋渦裏掙脫出來、經歷《自由中國》式的

政治參與又愈益成為國家政治機器打擊對象的殷海光，從積極參與的正面去闡述民主的意義，幾乎沒有任何可能。而且，將民主與自由作出手段與目的的分野，在他那裏已構成了完善的思想進路。在論及中國的民主問題時，殷海光就表示，「我把自由與民主的實現看作人類文化成熟之最高的表記」❷，認為結合手段與目的，即可把中國未來的政治理想建基於民主政制與自由主義相結合的民主制度。

實際上，在討論民主政制的局限性與優點時，殷海光也沒有疏於加入他對個人基本人權的關懷，而且繼續以此作為民主政制與極權政制的一大分野。認為多數決定是一回事，個人的基本人權又是另一回事。必須弄清楚的便是，個人的基本人權是多數決定的極限，多數決定不可使政司的權力無窮大。在民主政制之中，多數可以決定許多公共問題，但是到了剝奪個人的基本人權的界限，就必須止步。因此，具備自由的民主制度才是理想化的制度：「在具備自由的民主制度中，每個人都是他自己的主人，每個人都可抬起頭走路；只要是社會文化許可的，任何人不必看別人的顏色來做他能夠做的事；只要不妨礙他人，任何人可以照著他自己的意思來生活並求發展。」❸

（四）藉科學實證信念闡揚民主政制

不管怎麼說，在確立保障個人自由這一基本理念的基礎上，殷海光對民主制度進行了較為完善的闡釋，在中國自由主義思想歷程中，也有其歷史性的意義與貢獻。然而，尚有根本性的問題，即如何在中國建立民主制度？換句話說，如何使自由主義諸價值在中國得以實現？殷海光作為現實感極強的自由知識分子，對於未來有諸

多的企盼，這樣的問題是不能不面對的。殷海光在其著作中倒是經
常觸及此問題並有解決的自覺，在《中國文化的展望》第八章〈自
由主義的趨向〉中，開篇即謂中國自由主義者「先天不足，後天失
調」，強調任何一種模式的思想不可能違離某一現實的社會文化環
境而獨自大規模地順利滋長。還說：

> 西方自由主義的興起，不是一天形成的簡單事。它是十八世
> 紀以來歐洲近代國邦之發展，王權衰落，自由貿易，中產階
> 級之壯大，諸大思想家之鼓吹，以及伴隨而來的民主政治之
> 成長……等等條件輻輳成的。在近代及現代中國，類似這些
> 條件的條件雖然確實是在萌芽中，但是顯然還沒有成熟。近
> 五十多年來一波接著一波的大動亂，使這些條件來不及培養
> 出自由的花朵。 ❼

但在對中國的自由主義思想作歷史性的省視時，殷海光並沒有切入
上述問題 ❼。在上述〈民主與自由〉一章中，他也點出一個國邦能
否實行自由主義，主要取決於它的社會文化內容；民主政制的功能
怎樣，不可能不受它所在的社會文化之影響。然而，如何滋長現實
的社會文化環境以支持民主政治的建立，並沒有成為殷海光思考的
主題。

　　殷海光沒有著力地思考如何建立支持民主運作的社會文化，並
不意味著他對此沒有任何的考慮。而在考慮這一問題時，最初是以
邏輯經驗論為歸依的。正如張灝先生所說的，邏輯經驗論在知識論
上的基本設準，隱含著對人的行為的一些根本設想：人是「理性」
的動物，人的行為主要受制於他的「大腦」。更具體言之，決定人

的行為的最重要因素乃是知識——科學的經驗知識。因此要想解決人類的問題，不論是社會的或個人的，都得從知識下手。知識廣被以後，人類所面臨的各種困難和問題都會隨之消解❻。邏輯經驗論所繼承的西方主知主義這套傳統，實際也促使殷海光相當一段時間都借助科學實證信念建構未來政治生活。

　　1955年發表的〈論科學與民主〉即表達了殷海光藉發揮科學實證信念闡揚民主的識見。他直截了當地表示「民主與科學二者互為必要條件」，「民主與科學二者，猶人之左右兩腿，互相幫助，缺一不可」。他也言及科學不能不有民主的制約，科學在民主的環境中不僅能獨立而正常地發展，並且被安置在不必令人擔心的去處；但顯然他強調的是民主生長所仰賴的科學理知的環境。殷海光先是列出科學的基本性質是印證的、懷疑的、累聚的、試行的、系統的、互為主觀的、運作的，然後逐一論證何以民主必須科學。在他看來，民主必須以科學的基本態度為心理基礎，否則會走向暴民政治；唯有生息於可印證的世界裏，才能第一步確保民主的生活方式。總之，順著科學的思路想下去在政治上就可成民主，否則就易走向獨裁極權❼。

　　殷海光的上述推論，顯然與前述將科學實證信念發揮無遺有關。在充分運用科學的道德權威的年代裏，認為科學可以確保民主導向正途，只不過是科學意涵廣泛投射於社會、政治、文化領域的一個面相。在其他的文字中，殷海光還表示：「怎樣建立新的社會秩序？我們底解答是：運用科學知識與科學技術。」認為現在地球上大部分地區還是受禁制、「主義」、社會神話等因素支配，就在於這些因素是與科學的態度、理論和方法是大相逕庭的❽。在那本《怎樣判別是非》的小冊子裏，科學更被塑造為人類生活理想狀態的表

徵。殷海光這樣寫道，目前世界之所以發生各種各樣的罪惡，主要
係由政治和經濟不適合於大多數人之良好的生存所致。政治和經濟
為什麼不適合於大多數人之良好的生存呢？因為不依照科學之故，
除了西方之外，世界許多地區的政治與經濟現況中夾雜著諸多不合
經驗與邏輯的成分。還說：

> 科學可以告訴我們，什麼是真正的人性。因而科學告訴我們
> 什麼是大家所喜欲的生活。在這一心理的經驗基礎之流露上，
> 我們知道怎樣的政治制度和經濟制度才適合大家底良好生活
> 之要求。時至今日，科學家愈來愈加感到他們必須為使眾人
> 能夠適當運用科學知識而從事啟蒙工作。從前，社群靠大法
> 師、聖人、賢哲之言作生活底指導原則。顯然得很，這些人
> 所言已不適用於新的形勢，所以社會敗象畢露。欲救此弊，
> 必須拿嚴格的科學知識代替前人底教言。❼⑨

這個思路，實際是繼承了五四時期張揚「科學」與「民主」的基本
理由，將民主理解為一種生活方式，科學則是一種思想方法，二者
為生存於當今之世建立一個現代國家最基本的骨幹。由於把這二者
緊密地聯繫在一起，似乎有了科學的保證，民主就會導向正途，也
不會走向暴民政治，這樣在似乎是完整的理知建構中實際蘊涵的是
對健全民主運作的誤解。其中最主要的便是對民主與法治的關係理
解的偏差。

（五）對法治的不同階段的見解

殷海光表達對法治的見解，最早大約是在1950年發表的〈自由

主義底蘊涵〉一文中，他揭示出民主政治的真正實現，在於防止「把人不當人」的弊端，而防止弊端的最佳方式就是法治。因此「民主與法治底關聯，是正比例的關聯」，「愈是民主成熟的國家，愈是謹守法治」。但從一開始，殷海光對法治就存在相當的誤解。一方面他把民主政治奮鬥史與法治的奮鬥史等同起來，認為法治是世界上所有真正民主國家的政治基本觀念；另一方面他又說，「專制或極權國家，雖然不一定不講法治，但是，這種法治似乎只是對於片面的要求；強有力者是否守法，不得而知」❸。正如學者們指出的，殷海光上述見解是沒有區分專制國家或極權國家所講的「法治」是 rule by law（「依法而治」或法制）而不是 rule of law（「法律主治」或法治）；他所說的法治只是「以法治國」，而不是「依法治國」❸。

　　「法制」與「法治」或「以法治國」與「依法治國」的區別確乎是現代中國自由知識分子困惑不已的問題，中國的歷史上似乎並不缺乏法律的形式，但法律往往成為統治者約束普通民眾的工具，因而常常損害人們對法治的信念。在二〇年代末圍繞「人權與約法」的討論中，針對國民黨所下「保障人權」命令中所說的「違者即依法嚴行懲辦不貸」，胡適就提出疑問說，所謂「依法」是依什麼法？我們不知道今日有何種法律可以保障人民的權利。但胡適倒是正確點出，「在今日如果真要保障人權，如果真要確立法治基礎，第一件應該制定中華民國的憲法」❸。還指出：

　　　　我們需要明白，憲法的大功用，不但在於規定人民的權利，
　　更重要的是規定政府各機關的權限。立一個根本大法，使政
　　府的各機關不得逾越他們的法定權限，使他們不得侵犯人民
　　的權利——這才是民主政治的訓練。程度幼稚的民族，人民

固然需要訓練，政府也需要訓練。❸

殷海光在五、六十年代以自由主義立言的過程中，所遭遇的也是同樣的問題結構，在與現實極權的抗辯中，他對於立法權的權源來自何處尤為關注，而且認為談論所謂「改變法律的自由」在民主國邦是輕鬆的事，但在專制社會則如「天路歷程」。由此，殷海光對於通過「法治」到民主之路也甚感疑慮。在1955年發表的〈自由的真義〉文中，他就表示：

> 有許多「法治迷」，他們以為「法治」是到民主之路。這是一形式主義的錯誤。行政權不受立法權底限定固然到不了民主；行政權受立法權底限定則不必然到民主。……問題在立法權底權源何在。如果立法權底權源在國邦底主人翁，那麼行法治確乎是到民主之路。如果立法權底權源在一個超人之手，幾千個立法者所有的權力連乘之積抵不上這個超人點點頭，那麼這幾千個立法者不過是這個超人底書記而已。如果有任何權力騎在立法權之上，那麼由此而行的所謂「法治」，究竟會走上什麼道路頗不易為人類底語言所名狀，但至少不是走上民主之路。❹

不能說殷海光上述見解有何不妥，他也實際點出「依什麼法而治」的問題。但如同他長於分辨「真民主」與「假民主」，「真自由」與「假自由」，殷海光這裏所關注的似乎也是「真法治」與「假法治」的問題。由此，他也把「法治」作為「中立的工具」來理解，如他所說的「現代的統治技術很不難把『法治』作為打消民主自身的工

具」，這個工具，被執於自由社會手裏，固然可以增進並鞏固民主；
被執於非自由或反自由者的手裏，則不免「南轅而北轍」❽。這個
見解，殷海光在譯述海耶克的《到奴役之路》時，在所寫「譯者的
話」中也有相似的表達：

> 如果僅注重法治形式，一個國家固然可能走上民主之途，但
> 也可能走上極權之途。……如果所謂「法治」就是在法律形
> 式之下實行治理或統治，那麼這樣的「法治」是可作兩種截
> 然不同的政治之工具的：民主政府固然可以用這樣的「法治」
> 來推行民主政治；極權政府同樣可以利用它來推行極權統治。
> ……
>
> 上述意義之下的「法治」，根本是中立性的東西：它與民主政
> 治並非有必然的血緣，固然真正的法治在近代係由民主政治
> 衍產出來的。上述意義的「法治」之於民主政治，只是一種
> 必要條件（necessary condition），並非充足而必要的條件
> （sufficient-necessary condition）。這也就是說，沒有上述意
> 義的法治一定沒有民主政治；但有了上述意義的法治，而其
> 他條件未滿足時，不必即有民主政治，由此可證：行上述意
> 義的法治，不必是民主政治底保障，更不必是到民主政治之
> 路。❻

殷海光上述對法治的討論是採用設問的形式，──如果法治被理解
為上述的意義。問題的關鍵正在於，如果法治不被理解為上述意義，
又會怎樣呢？其實殷海光在翻譯時所加譯者注中，他已道出「同是
法律，其作用之好壞，端視其建立於何基礎之上與夫作用於何種情

景之內而定」；　還從他對個人權利與自由的關懷出發，認為海耶克確立法治的核心為保障個人權利道出了法治之根本❻。那麼法治就不該被理解為中立性的東西，而是有著超乎法律條文之外的信條。但顯然殷海光是過於關注於真假「法治」的問題，對上述問題並沒有充分的自覺，因此也留下許多似是而非之論，沒有進一步揭示出法治乃民主的先決條件，而只是極為含糊地說，「欲實行以維護人權為主旨之法治，必須創建一民主社會。當然，民主社會之創建，又有賴乎法治之進行。二者互為函數。」❽

　　直到1965年發表〈自由的倫理基礎〉時，殷海光才引述海耶克的論點對法治的觀念與基本精神有了較為清楚的瞭解❾，但他對法治的疑慮並未完全消解，仍然認為法治這個名詞「藏有夾帶」。　在引述海耶克對法治的論述以後，殷海光仍就強調法治具有兩種意義：一種是政司依法條而行統治，其重點和作用是在保衛政權上面，結果一切極權統治也都是法治；而另一種則是制定並且依照法律來保障民眾的基本人權，其基本精神在維護自由。因此在立法過程中，它的主要著眼點在防範政司，而不是防範民眾❾⓪。

　　殷海光的上述觀點與前述胡適呼籲制定憲法的理由如出一轍，這耐人尋味的一幕，揭示出在中國樹立法治觀念的艱難。而且如同胡適在其一生中，只是在「人權論戰」更多地表達對法治的關注，以後鮮少闡釋法治的意義；在殷海光的生命歷程中，「法律不會說話」更是他慘痛的經驗❾①，所以儘管他對法治的要義逐漸有了認識，但對法治的「另一種意義」始終保持高度的警惕。而且，基本上殷海光是認為只有民主制度本身，才足以防止對法律的濫用❾②。這樣法治就自然落到他理知關懷的第二位。不是嗎？在前述晚年的〈自敘〉中，殷海光說他肯定了「理性、自由、民主、仁愛」的積極價

值；在《中國文化的展望》結尾部分，他又將使中國有個光明前景的答案濃縮成八個字：「道德、自由、民主、科學」❸。都沒有賦予法治足夠的位置，自然更不可能建構經由健全法治以落實民主的理念。

四、自由主義理想的「義理承當」

在上節文字中，我們主要討論了殷海光自由主義思想所展現的歷史脈絡與問題結構。大抵說來，殷海光闡揚自由主義的言論，主要著重於對科學、民主、自由的性質、功用及意義的說明，描繪民主政治實現以後對現實狀況的改善。尤其用心於從個人基本權利及自由來闡述民主政治；對於種種反民主、反自由的思想傾向也作出了辨明與批駁。而如何發展出一套支持自由主義諸價值得以實現的社會與文化，以及民主政治的終極正當理由，殷海光的思考並未能完全展開。但即便如此，在中國自由主義傳統中，殷海光賦予自由主義理知的詮釋的不懈努力，無疑是一份極為珍貴的遺產，也躍乎其前輩及同時代自由知識分子之上。然而或許是殷海光在其生命歷程中表現出的強烈的道德熱情與道德勇氣，更為人們所珍視，所以他對自由主義理想理知的建構，反倒沒有引起足夠的重視。

如前所說，從某種意義上講殷海光生命中最輝煌的一頁，確乎是為中國的自由主義傳統賦予了在極權社會捍衛自由的風範，他所面對的時空格局是以往自由知識分子所不曾面對的。正如韋政通先生所說的，作為一個自由的捍衛者，可以不必要有一套完整的思想體系，但卻不能沒有一些理由，以堅持他的信念❹。殷海光對此是有相當的自覺的。首先對於他所生存的現實環境以及他所能扮演的

角色，他都有清楚的認識。在《中國文化的展望》最末一章〈知識分子的責任〉中，通過比較「行動人物」和「觀念人物」，殷海光的「自覺」就凸顯出來。在檢討中國知識分子蹇蹶失落的命運時，他就重點考察了知識分子與「現實統治建構及行動人物脫節」導致的失落感與挫折感。按照他的分析，中國近幾十年的巨大變動帶有濃厚的群眾運動的色彩；而群眾性運動之發展趨向，通常經由宣傳、組織、新的權威形態出現三個階段。在運動的前兩個階段，需要的是新的觀念啟發，貶抑既存制度，對人群提供理想社會的藍圖，作海闊天空式的諾言，開列偉大的空頭支票，種種等等，於是「觀念人物」得以長才大展，頭角崢露，居於運動的主導地位。然而，好景不長，隨著新的權力形態出現，實際的行動人物就脫穎而出，成為運動的主宰。在這種情形下，現實的問題逐漸逼近，理想的問題也逐漸褪色。行動人物的基本興趣是權力，至於使用什麼手段獲得是他們不感興趣的空洞問題；而觀念人物仍執著於從觀念的展望孔裏延伸出對將來世界的美麗圖景，於是隨著權力的一元化成為問題的樞紐，行動人物和觀念人物無法不起分化。觀念人物要麼放棄理想變為輔治階層；要麼執著於理想遺世獨立。殷海光作出這樣的分析，顯然對觀念人物給予了更多的同情和理解。但他似乎又覺得，面對歷史和現狀，知識分子不能有更好的選擇，因為他堅信知識分子終究是以「觀念」為生活的人：

> 一個真正的知識分子必須「只問是非，不管一切」。他只對他的思想和見解負責。他根本不考慮一個時候流行的意見，當然更不考慮時尚的口頭禪；不考慮別人對他的思想言論的好惡情緒反應；必要時也不考慮他的思想言論所引起的結果是

否對他有利。一個知識分子為了真理而與整個時代背離不算
稀奇。旁人對他的恭維，他不當作「精神食糧」。旁人對他的
誹謗，也不足以動搖他的見解。世間的榮華富貴，不足以奪
去他對真理追求的熱愛。世間對他的侮辱迫害，他知道這是
人間難免的事。❾❺

這番話無疑可看作殷海光對他自己著意的自我塑造。對理知的執著
的追求，要不惜成為與現實社會格格不入的反叛鬥士。這樣，當他
差不多是夫子自道的強調一個健全的知識分子必須滿足兩個條件：
第一注重德操；第二獻身真理❾❻，也為我們揭示出為爭取民主自由，
他的強烈而純真的道德理想與道德熱情的精神源泉。

　　實際上，就在殷海光凸顯其自由主義角色身分時，他就極為注
重捍衛自由所需的道德勇氣。像在1949年〈爭思想自由的歷史巨流〉
這樣的早期文字中，就明顯地點出他試圖借助西歐為思想自由而與
宗教權威及暴力奮鬥的歷史中的道德英雄，作為中國社會爭取思想
自由的精神力量，「明瞭了西歐人民為思想自由而奮鬥底歷程，可以
使在為思想自由而奮鬥底歷程中的人得著許多有價值的啟示」❾❼。
在1952年發表的〈自由人底反省與再建〉的長文中，殷海光更是強
調自由的出發點是理性，本乎理性的認識而建立的信仰，是值得用
生命去保衛的。他還特別提及那些道德英雄：伽利略為了伸張地動
之說與教會的信條衝突，卒至身受酷刑；布魯諾為了堅持其思想而
至遭火焚其身。「在西方，類此為真理而殉生的事例，數見不鮮。
為了實現政治民主與個人自由而與專制魔王奮鬥犧牲者，更多至不
可勝數。」殷海光由此問到：「如果不是信之真，持之切，何克臻此？
如果沒有一超人的展望在那裏鼓舞，何克臻此？」答案是，只要認

得真，見得對，便不顧一切，這才配作自由人；「雖千萬人吾往矣」，這是自由人應有的氣概❾❽。

　　尤其值得注意的是，在標舉西方那些為真理獻身的道德英雄的同時，殷海光還以中國的自由知識分子在人格方面的退縮作為對照。就在這篇〈自由人底反省與再建〉中，殷海光道出中國的自由人「由時代的主導者變成了時代尾巴」，曾作時代主導者的自由人，在這幾十年的時代熬煉中，很少經得起熬煉的。他們無復當年的銳氣，紛紛從自我精神的解體中敗陣下來。所表現出的，上焉者清談自娛，獨善其身；下焉者與物沈浮，患得患失。尚保持一點朝氣和進取心的，眼看現實的存在這樣腐爛，也沒有多大勇氣創立新局面，更沒有勇氣與惡勢力抗拒。總之，自由人中求一昂昂有剛正之氣，作中流之砥柱，負起責任挽狂瀾於既倒者，簡直渺不可得。殷海光嘆息道：

> 中國底自由知識分子多少是癱瘓了，是潰散了，是被洪水沖垮了，是零落了。如今只剩下幾許萎縮的幽人，在那裏過度著不冷不熱、不痛不癢、不喜不憂的灰色生活。他們已經做了現實存在的俘虜。他們似乎在那裏想掙扎，可是又怕響聲太大。他們似乎在那裏想幹，可是又怕太費勁。他們似乎想說話，可是又怕別人不喜歡。他們似乎想即時行動，可是又怕太迂緩。像這個樣子的自由人，自身已經先從精神與思想的基礎上崩潰下來，怎麼還能啟導大家，扭轉乾坤，再造一個新時代？❾❾

　　到晚年撰寫《中國文化的展望》第八章〈自由主義的趨向〉時，

殷海光同樣從道德人格方面檢討中國自由知識分子的缺陷。他指出當把「自由主義」一詞用在中國社會文化時，不要因此以為中國版的「自由主義」與西方原版的「自由主義」是完全一樣的。原因在於，像西方自由主義者那樣的自由主義者，在中國少之又少。「一個真正的自由主義者，至少必須具有獨自的批評能力和精神，有不盲從權威的自發見解，以及不倚附任何勢力集體的氣象。」而像這樣的自由主義者，在近十幾年來的中國社會文化裏，恐怕要打燈籠去找❿。

　　一方面是把西方道德英雄的形象理想化；另一方面則對中國的自由知識分子道德上的退化頗有微辭，從中不難推導出殷海光自我的角色定位。實際上，殷海光對此是有相當的自覺的。如前所說，殷海光自由主義身分的凸顯，是從原初的權威情結擺脫出來，終其一生，他的道德形象也在與極權勢力的抗爭中愈益完善。1967年1月，殷海光在給胡越的信中曾這樣表示：

　　　　許多談論國家大事的人士，有意無意之間，直接或間接的，在各種形貌之下，不以共產組織為張本，就是以國民黨為張本，卓然獨立，從中國人民出發，純粹為自由民主立論的，真是絕無僅有。演變所及，二十年來，幾乎只有黨是黨非，而無國是國非。君子道消，小人道長，正聲微茫，令人浩嘆！近半個世紀以來，特別近二十年來，中國經歷這樣巨大的變亂，人民遭受這樣慘重的痛苦與犧牲，而猶未能喚起一般知識分子的徹底覺悟和清楚認知觀念和言論，只取捨於國共兩黨型模之間。甚至五四以來的知識分子，多喪失當年的獨立精神和思考能力，大都跳不出國共兩黨的是非標準，隨聲附

和。❿

要在思想上和行動上徹底抖落國共兩黨的影響，談何容易。在現代中國自由主義的傳統中，面對具有主宰中國命運權力背景和官方色彩的兩種強勢意識形態，自由主義思想就很少能夠應付左右的夾攻而始終屹立如山。而在五、六十年代「白色恐怖」的臺灣社會，支撐「一黨獨大」的是思想上的蒙昧與鉗制政策，維護國民黨絕對威權的官方意識也散佈到社會的各個角落。這樣，雖說官方竭力塑造「反共」與「反攻」的政治神話，使其成為甚至駕乎三民主義之上的政治意識形態，但那些具有獨立思考又勇於批評的自由知識分子，無疑成為官方實實在在的頭號異己力量。

林毓生先生最近在一篇文字中，談及自己之所以服膺自由主義的基本立場，認為主要來自兩大「啟示」：一項是負面的；一項是奇理斯瑪的 (charismatic)。前者指的是蔣氏政權在臺灣的威權統治給自由主義提供了有力的負面教材：目睹蔣氏政權為了維持其個人的絕對統治所散佈的蒙昧與壓制，在政治、社會與文化上因之而衍生的恐懼、偽善、矯飾與虛脫，以及連它自己都不會相信的歪曲的宣傳，在在使人渴望一個合理、合乎人道、能夠舒展性靈的人間秩序。後者則是指感受到殷海光的「奇理斯瑪」震撼：殷海光的真誠，對事理公正的態度與開放的心靈，面對政治壓迫所表現的「威武不能屈」的嶙峋風骨，對知識的追求所顯示的真切，以及對同胞與人類的愛與關懷，在在使人感受到一位自由主義者於生活與理想之間求得一致的努力所顯示的道德境界❿。這兩個方面，正道出殷海光賦予自由主義道德尊嚴的意義所在。這也如同韋政通先生所說的，殷海光所付出的慘痛的代價，假如不去瞭解他的對手，是很難索解

的❿。

　　殷海光白色恐怖年代個人所陷入的貧病交迫、孤立無援的不幸
遭遇，前已有所論列。難能可貴的是，對於其悲劇性的命運，他是
有充分的自覺的。殷海光曾自道：「我的為人，好惡分明，壁壘森
嚴，是非之際毫不含混。」❿當此民主自由都極度匱乏的時空格局中，
這樣的性情所可能招致的無可避免的悲劇命運，他也十分清楚：那
就是既以「言其所信，不畏人評」的個人主義精神立言，便應該凡
自己斷定為可報國之事者，就不顧一切、不畏一切地去做去說去寫。
在給張春樹的信中，談及其言論多不為人理解，就自我解釋說：「像
我這樣的人在民國二、三十年代比比皆是，那時不如此，人們便以
為怪。想不到今天人皆以我為怪。」❿在寫給林悅恆的信中，他還這
樣寫道：「書生處此亂世，實為不易。像我這樣與眾不同的人，生存
當然困難。往後的歲月，可能苦難更多。自由和真理及正義的追求，
是要付出代價的。」❿但真正的道德英雄，正是在知其不可為而為之
的境況中，展示出「奇理斯瑪」的震撼力。具體說，作為道德人格
的完善，一方面是對其所服膺的價值孜孜的追求，雖空谷足音，寥
無應和，也絕不苟且；另一方面則是對自由的頑敵，進行「唐・吉
訶德式」的宣戰。正是在這個意義上，殷海光的悲劇與成就塑造出
一個道德英雄大勇的風範。

　　在踏進生命的最後一年後，殷海光的身體已極度惡化，但他卻
勉力用僅餘的一點精力，用英文寫出〈剖析國民黨〉的長文❿。這
最後的一篇系統性的文字，何以圍繞著這個題目？實在是國民黨政
權影響著他一生的命運。從某種意義上說，殷海光的政治關懷由擁
戴國民黨肇端，又以對國民黨政權的深刻地批判作為終結，極富意
味的展示出殷海光不朽的道德感召力。這一歷程，也成為那個年代

自由知識分子苦志與情懷的最佳的歷史見證。

殷海光作為中國自由主義臺灣形態的代言人，賦予自由主義道德尊嚴，是他給那個時代留下的最珍貴的遺產。而且這並不僅僅是表現在對現實的反抗和與環境的扭執上，在此基礎上，殷海光還實際導出「內在力量」的培養對於爭取自由的意義。1965年寫成的〈自由的倫理基礎〉一文，就曾專門討論此一問題。在殷海光看來，每一個人的「內在力量」是他這個人超生物的力量實體的核心，而這一實體的核心是社會文化乘個人特質的產品。它的內容，可以是道德的堅持，宗教的信仰，美的情操；可以是對真理的熱愛，以及救世情懷；可以是孔氏的仁，孟氏的義，佛家的慈悲。自古以來，為了發揮或守護這一核心，有不少人表現出殉道精神——殺身成仁，受苦受難。如果一個人的這種「內在力量」足夠堅強，內心真正抱持著一個理想，堅持著道德原則，謹守著一個宗旨，那他就能「富貴不能淫，威武不能屈」。但關鍵在於，「內在力量」的培養與堅守並不是易於為之的事，一方面統治集團總是利用「人的弱點」腐蝕、斫喪人們的「內在力量」，並轉變這種力量供其鞭策；另一方面，保有這種「內在力量」，會嚴重地妨害個人基本的生物邏輯的生存。總之，殷海光贊同海耶克所說的「一項鎮制對一個人施行的效力為何，與這個人的內在力量是否堅強相關」。雖然統治者運用鎮制力之所以對人收效，是在於「受鎮制者顧慮名譽受到損害，地位受到動搖，財產被權威沒收，親戚朋友遭人離間，基本生活的資源被截斷，以至於最後個體的生命被權威毀滅」，但「內在力量」的失落則是更可畏的事。所以他強調說：

我們須知，提倡道德只有藉道德。道德是沒有代用品的。人

的「內在力量」消散時，勢必成為一具失去原則的肉體。一
具失去原則的肉體，只有聽命於生物邏輯。於是，最廉價的
恭維可以使人起舞，最浮囂的抨議可以使人暴跳，少許金錢
可以攻破心防，暴力可以決定是非。⑩

　　顯然，殷海光這番話蘊涵著對自己心路歷程的反省，實際上是從他
自己與現實極權勢力相抗爭的事例，導出作為一個自由知識分子，
在爭取自由主義諸價值落實的艱難歷程中，培養「內在力量」乃不
可忽視的重大問題。

　　或許這裏還有必要進一步追問殷海光「內在力量」的來源。在
前面的討論中，其實對此已多有涉獵。簡言之，他所秉持的乃「是
什麼就說什麼」的認知設準，以及「把人當人」的終極關懷，這可
以說構成了他道德力量的理知源泉。進一步言之，則如前面提及的
來自正、反兩個方面的啟示。殷海光在各種場合多次描繪的西方道
德英雄形象，以及他心儀的幾位自由主義思想家，都堪稱其道德力
量的源泉；而他招致的現實權勢的不斷打擊，再加之目睹許多自由
知識分子在人格上的失落，又給了他負面的啟示。如韋政通先生所
揭示的，先秦儒家中的孟子，也是對殷海光有「感召力」的人物⑩。
這已涉及到殷海光對傳統文化資源的利用，將是下一章論列的主題。

　　殷海光由於賦予自由主義理知的詮釋與道德的尊嚴，在中國自
由主義的傳統中因此成為不可或缺的人物。同其他自由知識分子相
比，或許殷海光的心路歷程更具有悲劇性的色彩。但正是這種悲劇
性的命運，放大了他的道德熱情與道德勇氣。在這個意義上說，雖
然殷海光在自由主義的基本理論上的闡釋已愈益呈現出歷史性局
限，然而他的道德成就卻會對後世產生長遠的影響。可以說，殷海

光在自由主義道路上所進行的艱苦探索，賦予了自由主義一個道德力量，而這一力量，又成為以後中國自由主義運動不可或缺的推動力。

注 釋

❶ 夏道平：〈紀念殷海光先生〉，《殷海光紀念集》，頁243。

❷ 即以五四以後中國自由主義思潮的發展來說，自由主義知識分子通常都是經由某種雜誌匯聚一批人，大致可以《努力》、《新月》、《獨立評論》、《觀察》等雜誌為自由主義思想言論的中心，其中的核心人員不斷進行著重組與分化。

❸ 楊人楩：〈再論自由主義的途徑〉，《觀察》5卷8期（1948年）。

❹ 參見許紀霖：〈中國自由主義知識分子的參政1945～1949〉，《二十一世紀》總第六期（香港：中文大學，1991年8月）。

❺ 參見格里德著，魯奇譯：《胡適與中國的文藝復興》（江蘇：人民，1989），頁237。

❻ 胡適：〈我們必須選擇我們的方向〉、〈自由主義是什麼?〉，參見胡頌平編著：《胡適之先生年譜長編初稿》，第六冊，頁1987-1991、2044-2047。

❼ 《胡適的日記》（臺北：遠流，1990），第18冊，「1960年11月18日」。

❽ 殷海光1949年3月至6月主編《中央日報》「青年週刊」時，其所寫文字就反映了這一時期他的思想狀況。在〈關於中國之前途的討論〉中，他致信許冠三、申思聰，表明了他嚮往「政治民主」、「經濟平等」與「個人自由」的民主社會主義的社會之實現（參見《青年週刊》第二期，《中央日報》，1949年3月23日）。而在答覆一位青年的提問時，殷海光的回答則顯示他當時對社會主義與自由主義是否相容，以及共產主義與資本主義究竟是否永遠可以平行發展等問題，尤為關注（參見《青年週刊》第五期，《中央日報》，1949年4月13日）。

❾ 參見傅大為：〈科學實證論述歷史的辯證〉，《殷海光紀念集》，頁422。

❿ 參見許冠三：〈儆寰先生辭世十一年祭〉，《雷震全集》2，頁251-54。

⑪ 參見〈民族戰爭呢？還是社會戰爭?〉、〈堵住中國這個缺口〉、〈中國會出現鐵托嗎?〉、〈反布爾希維克主義〉等文，均收入《殷海光全集》11。

⑫ 在中國自由主義思想的臺灣形態浮現、誕生過程中，堪稱為焦點性的問題，仍是四十年代末期中國自由知識分子最為關切的「政治民主」、「經濟平等」問題。這個問題成為中國知識分子關注的焦點，有相當充足的理由，一方面，資本主義世界嚴重的貧富不均為蘇聯的經濟平等主張留下一席之地；另一方面，活躍於四十年代尤其跟隨國民黨敗退臺灣的知識分子，對國民黨壟斷經濟的做法是深有感觸的。《自由中國》最初的幾期文字，圍繞政治民主與經濟平等孰重孰輕、誰先誰後，包括雷震、傅斯年、胡適等人都發表過文字或通信表達意見。殷海光也不例外，政治民主、經濟平等仍是他所設想的解決中國問題的不二法門。為此他不但辯解說，布爾希維克主義與共產主義的理想不是一回事，以實現「經濟平等」為中心鵠的之共產主義理想，沒有人能夠說它不是大眾所嚮往的。而且在當時較為重要的文字〈自由主義底蘊涵〉中，殷海光劃分自由主義為政治的、經濟的、思想的、倫理的四個層面，也特別指出經濟的自由主義問題嚴重。他批評對經濟自由主義的誤解，在於認為自由主義必然蘊涵放任主義，並衍生出「資本制度」，而他認為，經濟平等的理想，才應該是經濟的自由主義當有之意：「自由主義者在政治方面平抑特權，當然在經濟方面也應須平抑特權」，「應該像反對政治特權一樣堅持取消不公平的經濟特權」。張忠棟先生在一篇長文中，對此論列甚詳。參見〈胡適與殷海光——兩代自由主義者思想風格的異同〉，《胡適・雷震・殷海光——自由主義人物畫像》（臺北：自立晚報社，1990年12月），頁2–69。

⑬ 參見史華慈（B. Schwartz）著，林鎮國譯：〈論保守主義〉，見周陽山、楊肅獻編：《近代中國思想人物論——保守主義》（臺北：時報，1982），頁19–37。

⑭ 愛・麥・伯恩斯著，曾炳鈞譯：《當代世界政治理論》（北京：商務，1983），頁68。

⑮ 林毓生：〈「問題與主義」論辯的歷史意義〉，見劉青峰編：《胡適與現

代中國文化轉型》（香港：中文大學，1994），頁3–10。

⑯ 殷海光晚年在寫給胡越的信中，對這個問題有更進一步的思考，集中反映了其自由主義思想的定位。信中寫道：「許多談論國家大事的人士，有意無意之間，直接或間接的，在各種形貌之下，不以共產組織為張本，就是以國民黨為張本。卓然獨立，從中國人民出發，純粹為自由民主立論的，真是絕無僅有。演變所及，二十年來，幾乎只有黨是黨非，而無國是國非。君子道消，小人道長，正聲微茫，令人浩嘆！近半個世紀以來，特別近二十年來，中國經歷這樣巨大的變亂，人民遭受這樣慘重的痛苦與犧牲，而尤未能喚起一般知識分子的徹底覺悟和清楚認知觀念和言論，只取捨於國共兩黨型模之間。甚至五四以來的知識分子，多喪失當年的獨立精神和思考能力，大都跳不出國共兩黨的是非標準，隨聲附和。」參見殷海光：〈致胡越〉（1967年1月3日），《殷海光書信集》，頁27。

⑰ 參見傅大為：〈科學實證論述歷史的辯證〉，《殷海光紀念集》，頁423。

⑱ 林正弘：〈一個自由主義者的民主科學觀〉，《殷海光紀念集》，頁380。

⑲ 以賽·柏林著，陳曉林譯：《自由四論》（臺北：聯經，1986），頁84–85。

⑳ 參見喬治·霍蘭·薩拜因著，劉山等譯：《政治學說史》（北京：商務，1986），下冊，頁742。

㉑ 見前揭薩拜因書，頁814。

㉒ 參見石元康：〈民族與民族自決〉，劉青峰編：《民族主義於中國現代化》（香港：中文大學，1994），頁19–33。

㉓ 這正如研究法哲學的學者道出的，不但中世紀對法律的解釋受著神學的強烈影響，從而使法律與神的啟示、上帝的意志緊密聯繫在一起，而且，從文藝復興到十九世紀中左右這段時期，可以說是法哲學的形而上學時期。古典自然法的理論以及薩維尼、黑格爾、馬克思所倡導的法律發展哲學都具有某些形而上學的因素。這些理論試圖用某些被認為是在事物的經驗表面之下起作用的觀念或終極原則來解釋法律的性質。無論是自然法學家的永恆理性、薩維尼有關形成法律的「民族精神」和「默默起作用的力量」、黑格爾有關把發展的火炬從一個民族傳到下一個民族的「世界精神」，還是有關在共產主義社會「法律消亡」

的理論，都是無法用經驗的方法來判斷和衡量的。而且這些理論都是以這樣一種設想為出發點的，即應當從可以直接觀察到的事實的背後去探尋無形的力量與終極原因。參見 E. 博登海默著，鄧正來、姬敬武譯：《法理學——法哲學及其方法》（北京：華夏出版社，1987），頁107。

㉔　Ayer, A. J.: *Language, Truth and Logical* (London, 1936), pp. 226–27。

㉕　參見羅伯特·A·達爾著，王滬寧等譯：《現代政治分析》（上海：譯文，1987），第九章。實際上，直到1971年羅爾斯（John Rawls）《正義論》（*A Theory of Justice*）一書出版，西方政治哲學屈從於實證和分析的局面才被衝破。毋庸諱言，對此不乏有人以羅爾斯的理論毫無意義，用慣常的手法認為其缺乏認知意義，本質上得不到理性的證明，因而不屬於合理的討論範圍，但羅爾斯所明確表達的正是，所謂定義與意義分析，在道德理論中並不佔有中心地位，必須由形式的問題轉到實質性問題。一旦道德觀念的實質性內容得到較好的理解，就會得出合理性的答案：即對道德判斷的意義和證明的問題，不可能用別的方式找到有說服力的答案。因此，他也明確表示，他所希望的正是強調研究實質性道德觀念的中心地位。這裏不可能詳細討論羅爾斯的正義理論，但可以確信的是，這一理論在西方社會產生極大的影響力，無疑昭示了某種政治哲學傳統的復歸。「羅爾斯熱」也顯示出，科學分析取代道德和政治哲學根本沒有得到證實，道德問題的意義將是人們長久關心的問題。See John Rawls: *A Theory of Justice* (Cambridge, Mass.: Harvard UP, 1971)。

㉖　韋政通：〈我所知道的殷海光先生〉，《殷海光紀念集》，頁54–55。

㉗　林正弘：〈一個自由主義者的民主科學觀〉，《殷海光紀念集》，頁380–81。

㉘　殷海光：〈自序〉，《殷海光全集》6，頁1–2。

㉙　海耶克著，殷海光譯：《到奴役之路》，《殷海光全集》6，頁5–6。

㉚　在《到奴役之路》出版之前，海耶克在 *The Counter-Revolution of Science* 與 *Science and the Study of Society* 等書中就指出實證主義的流行是由於誤解自然科學的成就所導致，並從方法學的觀點道出，社會

科學與自然科學的研究對象在性質上根本不同，因而社會科學的研究方法與自然科學的研究方法也迥然不同。而殷海光晚年才得以讀到的海耶克所著的《自由的憲章》(*The Constitution of Liberty*)，此書對於邏輯經驗論所奉行的科學知識為唯一的知識的主張，也進行了深刻地批評。其中寫道：「如估知識，只指諸個人意識的明確的知識，能陳述此事或彼事之已然，則將文化生長與知識生長視為同一，必導致嚴重的錯誤。知識更不僅限於科學知識。意識的明確的科學知識，縱已為社會經常運用，仍未盡知識之能事。……以科學的方法追求知識尚不能滿足社會對明確知識之一切需求。事象既不斷變動，諸個人所擁有的有關的一切知識，並非均能容受組織及系統的表白。甚多之知識只為無數個人分別擁有。」參見海耶克著，周德偉譯：《自由的憲章》(臺北：臺灣銀行經濟研究室編印，1973)，頁37。

❸❶ 參見史華茲：《尋求富強：嚴復與西方》，第六章。

❸❷ 殷海光的譯述在《自由中國》刊出後，也引起胡適的重視。1954年他回國參加國民大會，在「自由中國社」的歡迎茶會上作了一個非常有趣的演講〈從「到奴役之路」說起〉。胡適先是講到海耶克《到奴役之路》一書的出版，可以表示臺灣有很多的言論自由，理由是現在臺灣的經濟，大部分都是國營的經濟，從理論與事實上說，像海耶克這種根本反對一切計劃經濟的理論，可以說是很不中聽；接著胡適又為他在1926年的文字〈我們對於西洋近代文明的態度〉作公開懺悔，因為其中說到「十九世紀中葉以後的新宗教信條是社會主義」。這裏，胡適不但清楚地看到海耶克的理論所具有的「解蔽」功能，使一度陷於困惑中的知識分子重新回歸自由主義理想；而且還很明顯地指出這種理論所具有的挑戰臺灣權威之意——「這些議論都可以表示自由中國有一班政治的、經濟的思想家們，大家都在那裏從基本上，從理論上，從哲學上，對現在國家經濟政策作一個根本的批評，以便對症下藥」。在演講的結尾部分，胡適則用慣常的方式，認為大家都應該藉此作真誠的反省：「我希望政府的領袖，甚至於主持我們國營事業、公營事業的領袖，聽了這些話，……也不要生氣，應該自己反省反省，考慮考慮，是不是這些人的話，像我胡適之當眾懺悔的話，值得大家仔細一

想的? 大家不妨再提倡公開討論: 我們走的還是到自由之路, 還是到
奴役之路?」顯然, 胡適倒是就海耶克論海耶克, 與殷海光引介海耶克
的方式並不一致。參見胡適:〈從「到奴役之路」說起〉,《胡適作品集》
26, 頁217-23。

㉝ 參見傅大為:〈科學實證論述歷史的辯證〉,《殷海光紀念集》, 頁433。

㉞ 殷海光:〈致林毓生〉(1965年11月10日),《殷海光書信集》, 頁167-69。

㉟ 殷海光:〈自序〉,《殷海光全集》6, 頁1-7。

㊱ 波普爾的思想極之廣博, 就其較為早期的且與社會政治哲學相關的部
分而言, 波普爾強調的是, 科學的精神是批判, ——不斷推翻舊理論
與作出新發現, 科學理論並不是確定終極的知識, 而是等待進一步試
驗並隨時準備遭到批判, 即證偽的假說。按照這個推斷, 針對邏輯經
驗論區分科學與非科學的「可證實性」判據, 他認為科學的本質特徵
在於「可證偽性」, 科學理論作為某種猜想與假說必然包含錯誤, 不管
已經歷過多少次的檢驗, 但終究會遭到新的試驗的反駁而被證偽。這
並不是科學的缺點, 相反卻是區分科學與非科學的標準, 科學就是處
於提出假說、發現錯誤而被證偽、再提出新的假說的不斷的批判過程
中。在確立科學理論要麼被證偽要麼永遠是假說或猜想的基礎上, 波
普爾進而提出,「可證實性」判據之所以不合理且不可能, 是由於其工
具歸納法——依賴一些個別論據來支持一個普遍定律——是毫無意
義、甚至不存在的。從單稱陳述(無論有多少)中推導出全稱陳述來,
顯然是不能得到證明的。因此我們決不能根據事實論證理論, 除非通
過反駁或證偽。亦即是意味著, 無論找到多少與理論相符的事實, 都
不足以判斷該理論成立, 因為以後永遠可能發現與理論不相符的事實;
相反, 只要找到與理論不相符的一個事實, 就足以判定該理論不能成
立。用波普爾常舉的例子說, 不管我們已經看到多少白天鵝, 也不能
因此證明這樣的結論: 所有天鵝都是白的。參見紀樹立編譯:《科學知
識進化論——波普爾科學哲學選集》(北京: 三聯, 1987)。

㊲ 參見卡爾·波普爾著, 杜汝楫、邱仁宗譯:《歷史決定論的貧困》(北
京: 華夏, 1987),「序」。

㊳ 參見林正弘:〈一個自由主義者的民主科學觀〉,《殷海光紀念集》, 頁

365–91。

❸ 波普爾：《波普爾思想自述》，頁117–21。

❹ 《猜想與反駁》一書的導論「論知識和無知的來源」中，就以這樣的話結尾：「我們應當做的是放棄終極知識源泉的觀念，承認一切知識都是人的知識；承認知識同我們的錯誤、偏見、夢想和希望混在一起，我們所能做的一切就是探索真理，儘管它是不可企及的。我們可以承認，我們的探索常常為靈感激發，但我們必須提防這樣的信念（儘管我們深刻地感受到它）：我們的靈感帶有權威性、神性或類似的性質。如果我們因而承認，在我們知識的整個範圍內找不到任何不能批判的權威，無論它怎樣深入未知的範圍，那我們就可以毫無風險地保留真理超越人的權威這一觀念。並且，我們必須保留它。因為，沒有這種觀念，就不可能有客觀的探索標準；不可能有對我們的猜想的批判、也不可能有對無知的探索以及對知識的追求。」參見卡爾·波普爾著，傅季重等譯：《猜想與反駁》（上海：譯文，1986），頁42–43。

❹ 殷海光：〈海耶克論自由的創造力（代序）——從「無知論」出發〉，《殷海光全集》15，頁1201–1212。

❹ 康有為：《實理公法全書》，姜義華、吳根梁編：《康有為全集》1（上海：古籍，1987）。

❹ 參見史華茲：《尋求富強：嚴復與西方》；張灝著，崔志海、葛夫平譯：《梁啟超與中國思想的過渡（1890~1907）》（江蘇：人民出版社，1993）。

❹ 參見章清：〈自由主義：啟蒙與民族主義之間〉，《民族主義與中國現代化》，頁401–21。

❹ 殷海光：〈中國現代政治思潮〉，《殷海光全集》11，頁59–60。

❹ 張灝即曾指出，五四知識分子是將烏托邦式的期待寄託於民主制度上，與西方將民主建基於對人性中黑暗面的理解，構成了重大差別。張灝把西方民主政治中對人性的理解稱為「幽暗意識」，而五四知識分子對民主的理解非但沒有幽暗意識的影子，相反卻是建基於鍾情式的理解上，充滿了烏托邦式的浪漫情懷。參見張灝：《幽暗意識與民主傳統》（臺北：聯經，1989），頁3–33、145–49。

❹ 參見殷海光〈中國共產黨之觀察〉,《殷海光全集》1,頁66–67。書中他還建議國民政府說,「在政治方面必須認真實行民主政治。民主政治一旦實行,人民對於管理之事發生興趣。那麼在消極方面,可以消除基層政治弊害,監督地方政府;在積極方面,可以使人民生機暢發,自衛力量增強。這樣一來,人民可以協助政府並補正規軍之不足。」雖說主要從現實政治方面考慮,但對民主政治的鍾情,也溢於言表。同上書,頁117。

❹ 殷海光:〈堵住中國這個缺口〉,《殷海光全集》11,頁63–82。

❹ 殷海光:〈這是唯一的出路〉,《殷海光全集》11,頁165–73。

❺ 殷海光:〈反對布爾希維克主義〉,《殷海光全集》11,頁148。

❺ 殷海光:〈思想自由與自由思想〉,《殷海光全集》11,頁92。

❺ 殷海光:〈自由主義底蘊涵〉,《殷海光全集》11,頁195。

❺ 參見殷海光:〈政治組織與個人自由〉「注解」,《殷海光全集》11,頁332。

❺ 殷海光:〈政治組織與個人自由〉,《殷海光全集》11,頁297–332。

❺ 1954年由《自由中國》的一篇社論〈自由日談自由〉引發的一場圍繞「國家自由」與「個人自由」的爭論中,殷海光等人就主張在政治的學理與事實的範圍,只能講求個人自由;國家沒有自由與否的問題,只有獨立與否的問題。動輒謂「必先犧牲個人自由方換取國家自由」,結果只能是國家自由未見實現,而個人自由卻遭到剝奪。個人自由是不可化約的,乃一切權利的根本,因此他們還主張以「國家獨立」一詞代替「國家自由」,以免有人假國家自由之名侵犯個人自由。參見殷海光、張佛泉、徐復觀等有關「自由的討論」,《民主評論》5卷6期。亦參閱韋政通:〈兩種心態・一個目標——新儒家與自由主義觀念衝突的檢討〉,收入《儒家與現代中國》(臺北:東大,1984),頁183–218。

❺ 殷海光:〈民主的試金石〉,《殷海光全集》11,頁355–73。

❺ 殷海光:〈我對於在野黨的基本建議〉,《殷海光全集》11,頁948–50。

❺ 殷海光:〈自由的倫理基礎〉,《殷海光全集》15,頁1156。

❺ 殷海光:〈自敘〉,見盧蒼主編:《殷海光選集・政論篇》(臺北:桂冠,1988),頁2–3。

⑥⓪ 殷海光：〈教育部長張其昀的民主觀——君主的民主〉，《殷海光全集》11，頁405–13。

⑥① 殷海光：〈反民主的民主〉，《殷海光全集》11，頁429–36。

⑥② 參見章清：〈自由主義兩代人：胡適與殷海光〉，《二十一世紀》8期(香港：中文大學，1990)。

⑥③ 胡適：〈容忍與自由〉，胡頌平編著：《胡適之先生年譜長編初稿》8，頁2853–2858。

⑥④ 殷海光：〈胡適論「容忍與自由」讀後〉，《殷海光全集》12，頁781–89。

⑥⑤ 參見林毓生：〈兩種關於如何構成政治秩序的觀念——兼論容忍與自由〉，〈對於胡適、毛子水、與殷海光論「容忍與自由」的省察——兼論思想史中「理念型的分析」〉，均收入林毓生：《政治秩序與多元社會》(臺北：聯經，1989)，頁3–48、49–73。

⑥⑥ 殷海光：〈自序〉，《殷海光全集》6，頁5。

⑥⑦ 殷海光：《中國文化的展望》(下)(臺北：桂冠，1990)，頁547–51。

⑥⑧ 許倬雲：〈讀殷海光著「中國文化的展望」〉，同上書，頁771–72。

⑥⑨ 殷海光：〈有關「中國文化的展望」的幾個問題〉，同上書，頁791–94。

⑦⓪ 殷海光：同上書，頁561–72。

⑦① 參見錢永祥：〈殷海光先生的民主觀與民主的兩個概念〉，《自由民主的思想與文化》，頁107–24。

⑦② 殷海光：《中國文化的展望》(下)，頁589。

⑦③ 殷海光：同上書，頁591。

⑦④ 殷海光：《中國文化的展望》(上)，頁320–21。

⑦⑤ 或許真與中國自由主義思想的薄弱有關，身為中國自由主義臺灣形態的代言人的殷海光，在處理其前輩的思想時，簡直像不知如何下筆。他確立抨孔、提倡科學、追求民主、好尚自由、傾向進步、用白話文等六種性質構成一組，認為凡某一階段的思想合於這一組性質中的四種時，就可放進「自由主義」欄裏。又以嚴復、譚嗣同、梁啟超、吳虞、胡適、吳稚暉六人為代表逐一論列。無論從標準的劃分與人物的選定，似乎都很勉強。韋政通當時曾向殷海光指出該章的處理方式不當，採取的是歷史的方法，而沒有依照本書觀念類型分析法的體例，

殷海光也表示接受。參見韋政通:〈我所知道的殷海光先生〉,《殷海光
紀念集》,頁67。

㊐ 張灝:〈一條沒有走完的路〉,《殷海光紀念集》,頁167-68。

㊐ 殷海光:〈論民主與科學〉,《殷海光全集》13,頁293-319。

㊐ 殷海光:〈政治科學底指歸〉,《殷海光全集》14,頁553。

㊐ 殷海光:〈怎樣判別是非〉,《殷海光全集》14,頁792-93。

㊐ 殷海光:〈自由主義底蘊涵〉,《殷海光全集》11,頁195-96。

㊐ 參見林毓生:〈殷海光先生闡釋民主的歷史意義與中國民主理論發展的
前景〉;翁松燃:〈殷海光先生的民主觀〉,收入《自由民主的思想與
文化》,頁214-24、228-53。

㊐ 胡適:〈人權與約法〉,《新月》第2卷第2期(1929年10月)。

㊐ 胡適:〈我們什麼時候才可有憲法 —— 對於「建國大綱」的疑問〉,《新
月》第2卷第4期(上海:1929年10月)。 關於這場論戰的詳細論述,
參閱姜義華:〈論胡適與人權問題的論戰〉, 劉青峰編:《胡適與現代
中國文化轉型》,頁73-98。

㊐ 殷海光:〈自由的真義〉,《殷海光全集》11,頁384-85。

㊐ 殷海光:同㊐,頁385。

㊐ 殷海光:「譯者的話」,《殷海光全集》6,頁87-89。

㊐ 殷海光譯注:《到奴役之路》,《殷海光全集》6,頁94、100。

㊐ 同上書,頁94。

㊐ 殷海光在文中特別翻譯了海耶克有關法治的論斷,茲錄如下:「……法
治 (the rule of law),自然是預先假定政司行事必須完全合法。但是,
僅止如此是不夠的;如果一條法律給政司以無限的權力,使他得以高
興做什麼就做什麼,那麼它的一切措施都可以說是合法的。但是,這
顯然確實不是在行法治。所以,法治不止於憲政主義;所謂法治,必
須所有的法律是依從某些原理原則。……所以,法治並非依法而行統
治。而是關於法律應須是什麼的規律。這是一個後設的立法原則 (a
meta-legal doctrine), 或者是一政治理構。只有立法者感覺到受這種
後設的立法原則或這一政治理構的約束時,法治才會發生效力。在一
個民主制度裏,這個意思就是說,除非法治成為社群道德傳統的一部

分，除非被大多數人承認而且無條件地接受，否則法治即不能暢行。
……如果法治行起來便顯得不合實際，或者是一不受人歡迎的理想，
並且一般人不為其實現而奮鬥，那麼法治即會很快的消失。像這樣的
社會便會很快的陷於專斷的暴政之中。……」參見殷海光：〈自由的倫
理基礎〉，《殷海光全集》15，頁1169。

⑨ 殷海光：〈自由的倫理基礎〉，《殷海光全集》15，頁1168–1170。

⑨ 「法律不會說話！」是殷海光在「雷震案」後所寫一篇文章的標題。文
中對法律的公正頗為懷疑，認為法律本身無所謂公正與不公正，只有
公正的人才會把法律用得公正；相反對「法律的外衣」作用倒是盡情
揭露，指責那些「站在法律後面的人」，其殘害異己的動機與行為往往
是隱蔽在「法律的外衣」下。參見殷海光：〈法律不會說話〉，《殷海光
全集》12，頁989–93。

⑨ 殷海光：同⑨，頁990。

⑨ 殷海光：《中國文化的展望》（下），頁748。

⑨ 韋政通：〈「自由」和「存在」的對決〉，《自由民主的思想與文化》，頁
2。

⑨ 殷海光：《中國文化的展望》（下），頁717。

⑨ 殷海光：同上書，頁749。

⑨ 殷海光：〈爭思想自由的歷史巨流〉，《殷海光全集》13，頁73–92。

⑨ 殷海光：〈自由人底反省與再建〉，《殷海光全集》13，頁181。

⑨ 殷海光：同⑨，頁167。

⑩ 殷海光：《中國文化的展望》（上），頁321。

⑩ 殷海光：〈致胡越〉（1967年1月3日），《殷海光書信集》，頁26–31。

⑩ 林毓生：〈殷海光先生對我的影響〉（代序二），《殷海光‧林毓生書信
錄》（上海：遠東，1994），頁11–12。

⑩ 韋政通：〈「自由」和「存在」的對決〉，《自由民主的思想與文化》，頁
7。

⑩ 殷海光：〈致何友暉〉（1969年1月1日），《殷海光書信集》，頁118。

⑩ 張春樹：〈悼念兩位亡友〉，《傳記文學》16卷2期（1970年2月）。

⑩ 林悅恆：〈我對殷先生的印象〉，《殷海光紀念集》，頁127。

⑩ 參見殷海光著，盧蒼譯：〈剖析國民黨〉（The Anatomy of an Append-
age），《殷海光全集》12，頁1117–1156。

⑩ 殷海光：〈自由的倫理基礎〉，《殷海光全集》15，頁1189–1192。

⑩ 韋政通：〈「自由」與「存在」的對決〉，《自由民主的思想與文化》，頁
14–15。

第四章　文化傳統的疏瀹與重構

　　自由主義作為一種對現代中國思想、文化、政治有多方影響的
自覺理論，被指摘為「非中國化」，恐怕是理論上遭遇的最大困境。
其中的緣由便在於中國自由主義的發展，從一開始，它的精神的源
泉就來自於西方。不僅自由主義者所揭櫫的價值體系大多源自西方，
而且在更多地表現出對西方文化的親和性的同時，還相應地主張對
於本民族的文化進行深刻的反思。特別是在五四時期，一方面是自
由思想與思想自由所肯定的諸價值盛行於國中，另一方面「重估一
切價值」的籲喊也匯為時代的主潮。值是之故，談及中國的自由主
義思想，不可避免地會涉及其與傳統文化的關係。如論者所指出的，
自由主義的思想與激烈的反傳統思想密切地聯繫在一起，深受「藉
思想文化以解決問題的途徑」的思想模式影響的知識分子把傳統的
政治、社會、文化道德秩序當作一個整體來接受，也當作一個整體
來拒斥。這樣，對中國傳統文化遺產全盤否定態度的出現與持續，
也構成二十世紀中國思想史最顯著的特徵之一 ❶。

　　殷海光作為中國自由主義傳統不可或缺的人物，反思傳統文
化，實際也構成他生命歷程中重要的一頁。而且，在殷海光的生前
故後，他與傳統的關係也始終是人們關注的焦點，並產生種種歧見。
問題的複雜性在於，自詡「五四後期人物」的殷海光，雖說是藉著

重整五四精神來表達對傳統的識見，在這個意義上，或許殷海光所面對的是與五四一代相似的問題結構，但就思想的歷史傳承來說，已與上一代的自由主義者有了階段性的差異，而且，他自身的思想不僅經歷著種種變化，且沒有能夠有機會發展出比較成熟的思想。因此，討論殷海光與中國文化傳統的關係，這些因素是不可忽視的。

一、立足於「傳統之外」的發言位置

就文化傳統的反思與重構來說，作為反思主體的受業背景以及由此確立的發言位置，或許是必須首先予以把握的。殷海光誕生於五四運動發生那一年，自比為「五四的兒子」。就五四在現代中國知識分子心靈中所具有的「魯殿靈光」的象徵意義，以及殷海光後來所表現出的對五四精神的追隨，我們當然有理由相信，他的一生是和五四緊密聯繫在一起的。但在什麼意義上體現出這種聯繫性，卻是必須進一步追問的。從代際意義來說，殷海光與五四一代已相隔整整一代，那麼這一代之差可能會引發出怎樣的一些差別，就不能輕易忽略。

我們先來看看五四知識分子作為一個群體在文化傳承上的一些特性。蘇雲峰先生曾對民國初年的知識分子作過代際考察，他把民初知識分子按出生年代（1860～1900）分為五組。從中我們可以發現，就五四一代知識分子來說，他們大致出生於1880～1890年代，而在1905年廢除科舉時約在6～25歲之間；1919年時則約在20～39歲之間❷。相應的，李歐梵先生則為五四一代做過一個形象的集體素描：

他（或她）生於上世紀末或本世紀初的南方某省（譬如浙江、湖南），幼年受過私塾教育，一知半解地唸過四書五經。少年時候，新式學堂在省城成立了，於是他（她）奮而離鄉背井，甚至不顧父母之命所訂下的舊式未婚妻（夫），到省城去受新式教育。在這些新式中學裏，他（她）開始唸英文、學幾何、算術、礦冶，但課餘卻看嚴譯的《天演論》，林譯《茶花女》和梁啟超的《新民叢報》。未幾國民革命，他（她）也在私生活上「革命」起來，剪了辮子鬧學潮，寫情書，她的第一個戀愛對象往往是中學時代新派的國文教師。《新青年》發行後，當然大家人手一冊，「五四運動」一起，全國響應。❸

這些材料都顯示，從代際的眼光看，五四一代大約是十九世紀末二十世紀初誕生並接受教育的一代，僅此而言他們在文化歸屬感上就顯然有獨特之處。我們知道，在1905年廢除科舉取士制度之前，中國社會一個有前途的少年，其命運是與接受儒家經書的程度密切相關的。在此之後甚至稍前的一段時間，開始了新式學堂取代舊式私塾和書院的過程，但作為教育延續性的必然結果，相當一段時間，不僅新式學堂不能完全替代舊式私塾，而且即便新式學堂提供的仍是新舊參半的知識。這也意味著，世紀之交出生的一代，其初年的文化養成，與中國的文化傳統有著密切的聯繫，可稱為跨文化的一代。對五四一代知識精英的研究就顯示了，這批人差不多都是在接受了數年、十數年傳統教育之後才進入新式學堂或負笈海外接受新知的❹。

那麼，五四一代這種新舊參半的社會知識結構導致什麼結果呢？如論者指出的，新文化運動的興起，恰恰是1905年廢除科舉後

尚處於青少年時期的一代知識分子成長為社會中最活躍的一代人所帶來的結果。這一代人的受教育環境和社會環境，使他們不可能再進入傳統士大夫的社會角色，他們也突破了傳統的倫理中心主義的價值取向，而代之以知識優先的價值取向❺。而新文化運動在這樣的背景展開，五四一代知識精英與傳統的關係也有發人深省的地方。首先這一代所確立的發言模態，建基於他們既對傳統文化在精神上有深刻的把握；另外他們又絕非對西方文化的隔岸觀花、一知半解者。唯其如此，在他們那一代才可能實現借助於新的社會知識樣式，對傳統文化進行深刻的反省。魯迅說過這樣的話：「菲薄古書者，唯讀過古書者最有力，這是的確的。因為他洞知弊病，能『以子之矛攻子之盾』，正如要說明吸鴉片的弊害，大概唯吸過鴉片者最為深知，最為痛切一般。」❻魯迅抨擊舊傳統，揭露綱常明教以禮殺人那些雜文，篇篇痛快淋漓，入木三分。這番話道出了其中的緣由。那就是因為曾長期浸潤於傳統的思想文化裏，對傳統文化有深刻的洞悉；反之如若對傳統的思想學說沒有深切的瞭解，所謂反傳統也是無從下手的。魯迅對此也有深刻的認識，實際上揭示出他們那一代啟蒙思想家作為「中間物」的特質所在。那是某一期刊以魯迅為例說明要做好白話須讀好古書，而魯迅就表示：

> ⋯⋯曾經看過許多舊書，是的確的，為了教書，至今也還在看。因此耳濡目染，影響到所做的白話上，常不免流露出它的字句、體格來。但自己卻正苦於背上了這些古老的鬼魂，擺脫不開，時常感到一種使人氣悶的沈重。就是思想上，也何嘗不中些莊周韓非的毒，時而很隨便，時而很峻急。孔孟的書我讀得最早、最熟，然而倒似乎和我不相干。大半也因

為懶惰罷，往往自己寬解，以為一切事物，在轉變中，是總有多少中間物的。……當開首改革文章的時候，有幾個不三不四的作者，是當然的，只能這樣，也需要這樣。他的任務，是在有些警覺之後，喊出一種新聲；又因為從舊壘中來，情形看得較為分明，反戈一擊，易制強敵的死命。❼

　　魯迅所道出的，無疑顯示了先前時代遺留下來的全部條件是多麼有力地規定了五四一代思想活動所能達到的限度；整個民族演進發展的精神殘存物，世世代代反覆經驗的結果的殘存物，又是多麼深刻地烙在他們的意識深層。亦即是五四一代初年的文化養成都具有深厚的中國文化背景。

　　如果換個角度來看，五四一代這種與文化傳統千絲萬縷的聯繫性，實際也意味著他們反思文化傳統的發言模態與問題結構的特質所在，那就是在他們所鼓吹的新文化運動中，傳統思想學術是實實在在的認知對象。所表現出來的，要麼是藉傳統本身反傳統，要麼則是在傳統文化資源中尋找與現代文化相溝通的契機。關於這一點，余英時先生有篇短文講得很透徹。他談到了當時在思想界有影響的人物在反傳統、反禮教之際，首先便有意或無意地回到他們所熟悉的傳統中非正統或反正統的源頭上去尋找依據；至於外來新思想，由於接觸不久，瞭解不深，也只有附會於傳統中的某些已有的觀念上，才能具有真實的意義。如言平等附會於墨子兼愛，言自由附會於莊生逍遙，言民約附會於黃宗羲的《明夷待訪錄》❽。確實，這一特徵在五四思想家身上表現得非常突出。拿胡適來說，他的思想架構就顯示出所憑藉於傳統者是多麼深厚：他的非儒反孔的主張，是緣於恢復中國古代其他哲學學派的構想，確信在這些學派中可望

找到移植西方哲學和科學的合適土壤；他對白話文運動最重要的貢
獻，是從古代歷史源流中勾沈出綿延數千年的白話文傳統。即便是
「重估一切價值」的啟蒙宣傳，若細加分析仍會發現難以擺脫傳統
的因素：他的「非孝」說大體是依據王充、孔融以來所謂「父之於
子，當有何親」那一派議論❾；喪禮改革的主張取自《易傳》所說
太古時代「喪期無數」的古禮❿；他闡述的「我的宗教」也只是把
《左傳》所謂「立德、立言、立功」的「三不朽論」的範圍更推廣
了⓫。魯迅亦然，劉半農曾贈魯迅一副聯語「托尼學說，魏晉文章」，
事實上，魯迅不但喜好魏晉文獻，而且深受魏晉思想的感染，不僅
在創作中運用傳統的文體技巧，在思想人格方面也與孔融、阮籍、
稽康有很明顯的認同傾向。

這裏只是就五四一代的文化養成以及他們那一代反思文化傳
統的一些特性作簡略的描述。但藉此我們可以獲得討論殷海光文化
觀的切入點。那便是作為五四子輩的殷海光，其思考文化傳統的發
言位置與問題意識，較之於前輩究竟有些什麼階段性差異。

關於殷海光出生的時代背景與文化養成，我們在本書第一章已
討論過，作為生平意義上的五四之子，殷海光誕生於以告別過去文
化為榮光的時代。由於1919年在中國文化史上象徵了一個轉型的時
代，因此殷海光無疑堪稱一代文化新人。撇開家庭的傳教士背景對
其文化養成的影響不說，實際上在他三十年代前後進入受業年齡時，
所學內容已完全是新式教育那一套，傳統知識結構差不多已完全被
西式知識傳統所取代。而且在那個革命聲浪高漲的年代，三民主義
的意識形態取代了儒家學說對青年人身心的塑造。殷海光個人早年
的經歷也顯示，在其問學的階段，沒有任何材料表明他對傳統思想
學說下過一番功夫，相反他的學術興趣一開始就偏重於西式邏輯學

一路，沈迷於思想技術與思想方法，對那些西式符號充滿興趣。

以此而言，通過與五四一代進行比較，我們可以發現殷海光在反思文化傳統的發言模態與問題意識上，要建構與五四一代相似的蘊涵，實際上並無可能。簡而言之，從某種意義上是跨文化的五四一代，由於其特殊的生活際遇，無論是批評傳統，還是借助於傳統，首先取決於傳統於他們來說是可以藉典籍文獻或親身的經歷予以實實在在把握的，再加之對西學的瞭解還停留於浮泛階段，因此他們表達對傳統文化的識見，無法完全游離於傳統之外，相反倒是更多地表現出立足於「傳統之內」反思傳統的特性。而對殷海光來說，生活本身已昭示了與文化傳統的疏離，傳統的思想學說更是他所不甚熟悉的，難以作為認知的對象。這裏我們無意要說明殷海光之輩與中國的文化傳統完全割裂──正如我們不能同意那種把五四歸於斬斷了中國文化命脈的見解；也毫不否認鄉村生活給他提供了思考文化傳統最直接的素材。只是希望藉此點出，對殷海光這一代來說，五四以來中國思想文化的發展所形成的傳統，對他們更具實質性的影響，作為一代文化新人，如果不著意於加強傳統思想學術方面的訓練，則或許只能游離於「傳統之外」建構反思傳統文化的新的發言模態與問題意識。在殷海光身上正是體現了作為文化新人的一些特性。所以，討論殷海光對中國傳統文化的意見，首要的問題在於弄清楚他建構了怎樣的發言位置與模態。

殷海光反思傳統的材料在其早年的生活中幾乎厥如，大約在他1954年的美國之行時，因面對不同的文化，殷海光才零星地表達了對中國傳統感想式的意見。傅樂成的回憶證實，在美國時殷海光對中國的思想文化發生興趣，見解甚高，而缺乏史實的依據❶。如果姑且以此作為殷海光思考文化傳統的開端，那麼實際已預示了，由

於本身可借助的傳統資源極為有限，殷海光倘若對傳統文化發表自己的意見，必須經由建立新的發言模態才能實現。

1955年發表的〈傳統的價值〉一文，是殷海光討論傳統文化較為正式的文字，從中也顯示出殷海光試圖在反省以往對於傳統的態度的基礎上，確立思考傳統新的發言模態。他將現代中國思想史上對待傳統的態度區分為三種：「傳統至上說」、「傳統吃人說」、「傳統可塑說」。認為主張「傳統至上說」者大都是傳統主義者，具有擬聖的、通天的、權威的、一元的、絕對的、排他的、反懷疑的、名分的特性；主張「傳統吃人說」者不只是非傳統主義的，而且是反傳統主義的。可分為兩個階段：初期多集中於「反舊禮教」、「反舊社會」、「反舊制度」，其社會意義大，政治意義小。後期反傳統思想逐漸由社會性的轉變為政治性的，那就是馬、列信徒表現出的激烈的反傳統思想運動；至於「傳統可塑說」，殷海光稱為經驗論的態度。本於這種態度，傳統只是社群生活經驗的積累，因之它成為維繫社群生活穩定的一項重要的力量，在這個意義上，傳統不僅無害，而且是我們所需要的東西。此外，衡斷傳統價值的另一個標準，是看它能否對於新的刺激作適當的反應，傳統是否需要修正、保存或更改，全視是否適合人生而定❸。

這裏殷海光還只是泛泛地表達出對經驗論立場的認同，但已顯示出他希望建立一個新的視角來反觀中國文化。由於殷海光的思想訓練主要源自以經驗主義和邏輯分析為主的文化系統，強調「無顏色的思想」與「認知的獨立」是其學說工作的主要方向，相應的在確立「經驗」與「邏輯」為基本的認知設準的同時，傳統文化也成為他運思的基本材料，從而建構起思考傳統文化的發言模態。值得注意的是，從一開始，由於缺乏基本的傳統文化素材，殷海光的運

思大致是用一些極為抽象的名詞來為傳統命名。而這些命名，給人的印象，似乎又是從中國落後的現實狀況，以及基本的價值設定推導出來的。

在前面已重點討論過的〈從有顏色的思想到無顏色的思想〉這篇文字中，殷海光先是道出，從科學發展的跡象可以看出一個線索：人類知識的演進是從顏色較濃的狀態逐漸向顏色較淡的狀態發展。然後進一步陳述所謂有顏色的思想是以祖宗遺訓、傳統、宗教、意識形態為基準，並且支撐有顏色的思想方式是訴諸感情、成見、權威、暴力的。這裏，殷海光極為明顯的是以知識的進化原則，把傳統與現代二分，傳統作為過去時代的遺產所具有的落後於現實的特性，便也昭示無遺。殷海光這樣寫道：

> 從一部人類文明底演進史來看，人類逐漸擺脫祖訓、權威、和各種各色神話之干擾，而讓純認知作用從心理迷霧中透露和洗煉出來，從有顏色的思想逼近無顏色的思想，因而建構了科學知識，這是經歷了無數的辛勤和努力才獲致的成就。如果我們要說「文明」的話，這才是一點真正文明的結晶。其他困守祖訓、權威、和各種各色神話的說詞與行動，都是半野蠻半落後的徵象，以及無望的掙扎。❶

這種思考模式，在其他文字中表現得也非常充分。在思考如何使科學的提倡富有成效時，殷海光就相似地指出，必須首先將泛禮儀主義、泛價值主義、泛政治主義、泛祖宗主義這四種意識形態摒除於科學的範圍以外，這樣才可能使科學的基本能在中國生根並且繁榮滋長❶。在〈論沒有顏色的思想〉一文中，殷海光同樣指陳宗教教

條，傳統的說法，祖宗的遺訓，這種那種主義，都是想像、決意、情緒、意欲、特定的人身等等因素揉合起來的產品，充滿了特殊的色調，沒有普遍的效準，倘若中國人不能從這條死巷子裏退出來，中國人的光明前途也無從尋找到起點❶。

　　1966年發表的〈論認知的獨立〉是殷海光論學的重要文字，如何建構一套標準來思考傳統文化，此文論列甚詳。文中他首先指出每一種文化有四種可識別卻又交織著的特徵：規範特徵、美藝特徵、器用特徵、認知特徵。進一步他道明這四種特徵互相聯繫，但不一定是四種特徵平均發展。顯然，他所關注的是如何使認知特徵能夠獲得獨立而充分的發展，同時將其他的規範特徵、美藝特徵、器用特徵，都視作會使認知的結果遭歪曲甚至壓制的特徵。這同樣沒有逸出傳統與現代二分的理路，而且經歷這樣的理論建構後，簡化了思考文化的理論模式，如何思考一種文化似乎只需以此作為對照即可。實際上，殷海光正是這樣思考傳統中國文化的，認為中國文化主導的理念是道德倫理價值，任何認知只要是通不過道德價值的認可便無從伸張；而任何認知一旦經過道德倫理價值的認可就失去它的獨立性，變成倫理道德的工具。這種情形也造成中國文化缺乏「為知識而知識」的傳統，缺乏純粹的邏輯思想以及獨立的經驗思考。那麼要補救中國文化的缺陷，提升認知活動便成為不二法門。殷海光強調說，要逼近純認知，必須做兩層功夫：第一，從事純致知活動時，首先要抖落稟自文化且已內化為「精神生活」一部分的那些價值觀念、方範思想和情感反應；第二，學習邏輯的思想方式，並且吸收科學知識的內容。中國文化如果真要在科學上有所成就，必須在基本上從吸收和訓練數學、邏輯和科學的哲學入手❶。

　　就此而言，殷海光思考中國傳統文化的發言模態，已有了相當

明確的表述，那就是明顯地表現出他對歷史本身毫無興趣，歷史與
現實在他那裏是可以二分的，這樣，他也可以充滿樂觀地建構一套
新的標準，作為評價歷史文化的絕對的、唯一有效的和可行的規範。
這套新的標準，無疑就是以其在相當一段時間奉為圭臬的邏輯經驗
論為基礎，具體言之，即是要建構服從於理性與科學的新的權威。
而以此省視傳統的思想學說，就可以從歷史與心理的距離感上立足
於「傳統之外」建立一個新的視角。這一點，殷海光在其研究中國
文化的代表作《中國文化的展望》一書的「序言」中，有相當完整
的表達。首先，他表示之所以注意並且思想以及研究中國近百餘年
來的社會文化對西方文化衝擊的反應，是由於兩方面的原因：第一，
親身經歷著中國社會文化的劇變及其刺激，個人的歷史和所接觸的
師友，加上好思想的習慣，無法不關心這樣一系列的空前的基本變
動；第二，近若干年來關於中國文化問題的著作與或論爭，只有極
少數的言論是出於理知的，絕大多數的言論在基調上和中等學校的
教材實在沒有不同之處，雖然學問上的鋪陳好像高深一點，但都是
在感情的浮島上面；都是一時一地的心理迷霧。接著，殷海光又將
其運思與為學的準則，分列如下：

第一，現代邏輯的工作者所說的邏輯。

第二，自休謨（D. Hume）以降的經驗論者所說的經驗以及
美國實用主義者所說的實用之結合。

第三，必要時，價值觀念，尤其是道德價值觀念。

但是，價值泛濫會使人頭腦不清，並且可能形成人間的災害。
所以，我們在作價值判斷時必須謹嚴的約束自己。❸

那麼，殷海光所確立的這套可以立足於「傳統之外」名之的發言模態與問題意識，與五四相比，有什麼區別呢？

將五四新文化運動稱作中國的文藝復興運動和思想啟蒙運動，不獨源自新文化運動代表人物的良好願望，也來自其反對者的詰難。正如論者所道出的，五四思想中一個很重要的成分是以啟蒙運動為源頭的理性主義，但比較起來，五四對科學理性的信心猶超過啟蒙運動，因為西方啟蒙運動思想裏面尚有對科學理性主義一些批判性的認識，康德和休謨所代表的理性主義都承認科學理性無從替人類的價值建立一個理性的標準。但五四則缺乏這份批判的認識，對於人類的前途抱持高度的樂觀，認為隨著理性的進展，人類可以建立一個完美的社會❶。顯然，在基本的精神上，殷海光與五四時期人物並沒有多大的差別。1955 年 5 月發表於《自由中國》第二十卷第九期的〈展開啟蒙運動〉一文中，殷海光就明確表示五四新文化運動的進行程序是啟蒙，即經由顧舊引新的工作使中國從自己的中古階段蛻變出來，步入近代和現代。這一歷程和歐洲的啟蒙運動有相似之處。在認同人類一天天朝著「普遍歷史」（universal history）之途邁進的基礎上，他還充滿樂觀地表示，中國的問題，既非靠復古神話所能解決，更非暴力與革命這類方式所能解決，唯有藉著啟蒙運動為中國開啟一條有希望的道路❷。

然而，就具體的發言模態來說，經由上面的討論，我們大抵可以說，傳統與現代在殷海光那裏都具有了不同的意義，亦即是對科學理性的信心和對傳統文化本身的理解都有了不同的內容，這樣，當殷海光在五六十年代的臺灣社會借助重整五四精神思考傳統的思想學說，由於發言模態已變，因而也具有異於五四的特色。

二、重整五四精神的切入點

像歷史上許多有影響的事件一樣，「五四」給後人的昭示也可謂人言人殊。但正如舒衡哲的研究顯示的，中國知識分子的五四記憶總是與他們自身的命運錯綜複雜地聯繫著，不斷提升的五四記憶，也與現代中國歷史上的思想啟蒙運動有著千絲萬縷的聯繫。儘管官方紀念五四的方式常常是各取所需式的，但五四的「啟示」還是不斷呈現新面貌、增添新內容，激勵新一代知識分子❹。在五、六十年代的臺灣社會，以殷海光為代表的年輕一代痛惜於現實對五四的漸漸忘卻，也藉著重整五四精神表達了他們的希望與沮喪。

早在四十年代末期，殷海光在一篇短文中，對五四所具有的象徵意義就有所揭示。當然只是一般性地論述五四運動是中國歷史進步的里程碑，象徵著由舊的中國蛻變到新的中國。「這個運動底影響於現代中國，是非常深遠的。它揚棄了舊的中國，而為新中國之政治的和文化的建設指示出一個美麗的遠景。幾十年來，中國人民，尤其是愛國的自由主義者，無不是照著五四運動所規劃的道路而努力前進的。」❷但就是這樣的泛泛之論，五四記憶所顯示於殷海光的，已有充分的表述。在以後的歲月中，殷海光並沒有表現出借助五四象徵意義的用心，直到1957年時，或許是因為《自由中國》所發揮的社會批判已深入展開，迫切需要精神上的導師指引，他才顯示出利用五四權威的傾向。

首先是在為胡適六十五歲生日祝壽的文字中，殷海光肯定了胡適主漸進、重具體、反教條，以及個人本位的、存疑的、重實證的、啟蒙的自由主義思想，在中國啟蒙運動中有創導作用。而且還表示，

過去幾十年的經驗顯示了，凡是中國人容納、吸收「胡適思想」比較多的時候，也是中國比較和平、安定、進步，趨向開明之時；而凡是「胡適思想」橫遭排斥與嫉視的時候，則便是中國國運乖違，禍亂如麻，趨向痼弊之時。因此，必須「胡適思想」在中國普及，中國人才有辦法，才能坦坦易易地活下去，中國才有起死回生的可能。其他的思想路數，不是感情的發洩，就是歷史的浪費。值得注意的是，這裏殷海光是把「胡適思想」作為「五四」的象徵來看的，「胡適思想」與「五四」可以相提並論。所以在文中，他就道出將中國目前的禍亂歸咎於「胡適思想」與「五四運動」是最經不起反駁的，簡直是「倒果為因」的不明事理之談❷。

　　緊接著，在《自由中國》第十六卷第九期的社論中，殷海光以〈重整五四精神〉為題，明確表達了繼承五四精神的決心。正如他在文章的開篇所說的，「五月四日這樣重要的節日，幾乎被人忘記了！」促使殷海光寫這篇文字的原因，是他心目中中國現代最有意義和最有價值的日子，以及這個日子所表徵的由當時覺醒的知識分子開創的啟蒙運動，在以往的七、八年間，竟成了不祥的記號，大多數青年不知有此節日；而瞭解五四的少數人也把這一天藏在心裏，漸漸忘卻。殷海光認為，出現這樣的局勢是「開倒車的復古主義與現實權力二者互相導演之結果」。運用邏輯與經驗的思想方式，以及大量的心理學詞彙，殷海光也表達了繼續五四未竟事業的決心。他寫道：

　　　凡稍有知識的人士都看得明明白白，時至今日而講復古，無論講得怎樣玄天玄地，根本是死路一條，不會有前途的。……拿過去的光榮，怎樣能彌補現在的空虛？如果提倡開倒車的

復古也算是愛國，那麼提倡科學與民主以促進國家之新生與進步，為什麼反而不算愛國呢？……「歷史文化」並不是別的，只是先民生活努力成績之總稱。如果所謂「歷史文化」是先民生活努力成績之總稱，而不是在神龕上的靈牌，那麼，當過去的成績不甚適合現代人的生活而予以批評或修正時，為什麼就算是大大不敬呢？

五四的反思傳統文化，提倡科學民主，成為殷海光希望的曙光，所以社論結尾樂觀地表示，冬天來臨，春天還會遠嗎？倘若每個明智的知識分子都毅然前驅，重整五四精神，五四所孕育出來的種子，必將成為中國人自己開拓國運之實質的中堅❷。

自此以後一直到《自由中國》雜誌遭查禁的1960年，殷海光每年都寫文章紀念五四，作為《自由中國》雜誌的社論發表。在這些文字中，除了肯定科學民主的積極價值，發揮對現實當局尖銳的批評，為五四的反傳統進行辯護，也構成殷海光重整五四精神的主要內涵。1958年的〈跟著五四的腳步前進〉，殷海光將那些好談「歷史文化」的人士把文化談成一種神聖不可侵犯的東西，視作是將父親的意像嵌入文化中去——「父親意像之文化」（culturization of fatherimage）。提出要談文化，必須以科學為基礎，搬弄玄學名詞、價值判斷、情緒片語，是談不出一個結果的。所謂文化，只是人與人之間的「調合模式」，隨時可視需要而充實、增進、修正或放棄，以至於再造。當過去的文化傳統不復發生有助於人際的調合作用時，就應該迅速適應這一情況，吸收新的知識和技術，建制倫範，鑄造新的調合模式，過起新的生活，所以，「五四運動之對於舊有政教制度提出批評，這不僅說不上大逆不道與否，而且是促進社會新生

之所需。」❷1959年的〈展開啟蒙運動〉，如前所說的，是將五四的
方向與西方啟蒙運動類比。殷海光確立這樣的評判標準：一切文物、
制度、學說、教言、習俗、律則，都是為了人而存在的，「實現大
家喜欲的生活」是衡量一切道德、倫範、政體、傳統的標準。合於
這一要求，保持與維護之，反之則代之以新的道德、倫範、政體，
並另造傳統。以此來衡量中國傳統的制度、政教、道德、倫範、文
化，他認為必須承認這些東西大多已不能使大家得到一個「可喜欲
的生活」，有甚多需再造之處。五四以此為中國的病根，代表著中
國知識分子空前的大醒覺❷。1960年的〈「五四」是我們的燈塔!〉，
也是從「現代」的眼光，強調古代不同於現代，因而文化傳統也需
作相應的調整。其中寫道：

> 許多人士以為科學知識和科學技術是愈新愈好，而道德倫範
> 是古的好。這類人士極力鼓吹恢復舊有道德倫範，這是很令
> 人費解的事。……古時道德倫範有那些可以行得通的？古時
> 的道德倫範，係以古代社會為背景，針對古人的行為而制作
> 的。現在，我們所處的社會與古代大不相同，今人的行為模
> 式也與古人大不相同。怎樣令現在的人超越自己所在的現實
> 環境去迎合古制？又有誰能夠證明天下有永恆不變而可適用
> 於萬世的道德倫範？古裝已經穿舊了，不適用了。時至今日，
> 我們所面臨的問題，不是利用權威扯著人走回頭路，而是怎
> 樣創建適合新社會的新道德倫範。❷

前已提及，在殷海光心目中，「胡適思想」與「五四」是可以
相提並論的。在這些圍繞著重整五四精神所寫的一系列文字中，除

了借助於五四的權威，相應的也對胡適寄予厚望。所集中表達的是，
近年來若干人士播弄烏煙瘴氣，較之葉德輝、徐桐、倭仁所為者毫
無遜色，而四十年來，胡適是倡導科學與民主的導師，他這幾十年
間的行誼和生涯，可以說是一部倡導科學與民主的記錄。因此在較
之四十年前更為迫切地需要科學與民主的今天，我們仍需胡適的領
導，「胡適先生應恢復當年發動五四的精神，促使大家一齊覺醒，
照著他自己開闢的道路，跟著五四的腳步前進」❷。

　　除此而外，殷海光還在幾篇直接討論胡適思想的文字中，充分
肯定胡適在中國啟蒙運動中的創導作用。1958年胡適回臺就任中央
研究院院長前夕，臺灣出現了匿名的小冊子《胡適與國運》，一時
激起軒然大波。殷海光看後，很氣憤地寫下〈請勿濫用「學術研究」
之名〉，明確指出這種小冊子給人的印象只是：人身攻擊，毫無思
路，缺乏常識，漢文欠通，不訴諸論證而訴諸情緒，有主張而無解
析，專門向真正學人不屑一顧的現實政治權利等問題上瞎扯。令殷
海光深為不安的是，這些年來，無論什麼人，不管是否讀過書，是
否有現代知識，是否受過最低限度的思想方法訓練，只要提得起一
支筆擺出一副衛道的架式，塗鴉詆毀胡適思想，就不愁沒有市場；
藉反五四思想，播弄文化口號，也不知成就了多少思想大師。所以
他感慨地說：「將近十年來，臺灣究竟是否有思想界，乃一件很難
界說的事。假定有的話，近若干年真是污塗胡適思想底得意之
秋。」❷後來，殷海光顯然是富有意味的同樣以「胡適與國運」為題，
表達他對胡適思想的識見。文中殷海光就明確道出，他談胡適只是
把他作為一個象徵，只注意他所象徵的中國啟蒙運動發展的主要趨
向，以及他這個象徵在此主要趨向中所發生的作用。他在論證中大
抵是通過比較現代中國最具影響力的三派思想（保守派、社會主義

派、自由思想派）， 以及中國近五十年來思想上最具影響力的兩對人物（康有為、梁啟超與陳獨秀、胡適），來彰顯胡適思想的意義。在他看來，胡適對於中國近四十年來啟蒙運動的貢獻有三：提倡白話文；掃蕩舊思想和舊制度；介紹新思想。反對胡適思想的，其思想型模則基本上都是：絕對主義的，權威主義的，群體至上、組織第一的，歷史中心主義的，只問目標、不擇手段的。對於未來的展望，殷海光的答案是：從目前的死胡同裏退出來，擺脫傳統的糾結，用民主與科學進行再啟蒙[30]。

　　無論是重整五四精神的籲喊，還是對胡適思想進行推衍性的發揮，經由揭示殷海光思想在1957～1960年間表現的一個側面，我們大抵也能瞭解與這一舉動相關的問題意識與結構。從殷海光闡述的重整五四精神的理由來說，是因為面對越來越保守的當局，思想文化界不斷泛起的「復古」潮流以及由此加諸於五四的種種誣妄，而五四本身則漸漸被年輕一代所忘卻，使他感受到所生活的社會較之四十年前，更需要五四精神的洗禮。他也希望通過對五四記憶的恢復，使五四精神能夠代代相傳，不斷發揮積極的批判精神。從這個意義上說，殷海光的努力並非沒有結出豐碩的果實。除了為《自由中國》社會批判功能的發揮確立了歷史的傳承，有了精神上的導師，還使五四精神通過他的努力能夠傳遞到關心中國文化與前途的年輕一代。他的學生林毓生與張灝在回憶中就談到，在五四的傳承處處遭到扼殺的五十年代，只有在殷海光的周遭尚保存了一些對五四的記憶，幾乎是溝通五四和年輕一代唯一的精神橋樑，對年輕一輩起著啟蒙的作用[31]。

　　當然，由於殷海光這一時期討論五四的文字大多通過社論的形式發表，泛泛之論是不可免的。但五四作為希望之所在，倒是充分

地表達出來。其中突出的便是反傳統的思想進路。

殷海光在晚年對此曾有過反思，承認他和胡適以前都是「拿近代西方的自由思想去衡量古代的中國而後施以評擊」，又拿「歷史的社會與近代西方的社會比較」❷。確實，如同殷海光在其他的場合運用其知識訓練樹立科學、民主的道德權威，他試圖重整五四精神，也在於希望藉此發揮民主、科學的積極意義。所以為什麼要反傳統，也是通過相應的比較來闡述的。在〈重整五四精神〉文中就寫道，五四運動的目標是在政治上實行民主，在學術上研究科學，實行民主並研究科學，就可以洗刷不適於中國人生存的保守文化，使中國由一個腐老的國家蛻變到足以列入新國家之林❸。在〈展開啟蒙運動〉文中，則更明確地表達了這個意思，他說到五四新文化運動還不只反傳統的消極一面，它的積極一面是尋求並提出了老大古國起死回生的靈藥「科學與民主」。於是「反科學反民主，就事事落後，就出現一黨專政，就赤禍橫流，就民不聊生，中國永無新生的希望。習科學行民主就進步，就可富強康樂」❹。不用說，這種論證方式與五四時期所闡述的反傳統的理由是如出一轍的，它大致是建構於中國傳統文化與所要服膺的價值「極端相反」的認識上。如同陳獨秀所說的，「要擁護那德先生，便不得不反對孔教、禮法、貞節、舊倫理、舊政治。要擁護那賽先生，便不得不反對舊藝術、舊宗教。要擁護德先生又要擁護賽先生，便不得不反對國粹和舊文學。」❺

殷海光所表達的反傳統的另一項理由，則是與前述的對「普遍歷史」的憧憬有關。對於歷史的進步毫不懷疑，甚至以此為最高的價值，這樣歷史與現代的二元化傾向，也構成了殷海光關於傳統必須被取代的問題意識。而他所展示的論證方式，也與五四時代是極

其相似的。我們知道，胡適在新文化運動中將「重新估定一切價值」作為一個普遍原則提出來，他所闡述的文化批判的理由，在〈新思潮的意義〉這篇帶有宣言性質的綱領性文獻中有充分地表達，那就是：

(1)對於習俗相傳下來的制度風俗，要問：「這種制度現在還有存在的價值嗎？」

(2)對於古代遺傳下來的聖賢教訓，要問：「這句話在今日還是不錯嗎？」

(3)對於社會上糊塗公認的行為與信仰，都要問：「大家公認的，就不會錯了嗎？人家這樣做，我也該這樣做嗎？難道沒有別樣做法比這個更好、更有理、更有益嗎？」

尼采說現今時代是一個「重新估定一切價值」（Transvaluation of all Values）的時代。「重新估定一切價值」八個字便是評判的態度的最好解釋。❸

而殷海光主張擺脫傳統的糾結，所闡述的基本理由也是認為社會變了，傳統文化不復能發生實際的規範作用。他也相應地提出了幾個問題：

(1)何以證明傳統教條或孔制是先天的？

(2)歐基理德幾何學之被看作「絕對的真理」，垂二千餘年，尚且能夠移換。何以證明孔制能垂諸萬世而皆準？

(3)何以見得倫教發展到孔氏就空前絕後的完備而不能更動？

(4)孔氏亦一人也。彼一人在那老遠老遠的古代簡單社會中所

制定的倫教何以能適用於今日在繁複社會中的千千萬萬
人？

⑸如果適於古代社會的倫教也適於現代社會，那麼何以現在
不復發生維繫的作用，而要以「哀懇」之態或出之以怒目
橫眉來推銷？ **❸**

　　不用說，這種相似的設問方式，所表達的識見也是類似的。而這類
問題的答案，在不同的兩代人那裏，也都闡述了不庸置疑之理由。
如同論者所道出的，通常，受批判的舊價值和被接受的新價值之間
不一定有邏輯關聯，但在新文化運動中，卻確立了「價值逆反」的
機制**❸**。殷海光所闡述的反傳統理由，也可如是觀之。問題的癥結
似乎只在於，既然民主科學是我們的時代的價值目標，而且這些價
值只存在於與中國文化資源根本相反的西方文化中，那麼為接引民
主科學，應該如何對待中國的文化資源，也變成簡單的問題；同樣
的，如果我們相信進步是歷史的趨勢，那麼習俗相傳下來的制度風
俗、聖賢教訓、行為與信仰，也自然應當讓位於現代的新思想、新
觀念，如此，才可能有真正的進步。

　　在這個意義上，我們大抵可以說，殷海光是用五四的方式重整
五四的精神，這主要表現在相似的問題意識上，並在基本精神上溝
通於啟蒙的情懷。只是由於生活的際遇已有階段性的差異，體現在
五四子輩的殷海光身上的，無論是思考傳統的發言位置與思想的進
路，都有所不同。最明顯的差異便在於：一方面殷海光對傳統的思
想學術並不熟悉，所以在他的文字中，傳統往往被描述為一些抽象
性的象徵符號，極少引述傳統思想學術的具體內容作為思考的對象，
同時常常是通過傳統與現代、落後與進步等鮮明的二分觀念，把中

國與西方進行尖銳的對比；另一方面，現代性（modernity）的內涵則異於往昔。即以科學、民主來說，這兩者在五四時期似乎更多是以口號的方式流行的，在屢跌屢起的思想起伏中，思想界所提供的信息是不容遲疑，無法對每個問題的繁複性作冷靜、深刻的思考。民主與科學所規劃的，也主要是希望幫助人們建立一種徹底改造社會的信念。而殷海光通過他的學術訓練，對於科學、民主等概念的性質、功用及目的，都以經驗與邏輯為依托作了較為純理的闡述，在理知層面辯護其正當性。這樣五四以來對中國文化傳統的思考，在新的一輪思想啟蒙的籲喊中，也有了階段性的進展。

三、尋求思考中國文化新的發言位置

殷海光1957年在一片沈寂中發出重整五四精神的呼喊時，他看到了希望的曙光：「冬天來臨，春天還會遠嗎？」然而，降臨的卻是春回大地前的嚴寒。1960年隨著雷震被捕下獄、《自由中國》雜誌遭查禁，未及享受五四時代人物聲華的殷海光，也逐漸陷入無邊的苦難中。但面對這個有負於他的社會，殷海光在抱怨這個時代的「寂寞、淒涼和橫逆」的同時，並沒有趨於消極，相反他在努力鍛鍊「隔離的智慧」，盡量避免再捲入各種泥沼。實際上，他的運思已為對百年來中國社會文化變遷的思考所占據，並於1966年出版了討論中國文化的重要著作《中國文化的展望》。由於本書的出版，殷海光對中國文化的思考，也不再局限於借助五四的象徵所表達的那些識見，有了更多實質性的內容。

值得注意的是，此時的殷海光仍然把建構新的發言模態與問題意識，作為思考中國文化的起點。在該書的「序言」中，殷海光發

人深省地講到他並未完全分享目前流行的情緒和價值觀念，而且認為近若干年來關於中國文化問題的言論大多是經不起理知的分析的，這類言論的基本因素不外是「受挫折的群體情緒」、「傳統跟隨」和「心理方面的違拗作用」。他這樣寫道：

> 從這些來源出發的言論，對中國文化很難不落入「擁護」和「打倒」這一風俗習慣中。當然，立意「調和折衷」也是不擅長講理的技術的人做的事。……幾乎不用說，在研究這類問題的時候，沒有有頭腦的人受流行的意見的影響，沒有有頭腦的人會盲目接受權威的觀念，也沒有有頭腦的人該未自覺地把他的情緒與獨斷的價值作出發點。然而，就我的視線所及，將近一百年來很少作品不是這些泥沼裏的產品。而且，近二十年來，有些人士有意以修築泥沼為職志哩！他們自己泡在泥沼裏取樂還不夠，並且拉人在泥沼裏一起打滾……。❸❾

　　這段話的意義在於，殷海光不單把臺灣五、六十年代、還把近百年思考中國文化的作品均視作泥沼裏的產品，因此當他聲稱要「獨自出發來尋找出路和答案」，　不但表達了與現實的泥沼的距離感，不分享流行的情緒和價值，還希望建構有別於百年來的「風俗習慣」。這也意味著，對於前些年他自己以五四方式重整五四精神的泛泛之論，他也希望由新的發言位置與立場予以取代。按他自己的說法，「一個真正專業的思想者，須有他經過相當訓練的思考程序，須有他經過自己設計起來的思想結構，須有他經過長期努力來選擇的若干基本觀念」。　這顯示了殷海光在新的一輪思想衝擊中，重新試圖在思考程序、思想結構、基本觀念諸方面都尋求建立思考中國文化

新的發言模態。

　　《中國文化的展望》（以下簡稱《展望》）主題是「論列中國近百年來的社會文化對西方文化衝擊的反應。以這一論列作基礎，試行導出中國社會文化今後可走的途徑」。從章目的安排來說❹，已顯示出殷海光試圖建構一個「分析的型模」（analytical model）。首先他以「天朝型模的世界觀」作為中國文化傳統的基本性質，確立問題之所在；然後第二、第三章在理論上分析「什麼是文化」及「文化的重要概念」，以此建立認知的設準；接下來的第四、第五章，殷海光通過分析中國社會文化的基本結構和功能以及在近代以來的變遷，勾勒出近百年來中國文化演進的歷史脈絡；第六、第七、第八、第九、第十這幾章，則是揭示近百年來從不同的立場反思中國文化的各種主張，諸如中化與西化，自由主義與保守主義以及「中體西用」論等；以後的幾章談現代化、談民主自由、談世界風暴、談道德重建、談知識分子的責任都具有展望的性質，即為中國文化的前景確立新的目標，認為中國文化的變遷的實質問題就是如何現代化的問題，中國的知識分子要在世界歷史發展的大趨勢下，通過闡述民主自由的積極價值，通過重建道德，使中國文化的未來有一個光輝的前景。

　　毋庸諱言，殷海光苦心營造的這樣一個「分析的型模」並不是十分圓滿的。全書的結構與方法上並不能完全做到相一致，另外在章節的安排上是否做到詳略一致，都有可議之處。但就他苦心經營一種新的發言策略而言，無疑部分得以實現。這主要表現在方法的自覺上，以及由此確立的思考中國文化所顯示的特殊的思想進路。只是在基本精神上，並沒有逸出他為學的基本立場。這裏，殷海光不願再捲入泥沼的知識蘊涵不僅充分地展示出來，同時也為我們前

面所陳示的其立足於「傳統之外」的發言位置加一注解。而且，這種發言位置，同樣是依據其所闡述的現代性蘊涵展現出來的。《展望》書中，殷海光不僅按照頓尼斯（Ferdinand Tonnies）關於「通體社會」(Gemeinschaft society)與「聯組社會」(Gesellschaft society)的社會分類理論，把中國社會的基型基本上劃歸於「通體社會」❹，還把面對西方文化挑戰的「本土運動」的取向只分成兩種：一種是「存續式的本土運動」，基本反應是保存傳統符號、制度和生活方式，反對濡化；一種是「同化式的本土運動」，主張吸收外來文化，並把原有文化之有價值的要素與所需新的要素合併起來，創建一新的文化整合。顯然，殷海光認同的是後者：

> 第二種形式的本土運動是走上文化重建的康莊大道。任何基本變革性的文化重建運動，在起初發動的階段，都難免是反偶像的、浪漫的和有掃蕩性的，但卻富於衝力。但是，這一階段過後，就慢慢走上文化再肯定之路。文化重建運動走上再肯定之路的階段，就脫離了起初階段的浮氣，而與「再生運動」同流。文化的「再生運動」常為文化分子之比較精密的、多少有計劃的和有意識的努力，來建造適合基本要求的文化。❹

對於這種判斷，許倬雲在書評中提出：殷海光把本土運動只簡單地區分為存續式的拒絕外來文化與同化式的吸收外來文化兩大類，言下之意又頗以為前者不當，而以後者為健康，這種對立的兩分法，造成了他對第二類的偏袒。許先生主張對於本土運動應該具有更多的類型，並列舉李亦園所作的六個類型劃分，因而認為「殷先生只

認明了巫術的以傳統文化為目標及理性的以外來文化為目標兩種，遂不能避免其中的偏倚和褒貶」❸。殷海光在答覆文中卻說，究竟是採用林頓的分類，還是採用李亦園的分類，這全看需要如何而定。「就我所要處理的本土運動的題材而論，只用林頓先生的分類就夠用，我看不出有採用李亦園先生的較細的分類之必要。……這好像你上咖啡廳時，如果只有二人，那麼只到雙人座上就恰好，用不著因為有六人座空在那兒硬要佔上去一般。」他還直截了當地說，他的確對本土運動做過「褒貶」的價值判斷，且貶抑巫術式的本土運動，但在「認知」了本土運動以後再對它做價值的評論，不僅不妨害認知，也許還有助於做價值判斷❹。

殷海光為此所做的說明並不是很有力，顯然，如同他將中國社會的基型歸於「通體社會」蘊涵了明確的價值判斷，對於本土運動的劃分也並不是可以簡單地視為「認知」以後的價值判斷，當他認為處理中國的本土運動只需兩種「建構」即可，所謂「認知」已包含著相應的價值判斷，因此分類本身無疑已關乎於發言者相干的立場與意義辨析。

以上只是《展望》一書部分的理論建構，但已相當清楚地表明殷海光在擺脫泥沼後努力建立的新的發言位置，仍然是希望通過對西方現代性的認知，確立討論中國文化的基點。而且當他將此視為中國文化有希望的出路所在，也包含了明確的價值設定。

應當說，殷海光對此是有相當的自覺的，在答覆許倬雲先生的評論時，他就進一步的把《展望》一書的建構程序用下列圖解表示出來：

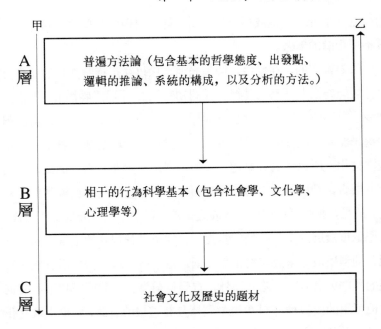

　　殷海光自認是按照圖解裏箭頭（甲）所示的程序，即依據相當
的哲學訓練和相干的行為科學的基本知識來選取、組織與說明社會
文化及歷史的題材❹。那麼，殷海光所努力要建立的新的發言位置
與立場究竟蘊涵著哪些要素呢？在書中他並沒有陳明所用的方法，
只是在「序言」中簡略地道出他的運思與為學乃是以現代邏輯、經
驗論、實用主義以及必要的價值觀念為主導，但綜觀全書，面對處
理的不同問題，殷海光都盡其可能地希望通過引述西方思想作為討
論的基點。要完全列舉他所引述的西方思想幾乎是不可能的，我們
只能說他尤其關注於海耶克、波普爾的理論，和現代化理論與行為
科學理論等。值得注意的是，無論這些理論包含著多少子目，諸如
社會學、經濟學、心理學、文化人類學等等，都與他在其他場合竭

力樹立科學的道德權威相一致，而且傳統與現代在理論上同樣存在著不可化解的緊張。

　　最為根本的，在書中，殷海光還是像以往那樣將文化的特徵分為「規範特徵」、「藝術特徵」、「認知特徵」、「器用特徵」，他也感到我們還不容易樹立一個公認的標準來評判各個文化孰優孰劣，但殷海光認為，認知必須是客觀的，而且認知活動的成果貫穿於一切特殊文化，所以他這樣寫道：「如果我們一定要徵別一個文化『進步』與否，那麼可採用的標尺有而且只有看它的科學發展到什麼程度。於是，我們可以在這一意義之下說，科學高度發展的文化較高，科學低度發展的文化較低。當然，這完全是就現有的成就而論。就現在的科學成就來評判文化之高低，是唯一可以行得通而且比較客觀的標準或參考點。除此而外，直到目前為止，我們還找不到任何其他可用的比較標準。」㊻既然科學具有這樣的意義，那麼中國文化的前景在他那裏，也便很自然地訴諸於科學及其與之相配合的社會文化環境。殷海光這樣寫道：

> 科學與技術是走向現代化的康莊大道。別的路子都是急流險灘。所以，全力發展科學是推動中國文化革新的引擎。但是，……要科學能夠順利發展，必須社會文化的環境與它融和。……科學真正能夠良好發展的社會文化環境，是把追求真理當作基本價值的社會文化環境。只有唯真理是尚成了一個社會中大多數分子堅持的態度，科學的發展才會得到真正廣大的支持。㊼

這樣當殷海光試圖確立新的發言位置與立場，他在方法上的自覺，

不但具有分析的意義，還成為導向式的價值目標，這些價值目標，仍然是以他對現代性的信仰為表徵的。以此而言，殷海光在新的一論思想衝擊中所謂徹底擺脫泥沼的說法，在此也證明在嚴格的意義上只是他的一廂情願。當然這並不是說殷海光對中國文化的思考只停留在同一個水平上，主要是指在基本精神上與他陷於泥沼裏時是大體一致的。從運思的型模來說，隨著知識素養的增進，現代化理論、行為科學理論以及海耶克、波普爾的學說，都為他熟練地運用。這樣原先討論中國文化只是以較為籠統的民主、科學所象徵的現代性含義，也為更豐富的內涵代替。在這方面，殷海光有他的歷史性貢獻，論者也把殷海光的《展望》一書以及金耀基的《從傳統到現代》，作為對中國社會文化的現代化作具體討論的肇端❸。

　　就本書內容的評價來說，筆者比較傾向於金耀基先生對該書的一個總的評價：「這是五四以來一本談文化問題具有認知意義且在觀念已經走向成熟的書；這本書的確說出了些什麼，也解答了些什麼。」❹但當時的實際情形卻是，《展望》一書出版後七個月就因為「內容反對傳統文化精神，破壞社會倫常觀念」而被列入禁書的行列。顯然，經由以上對殷海光發言位置與問題結構的陳示，我們可以明確地說，用「反傳統」來界定本書的意涵是遠遠不夠的。這不僅是因為殷海光的初衷，是對於近百年來有關中國文化的識見，無論是主張繼承傳統還是反對傳統，都急於想要擺脫，而且他所努力的方向以及由此確立的發言位置，都用心於依據其對科學的信仰，依據其所具有的行為科學知識，當然還包括他所信奉的海耶克、波普爾的理論，為思考中國文化確立既包含方法也意味著價值指歸的根本立場。這對於殷海光具有最重要的意義，似乎藉此依憑才獲得討論文化問題的資格。所以在書中，他也竭力指出以往思考文化在

方式上的不妥：

> 診斷的工作根本沒有認真做過，人們就急著開這方子、那方
> 子。這是儒門的傳統家風。診斷工作是客觀地研究事實層的
> 科學工作。病況沒有診斷清楚就下藥，這是多麼危險！這種
> 家風，演變所及，就變成目的狂，方法盲；就變成主義熱，
> 認知冷。中國知識分子一般的心性是從這種傳統的老底子裏
> 培釀出來的。近幾十年的大變動，使他們不能不奮起推動「歷
> 史的巨輪」。大家太熱心了，方向盤沒有拿穩，七手八腳，把
> 車子推到溝裏去了。❺

殷海光批評以往的文化研究「方向盤沒有拿穩」，也道出了他所最
為關切的文化批判的「武器」問題。這樣我們也能理解，為什麼《展
望》一書首先下功夫於理論的建構，實在的，他是要確立有別於以
往的立場與方法。因此對該書的評價，如果僅局限於在書中發掘一
些片言隻語，並不是恰當的方式。

　　遺憾的是，雖說學術上向有所謂「仁者見仁，智者見智」的寬
容，但對於殷海光這樣倍受爭議的人物來說，卻難以享有這樣的寬
容。《展望》一書的出版，更把他推到輿論的尖峰。來自官方的定
論已如上說，而思想學術界則大多圍繞著書中對傳統文化的否定與
肯定大作文章，或者為殷海光對傳統文化毫無敬意與同情的識見感
到憤懣；或者為殷海光肯定了傳統的某些德目而欣喜於其立場的改
變。這些見解在書中都不難找到相應的支持，但似乎又都不能完全
切合於對該書總的關照。要進行恰當的評價，恐怕還得從殷海光視
為核心的認知程序出發。因為在書中殷海光所闡發的主要見解，都

有相應的價值歸趨，我們與其從書中各取所需地發掘一些感興趣的見解，毋寧去進一步追問他的一些價值預設是否就真的預示了中國文化的發展方向。

如果大致作某種區分，《展望》一書主要蘊涵著殷海光兩個方面的意圖：一方面為了凸顯其有別於過去一百多年來思考中國文化的發言模態，因此所歸納的近代以來的主要思想傾向，他都比較注重於批評性的分析。如他指出支持中國保守主義的理論多為空中樓閣，甚至以中國的保守主義者無分老少，在實質上都是「應帝王」的人物，其使命感是建立並翼護倫教基礎❺。對於「中體西用」的主張，他也認為是根本不通的，原因是「體」與「用」分成兩橛是毫無依據的，在實際上而不是在純粹思辨中，任何文化要件的存在不可能有形上與形下的截然劃分，所謂獨立於「用」而且可與之截然劃分為二的「體」，只是一個玄學的構想❺。而對於中國的自由主義思想，殷海光寄予了更多的同情，但他也不無意味地強調，這路思想在中國「先天不足，後天失調」，尤其闡述了中國尚缺乏像西方自由主義者那樣的真正的自由主義者❺。經由這樣的回顧性分析，殷海光希望確立有別於以往的發言模態的理論意圖，也明確地表現出來。

另一方面的意圖，殷海光則是要表明其突破了以往認知模式後，獨自出發尋找出路和答案所獲致的結論：如他批評中國傳統社會是一個聖化社會，而肯定五四時代知識分子所從事的文學革命、新思想運動和社會改革，是因為他把「俗世化」作為現代化的重要目標，並從其對科學的信仰出發，堅信在現代科學知識之光的激照之下，沒有多少事物再能真心看作「神聖」的❺。當他引述韋政通批評儒家「對生命體會膚淺」的見解，同樣也是從信仰科學出發，

所以他說，所謂「真正的生命學問」，　無非是生物學、心理學、人類學、社會學這些科學，離開這些科學，只能產生對人生的一些直觀、體驗、自我觀察之所得❺❺。而當殷海光把孔孟仁義、基督博愛、佛家慈悲作為道德重建的基礎，他所闡述的理由則是，「在道德傳統中有些德目不適於現代社會。但是這並不表示道德傳統中的道德原理也不適於現代社會。……這與道德原理之先驗、後驗、絕對、相對，永恆不永恆這些說法不相干。道德傳統中的道德原理之所以依然適於現代社會，係因他們廣含，所斷說的少，而且可作多樣的解釋。」❺❻

　　《展望》書中類似的見解還很多，但大抵表達了相應的理論意圖，也大致遵循著這樣的認知程序。雖說研究者的發言位置與其問題結構並不能作完全的區分，然而其間所包含的「因」與「果」就發言者本身來說是題中應有之意。因此當我們過於沈湎於具體的結論，毋寧其相應的發言位置更值得慮及。以上，我們也沒有過多去討論殷海光對中國文化的一些具體評判，那種天馬行空式或曰貼標籤式的見解，不僅表現出對中國文化的隔膜，甚至更多的只是強烈的道德激情的渲洩，本身有損於殷海光對認知的意義的高揚。如果從邏輯經驗論的立場來說，他所得出的一些見解，也是難以滿足所謂的意義判準。問題的癥結正在於，像殷海光這樣成長於「泥沼」，卻又急切擺脫泥沼，並建構與之保持絕對的隔離的發言位置與立場，是否具有可能性；再者，以科學與現代化作為認知的設準，固然較之五四時代的狂飆與浪漫已有了階段性的區別，但是否就因此實現了超越「泥沼」，　為文化研究確立客觀的尺度；而且只是片面以西方為關照的現代性是否就是中國文化當然的出路,本身就值得深思。相當明顯的，這些與殷海光以往的思想進路密切相關的問題，他在

此階段還是缺乏真正的反省意識的，其結果便如同我們在前面章節中所強調的那樣，當科學主義的立場，尤其是把「科學方法」作為文化重建的本質活動的立場沒有根本性的改變，所謂脫離泥沼，重新確立發言位置的努力，只是把文化的研究納入他所信奉的邏輯經驗論的思想系統，或者至多只是通過擴充現代性的内涵，使中國文化研究似乎是有了新的出路與答案。說到底，對於像殷海光這樣繼承了五四以來對現代性毫無批判性認識的基本理路，並且一直視科學方法為學術研究的基本設準的啟蒙思想家來說，如果不確立對現代性的批判意識，不對其方法本身進行根本性的反省，在一些具體的研究領域寄希望於有完全的突破，是不太可能的。或許只有到他晚年的時候，因為對於他為學基礎的邏輯經驗論進行了深刻的反省，才相應帶動他思考中國文化的發言位置與問題結構，獲得真正轉變的契機。

四、重估傳統的思想片斷

《中國文化的展望》被列入禁書，又成為殷海光的生命歷程中的一個轉折。這意味著《自由中國》式現實的抗爭失敗以後他所苦心經營的發言位置，再一次被更為徹底的方式剝奪。這次不再是殷海光要擺脫泥沼，鍛鍊「隔離的智慧」，而是生活本身把他推向貧病交加、孤立無援的苦難中，切斷了作為知識分子所必須聯繫的校園、學界、傳媒等管道。這也界定了殷海光晚年的開端。以四十幾歲的英年，便要談論其晚年，這本身已足夠地具有悲劇的色彩，而且晚年並非只是生命意義上的晚年，對於經歷了種種思想磨難的殷海光來說，這時的思想與學術也具有了晚年的徵象。

　　對於倍受爭議的殷海光來說，關於其晚年的思想與學術，更有種種歧見。一般都承認殷海光的思想在晚年有所變化，分歧主要是在轉變的方向上。這很大程度上是因為殷海光在身心衰弱的最後幾年並沒有能夠發展出成熟的思想，主要的只是以書信與談話的方式留下若干的思想片斷。前面兩章我們已經討論了殷海光晚年在學術思想以及政治取向上所表達的新的議見，對於中國文化傳統，又有什麼新的見解呢？

　　在殷海光給學生的書信及病中留下的語錄中，對於中國文化確實表達了新的看法，其中尤其是躺在病榻上留下的幾篇語絲如〈古典中國社會的基本問題〉、〈既不進又不退：一個偉大的存在的價值〉等，對中國文化的某些方面有所肯定。其中寫道：

> 這樣回想中國傳統中那種既不進又不退的淑世主義，方顯彰其人生價值。中國人的崇古法祖先，真正的意義只是把我們的生活價值、行為模式定著在一個標準上，也可以說是一種價值理想的投射。所謂法古，並不是要我們回到六千萬年前像小耗子一般的人類去；也不是要我們恢復到舊石器那樣古老的境地裏去，而是如雅思培（Jaspers）所說的「極盛的古典時期」。那是在三千年前左右，為人類文明成熟時期。好了！問題就在這裏：也許有人覺得二十世紀六十年代比三千年前好，試問好在那裏？就人生價值，道德理想，認同的滿足，生活的溫暖，心靈的安寧，人與人之間的守望相助，友愛合作來說，好在那裏？

他還強調說，中國社會的價值主軸——佛、老、孔三個層面所構成

的主軸：即孔儒在社會層面的安排；佛教在宗教情緒的安排；老莊在精神生活與心靈境界的安排，使得中國人生活在這種氣氛下，能夠不焦慮地盲目向前追逐，而是站在現實、肯定現實來體味現實的美好，這樣既不進又不退的人生態度豈不比西洋和印度的更適合人生、更適合存在❺。在這些病中語錄中，表達類似見解的文字還有不少。顯然，殷海光這時對中國文化的看法是不同於以往的，甚至他以往所嚴厲批評的中國文化的某些方面，都闡述了新的見解。

對於中國文化重新認識所獲致的結論，殷海光還談到在其思想發展的歷程上，是殊為不易的。主要受到四個方面的影響：一是從思考反省中所得的瞭解：對於中國文化在生命層域的透視以及認識活動的安排，漸漸有了較深的認識；二是從生活的經驗中體會出來的，回味以前的鄉居生活，這種根植於中國文化的生活帶給人清新、寧靜、幽美、安然、自在；三是受到 Eisenstadt，Parsons 等人的影響；第四是最近受了張灝和徐復觀的刺激❺。就此而言，在前面的章節中，我們的討論已經部分地揭示了殷海光思想晚年轉變的契機，那就是放棄邏輯經驗論的知識霸權，關切人生或心靈的問題，同時由於經歷太多的人生坎坷，對於童年的鄉村生活產生濃郁的眷念之情。但除了殷海光所闡述的四個方面的原因，就其思想的歷程來說，尚有兩個因素尤值關注。

我們知道，海耶克的《自由的憲章》（殷海光譯為《自由的構成》）一書，是殷海光晚年深受影響的一本書。而在這本書中，海耶克本於其進化論理性主義（evolutionary rationalism）或者如波普爾所謂的批判理性主義（critical rationalism）立場，對於笛卡爾式的建構論理性主義（constructivist rationalism）進行了深刻的批判。海耶克指出建構論理性主義不恰當地假定人具有智能及道德的稟

賦，能使人獨具匠心，鑄造其文明；而進化論理性主義則認文明為歷試諸艱之累積的結果，乃經驗的總和。因此特別強調，「吾人對已生長的制度、風俗、習慣及保障自由的傳統方法，如不懷純正的尊敬，或後人不尊重今日之成就，則將無純正之自由信念可言，亦無可以成就的企圖，初視之似屬矛盾，但真相確實如此：成功的自由社會在一甚大的範圍內，乃接受傳統、尊重傳統並導傳統於發展之途的社會。」❸同時，在書中，海耶克還闡述了過去激進的人士對進步具有天真而豐碩的信念，視進步為必然和不可避免觀念，而今日已發現這種觀念實出於淺俗之心靈成就，必須追問所謂進步，是否尚足珍視。他寫道：「過去急進人士斷言：文化已經、或正在、或仍將朝向合意的方向進行，常無足資證驗之理。至於視一切變動為必然，或視進步為定法，並永有效益，則毫無根據。又斷言進步的法則能使吾人預知未來的境地，並斷言吾人必然朝向此境地進行，甚至愚人之輕舉妄動或所作之愚事，均為必然，為正確之議論，則紕繆百出，最無足取。」❻海耶克對傳統及進步的識見，與殷海光原先所信奉的毫無批判意識的理性主義，構成了尖銳的緊張，無疑會對他晚年的思考產生極大的震動。

　　而殷海光晚年另一個尤其值得重視的思想動向，如論者所說的，則是流露出對近代化所衍生的種種問題之困惑與不滿，日趨強烈地產生「近代化的迷惘」❻。

　　殷海光在生活與為學方面東方式與西方式的分別，前已有所論；他在美國的短暫經歷也沒有使他產生對現代文明的膜拜之情，相反高度工業化對人生可能產生的負面影響，他深致感嘆。越到晚年，他對建築在高度技術性和組織性基礎上的現代文明，所導致的道德淪喪、精神空虛，越使他憂慮叢叢，連帶著對人類文明的前景

都產生種種迷茫。在1968年5月寫給林毓生的一封長信中，就止不住要表達他的肺腑之言：

　　……我不想掩飾我內心對人類今後自由問題的憂慮。這主要的並非我個人的遭際使然。……我真正關心的是整個人類前途自由的明暗。人本主義(humanism)及科學本是近代西方互相成長的一對雙生子。可是，西方文明發展到現代，科學通過技術同經濟的要求，幾乎完全吞滅了人本主義。時至今日，我們已很難看到「文藝復興人」了。我們只看見大批「組織人」、「工業人」、「經濟人」，紛紛出籠。……大部分人的活動及個性逐漸被科學技術織成的組織之網纏住。……
　　古代的“naive freedom”（樸素的自由）已成尾聲。在經濟集中化，人口不斷膨脹，及組織技術的威脅日增的情況之下，我所夢想的“elaborated freedom”（精心製成的自由）如何實現？❷

對於一個以啟蒙為職志的自由知識分子來說，西方一直是中國社會價值的源泉以及可以信賴的希望的象徵。因此，當西方社會的合理性存在遭到懷疑，則不但意味著情感上和認知上的變化，更意味著在基本的價值歸趨上都會陷入困境。

　　儘管殷海光在此基礎上並沒有發展出很完整的思想，但就在一些零星的見解中，他已經耐人尋味地表達出對於以往視作最高價值的「進步」觀念的反省。殷海光這樣寫道，「進步」本身其實只是一個程序而已，並不涉及價值。尤其是當把進步僅僅理解為技術的精進，我們更需把握住，技術精進除了帶給人物慾的滿足外，是否

能夠使人有更多的幸福？使人有更高的精神❸？以此而言，當殷海光藉此說出「進步主義雖然是時代精神，但實在沒有意義」，無疑對於價值目標的選擇以及未來社會的建構，都面臨著確立新的發言位置與立場。

　　殷海光晚年對自己的反省是徹底的，幾乎包含了對他以往所從事的一切工作的檢討。但由於許多想法，尤其是關於中國文化的見解至多只能算是思想的片斷，距離成熟的思想尚有相當的距離，因此當我們繼續從發言位置與立場的角度討論殷海光可能的轉變，就不能簡單依據這樣一些思想片斷。無疑的，前面所討論的為學基本立場的轉變，以及這裏所說的對西方現代文明與中國文化的重新估價，都會引導他進入新的思想境界，成為構成新的發言立場的重要的基石。但新的立場的可能性形態怎樣，我們並不清楚。就像《自由中國》式的抗爭失敗後，殷海光所苦心經營的發言策略，即所謂的擺脫泥沼，只能部分地得以實現；在新的一輪打擊下，殷海光在一些思想片斷中確實表達了建構新的立言基石的企圖，但這項工作的艱難性，恐怕較之以往殷海光每一次的思想轉變都要艱難得多。在政治立場上不斷發生變化的知識分子的事例，一般來說並不令人感到陌生；而在學術思想上根本改變其「初年所學」或「文化養成」的例子，卻並不多見。特別是殷海光閱讀中國典籍的能力很差，一般的國學知識也很貧乏，因此要借助於此建立未來的發言位置，其困難之大更不可低估。當然，歷史並不存在任何可能性的推測，筆者只是強調對於殷海光晚年思想的轉變作過多的引申是殊為不當的，可能性與現實性的條件必須作為引申的基石。

　　我們已經討論過，殷海光在撰寫《中國文化的展望》時，曾經把百年來的文化研究都視作落入「擁護」與「打倒」的泥沼裏的「風

俗習慣」，　或許這只是過於自負的說法，但無疑明確顯示他與流行
的關於中國文化的見解的距離感。這裏，當我們討論殷海光重新思
考中國文化可能的發言位置與立場，也必須強調的是，直到他去世
為止，對於流行的見解，他都沒有表達出任何認同的傾向。相反，
斯時流行的有關中國文化的見解，他的評價大多是負面的。徐復觀
先生曾推斷殷海光「沒有注意到他轉變的方向，正是唐、牟兩先生
歷年來的主張」，　但就是在殷海光寫給徐復觀的信中（很可能是他
最後的一封信），　卻認為「唐先生所樹立的為儒門風範，所成就的
為道德理想，而非知識。以他的學術資本、思想訓練、和個人才力，
顯然不足以完成他所要達到的目標和規模。」信中還說：「現在復興
中國文化的叫聲似乎頗大。然而一究其實，不過空泡而已。在我看
來，對於中國的歷史、社會、文化的認知，尚是一大片未曾開拓的
處女地。這有待真才實學之士的奮發努力。」❽ 在晚年的談話中，殷
海光對當時思想界各方人物多有評論，大抵而言，除了對自己有很
苛嚴的反省，對他人的思想進程，也並不是以為然的。1968年3月
25日在答覆盧鴻材請他寫自傳的信中，殷海光就說：

> 關於要我寫自傳的事，我簡直不知怎樣答覆弟才好。生長在
> 這樣一個時代，像我這樣的一個知識分子，可以說極有價值，
> 也可以說極無價值。就純粹的學術來說，我自問相當低能，
> 絲毫沒有貢獻可言。就思想努力的進程而言，我則超過胡適
> 至少一百年，超過唐牟至少三百年，超過錢穆至少五百年。
> 個中的進程，我自己知道得很清楚。這些知識分子在種種幌
> 子之下努力倒退，只有我還在前進不已。
> 直到今天為止，我在思想上積極的建樹還少得可憐，可是我

　　抖落的東西夠多了。若干人是把我極力抖落的東西穿上玄學
　　的新裝來出售。真是糊塗又無知！我的思想困苦成長於中、
　　西、新、舊交會又衝突的際會。**❻❺**

　　撇開一些較少認知意義、甚至過於意氣的表白，個中所表達的意見
也是相當清楚的。殷海光勇於剖析自己，甚至徹底的否定自己，但
同時又是相當自負的。所以他竭力要表達出對於流行見解的距離感，
又將對於中國的社會、歷史和文化的認知，視作尚是一片未開拓的
處女地，這樣，未來仍將是「獨自出發尋找出路和答案」的問題。
而出路之所在，於殷海光來說雖還沒有明確的答案，但我們可以說
由於其自由主義的立場，在他生命的最後階段始終都不曾有任何動
搖，因此對中國文化的思考在他那裏仍是如何超越五四而前進的問
題。

　　正如殷海光生命中最輝煌的一頁是在五四精神日趨殘破的臺
灣社會，以無比的道德勇氣，借助於重整五四精神，表達他對社會
前途與文化前景的關懷，在生命的彌留歲月，他反省最多的仍然是
五四。一方面他把自己的一生的定位與五四緊密地聯繫在一起。正
如1967年3月8日給張灝的信中所言：「近年來，我常常要找個最適
當的名詞來名謂自己在中國這一激盪時代所扮演的腳色。最近，我
終於找到了。我自封為 "a post May-fourthian"。」**❻❻**不獨於此，在
他生命的最後兩年，每逢五四紀念日，在他的記憶深處，都會湧動
對五四的懷念之情。為了紀念這一屬於他自己生命中最神聖的節日，
每年都撰寫了文章。儘管他也哀嘆五四的目標都落了空，今日的知
識分子較之五四時代並沒有進步多少，但他確信五四的目標仍是人
的生活所必不可少的要素，因此，展望中國文化的前景，他所設想

的未來的思想進路，也仍不脫五十年代重整五四精神的老話題，——寄望於「民主」、「科學」有再現的日子；同時堅信中國文化必須從五四的良好開端向前邁進，才能走上正軌❻。

可以說，「五四」情結仍是討論殷海光晚年思想進路的起點。對於在五四精神的感召下成長起來的一代文化新人來說，或許回到思想的起點，也才可能尋找一條新路。實際上在殷海光晚年對自己徹底的反省中，對五四的反省構成了相當突出的內容，所留下的一些思想片斷，也昭示了他所要重新確立的發言位置與認知立場的基本路徑。在1968年9月28日寫給林毓生的信中，對五四本身殷海光進行了深刻的反省，認為五四足可從三方面進行檢討：

(1)胡適之流的學養和思想的根基太單薄。以「終生崇拜美國文明」的人，怎樣負起中國文藝復興的領導責任？更何況他所崇拜的美國文明主要是五十年前的？他雖長住美國，其實是在新聞邊緣和考據紙堆裏過日子，跟美國近五十年來發展的學術沒有相著干。

(2)五四人的意識深處，並非近代西方意義 "to be free"（求自由），而是 "to be liberated"（求解放）。這二者雖有關聯，但究竟不是一回事。他們所念的，是從傳統解放，從舊制度解放，從舊思想解放，從舊的風俗習慣解放，從舊的文學解放。於是，大家一股子勁反權威，反傳統，反偶像，反舊道德。在這樣的氣流之中，有多少人能做精深謹嚴的學術思想工作？

(3)新人物反舊；舊人物也反新。互相激盪，意氣飛揚，防禦是尚，於是形成兩極，彼此愈來愈難作理性的交通。1911

　　　　年以後的中國就沒有像日本那樣的穩定的社會中心，以及
　　　　深厚的中間力量。加以左右的政治分化和激盪，更是不可
　　　　收拾。

　　從這些反面的論證中，多少凸顯出他未來立言的思想基石：現代文
明以至現代化不再是「理性的宗教」；同時在認知上賦予「傳統」
這一因素重要的位置。在信中，藉稱讚林毓生闡述的"a viable
creative reformism"（有生機的創造性改革主義），殷海光實際也表
達出展開新的視野，拓開新的境界的基本設準：「既非泥古，又非
腳不落地的趨新；既不會引起社會文化的解體，又不會招致目前的
大混亂。這既不是烏托邦式的『全盤西化』，又不是胡說不通的『中
體西用』。如不無謂的幼稚的破壞原有的制度、符號系統、價值觀
念，及信仰網絡，則identity（認同）保住了。如果identity保住了，
則不致引起守舊勢力的強烈抗拒。這樣一來，近代中國可望孕育出
一種類似文藝復興式的『文化內新運動』。」❸

　　正如張灝先生所說的，殷海光晚年對傳統的重估以及所產生的
「近代化的迷惘」「多半是朦朧的，而非清晰的，多半是片斷的，
而非系統的。他對近代化有時感到迷惘，並不代表他反對近代化，
更不代表他完全投入傳統的懷抱。」❹這也如同他自己所說的，「我自
己在幾年前有西化和現代化的傾向。現在，如果有人問我，是西化
好還是中化好，是古代好還是現代化好，我的答覆是：我不知
道。」❺對殷海光晚年所可能確立的發言位置與立場，答案恐怕也只
能是「不知道」。

　　這樣的答案是發人深省的，在我看來，曾經以邏輯經驗論為理
論依托，以強烈的道德感召力投身於思想的啟蒙，並充滿樂觀地將

科學實證情懷發揮無遺的殷海光，以「我不知道」的知識謙遜為其最後的生命歷程作一注腳，在中國啟蒙思想的發展歷程中實具有轉捩既往、開拓方來的象徵意味，也足以說明殷海光終身奮鬥的意義所在。

注　釋

❶ 林毓生：《中國意識的危機》（貴州：人民，1988年增訂再版本）。

❷ 參見蘇雲峰：〈民初之知識分子（1912～1928）〉，收入《第一屆歷史與中國社會變遷研討會》（下）（臺北：三民主義研究所，1982）。

❸ 李歐梵：〈五四文人的浪漫精神〉，見周策縱等著：《五四與中國》（臺北：時報，1980），頁296–97。

❹ 陳萬雄曾分析《新青年》主要撰稿人的求學情況。根據他所提供的資料，這批人差不多在十八、九歲的年齡之後才接受新式教育，在此之前都曾長期受傳統教育的薰染，有的還經歷科舉。如陳獨秀約十九歲時進入南京新式書院「求是學堂」；李大釗十六歲時進入永平府中學；錢玄同十九歲時進入上海南洋公學；魯迅十八歲時進入江南陸軍學堂附設礦務鐵路學堂。……胡適十三歲進入上海梅溪學堂，是這些人中年齡最小的情形下接受新學的,但他在家鄉已接受了九年的私塾教育。參見陳萬雄：《五四新文化的源流》（香港：三聯，1992），頁1–20。

❺ 參見金觀濤、劉青峰：《開放中的變遷》（香港：中文大學，1993），第五章「意識形態更替機制」。

❻ 魯迅：〈古書與白話〉，《魯迅全集》（北京：人民文學出版社，1989），第三集，頁214。

❼ 魯迅：〈寫在「墳」後面〉，《魯迅全集》1，頁285–86。

❽ 余英時：〈五四運動與中國傳統〉，收入《史學與傳統》（臺北：時報，1982）。

❾ 胡適：〈「我的兒子」〉，《胡適作品集》6，頁69–75。

⑩　胡適：〈我對於喪禮的改革〉，同上書，頁95–109。

⑪　胡適：〈不朽——我的宗教〉，同上書，頁77–87。

⑫　傅樂成：〈悼念殷海光兄〉，《殷海光紀念集》，頁99。

⑬　殷海光：〈傳統的價值〉，《殷海光全集》13，頁269–92。

⑭　殷海光：〈從有顏色的思想到無顏色的思想〉，《殷海光全集》14，頁993。

⑮　殷海光：〈科學及其基本〉，《殷海光全集》13，頁9–21。

⑯　殷海光：〈論沒有顏色的思想〉，《殷海光全集》13，頁23–36。

⑰　殷海光：〈論認知的獨立〉，《殷海光全集》15，頁1409–1429。

⑱　殷海光：《中國文化的展望》，「序言」，頁1–11。

⑲　張灝：〈形象與實質——再認五四思想〉，《自由民主的思想與文化》，頁24–25。

⑳　殷海光：〈展開啟蒙運動〉，《殷海光全集》12，頁811–20。

㉑　參見舒衡哲（Vera Schwarcz，又譯作微拉·施瓦支）著，李國英等譯：《中國的啟蒙運動——知識分子與五四遺產》（太原：山西人民出版社，1989）。

㉒　殷海光：〈五四與今日〉，《殷海光全集》11，頁1–4。

㉓　殷海光：〈胡適思想與中國前途〉，《殷海光全集》11，頁437–45。

㉔　殷海光：〈重整五四精神〉，《殷海光全集》11，頁455–63。

㉕　殷海光：〈跟著五四的腳步前進〉，《殷海光全集》11，頁571–78。

㉖　殷海光：〈展開啟蒙運動〉，《殷海光全集》12，頁811–20。

㉗　殷海光：〈「五四」是我們的燈塔〉，《殷海光全集》12，頁875–85。

㉘　殷海光：〈跟著五四的腳步前進〉，《殷海光全集》11，頁571–78。

㉙　殷海光：〈請勿濫用「學術研究」之名〉，《殷海光全集》11，頁565–69。

㉚　殷海光：〈胡適與國運〉，《殷海光全集》12，頁821–49。

㉛　參見林毓生：〈殷海光先生對我的影響〉，《殷海光·林毓生書信錄》（上海：遠東，1994），「代序二」；張灝：〈形象與實質〉「寫後語」，《自由民主的思想與文化》，頁57。

㉜　陳鼓應編：《春蠶吐絲》，頁34。

㉝　殷海光：〈重整五四精神〉，《殷海光全集》11，頁455。

㉞　殷海光：〈展開啟蒙運動〉，《殷海光全集》12，頁814。

㉟　陳獨秀：〈「新青年」罪案之答辯書〉，《陳獨秀文章選編》（上）（北京：三聯書店，1984），頁317。

㊱　胡適：〈新思潮的意義〉，《胡適作品集》6，頁115–124。

㊲　殷海光：〈胡適與國運〉，《殷海光全集》12，頁843–44。

㊳　參見金觀濤、劉青峰：《開放社會的變遷》，頁228–32。

㊴　殷海光：《中國文化的展望》（上），「序言」，頁2–3。

㊵　共計十五章的章目是這樣安排的：第一章　天朝型模的世界觀；第二章　什麼是文化；第三章　文化的重要概念；第四章　近代中國文化的基線；第五章　中國社會文化的激變；第六章　一個長久的論爭；第七章　保守的趨向及其批評；第八章　自由主義的趨向；第九章　西化的主張；第十章　中體西用說；第十一章　現代化的問題；第十二章　民主與自由；第十三章　世界的風暴；第十四章　道德的重建；第十五章　知識分子的責任。

㊶　關於「通體社會」與「聯組社會」各自的特徵，殷海光曾列有一表加以說明，前者與後者形成這樣一組對應關係：特殊主義的—普通主義的，感情用事的—感情中立的，功能普化的—功能專化的，傳統主義的—理知主義的，家族中心的—契約中心的，神聖化的—世俗化的，固執成見的—不固執成見的，無所為而為的—有所為而為的。前者歸於「通體社會」一極，後者歸於「聯組社會」一極。而且認為「二極的特徵兩相對照，它們的理構差別可以一目了然」。顯然，這是極為簡單化的傳統與現代的二分觀點。參見殷海光：《中國文化的展望》（上），頁128–32。

㊷　殷海光：《中國文化的展望》（上），頁69–70。

㊸　許倬雲：〈讀殷海光著「中國文化的展望」〉，《中國文化的展望》（下），「附錄一」，頁765–66。同樣的，金耀基在書評中也認為殷海光自覺與不自覺地為「傳統」與現代的對立的觀念所制限，而忽略了傳統與現代之間的「過渡」這一個面向中國文化問題。似乎不自覺地為「傳統」與「現代」的「理論上的兩極性」所限制，而沒有看到（至少沒有強調）傳統與現代之間的「過渡」這一個面向。不過金耀基針對的

是殷海光所劃分的中國社會的基型，認為中國現代社會的基型已不是純粹的頓尼斯（F. Tonnies）所說的「通體社會」或「聯組社會」可說明。參見金耀基：〈殷海光遺著「中國文化的展望」我評〉，同上書，「附錄三」，頁813–14。

㊹ 殷海光：〈有關「中國文化的展望」的幾個問題〉，《中國文化的展望》（下），「附錄二」，頁784–88。

㊺ 同㊹，頁780–81。

㊻ 殷海光：《中國文化的展望》（上），頁78。

㊼ 殷海光：《中國文化的展望》（下），頁542。

㊽ 參見楊國樞、李亦園、文崇一編著：《現代化與中國化論集》（臺北：桂冠，1990年版），「序言」。

㊾ 金耀基：〈殷海光遺著「中國文化的展望」我評〉，《中國文化的展望》（下），「附錄三」，頁802。

㊿ 殷海光：《中國文化的展望》（下），頁542。

(51) 參見殷海光：《中國文化的展望》（上），第七章〈保守的趨向及其批評〉。

(52) 參見殷海光：《中國文化的展望》（下），第十章〈中體西用說〉。

(53) 參見殷海光：《中國文化的展望》，第八章〈自由主義的趨向〉。

(54) 殷海光：《中國文化的展望》（上），頁229–230。

(55) 殷海光：同上書，（下），頁680–82。

(56) 殷海光：同上書，（下），頁701–702。

(57) 陳鼓應編：《春蠶吐絲》，頁19–22。

(58) 同上書，頁56–57。

(59) 海耶克著，周德偉譯：《自由的憲章》（臺北：臺灣銀行經濟研究室編印，1973），頁88。

(60) 見前揭海耶克書，頁60。

(61) 參見張灝：〈一條沒有走完的路〉，《殷海光紀念集》，頁166–67。

(62) 殷海光：〈致林毓生〉（1968年5月9日），《殷海光・林毓生書信集》，頁129–30。

(63) 陳鼓應編：《春蠶吐絲》，頁20–21。

❻ 徐復觀：〈痛悼吾敵・痛悼吾友〉，《殷海光紀念集》，頁77–85。

❺ 殷海光：〈致盧鴻材〉（1968年3月25日），《殷海光書信集》，頁234–35。

❻ 殷海光：〈致張灝〉（1967年3月8日），《殷海光書信集》，頁73。

❼ 殷海光：〈五四的再認識〉、〈五四的隱沒和再現──為五四運動五十週年而作〉，收入《殷海光全集》15，頁1459–1471、1473–1494。

❽ 殷海光：〈致林毓生〉，《殷海光・林毓生書信集》，頁150–51。

❾ 張灝：〈一條沒有走完的路〉，《殷海光紀念集》，頁167。

❿ 殷海光：〈致林毓生〉（1968年10月9日），《殷海光・林毓生書信集》，頁154。

結語：殷海光與現代中國自由主義的趨向

愛因斯坦（Albert Einstein）1935年在悼念瑪麗・居里（Marja Curie）的一篇演講中，曾耐人尋味地道出：在像居里夫人這樣一位崇高人物結束她的一生的時候，我們不要僅僅滿足於回憶她的工作成果對人類已作出的貢獻。第一流人物對於時代和歷史進程的意義，在其道德品質方面，也許比單純的才智成就方面還要大❶。愛因斯坦言及了那些取得卓越才智成就的偉大人物，其在道德方面的成就往往被人們所忽視。同樣的，對於歷史上的那些道德英雄，人們追憶他們，但有時候他們在才智方面的努力也往往被人們所忘卻，甚至根本不知道他們是從事那方面工作的。從某種意義上說，殷海光就可歸於後一種人。

殷海光去世後，在友朋和學生的悼念文字中，有的稱道他「所表現的反抗精神，在中國專制的歷史中是非常可寶貴的」（徐復觀），表現出那種「不假人以辭色的硬漢作風」（許冠三），「能夠鍥而不捨地要把一個具有不同傾向的氣質陶鑄成理想中的自由主義者」（夏道平）；有的讚譽「殷先生一生的生命基調是他的理想主義精神，這種精神是高度的價值意識、道德勇氣，和生命熱情所揉匯而成的」（張灝），「所給予人類的精神實有的見證，使良心未泯的人們得到一種真切的精神鼓舞」（林毓生），「可在四方八面的逼迫中，屹然

而立，並不為權勢而背叛自己的原則，這種大勇的人格，士林少見」（林悅恆）。　這些讚譽可以說殷海光都是當之無愧的，也相當傳神而真切地揭示了殷海光為世人留下的珍貴的記憶。但筆者所疑慮的是，或許正因為殷海光傑出的道德成就，反而掩蓋了他在知性方面的探求所留下的遺產。顯然筆者對殷海光思想的研究，是希望能夠統籌殷海光在成就知識與成就道德的工作，藉以說明殷海光在他生活的年代所具有的歷史性與階段性貢獻。在前面的討論中我們希望藉現代中國思想發展的大背景揭示殷海光在知識與道德方面所成就的工作。在本書的結尾部分，筆者所強調的也還是，五四與現代中國自由主義思想的背景，不僅是討論殷海光思想發展的較好的切入點，其終身奮鬥的意義，或許借助於這個背景也才能得到較為充分地展示。

一、思想發展的階段性以及不斷臻於成熟的發言位置

　　殷海光的思想發展是有明顯的階段性的。筆者傾向於大致分為六個時期把握其思想成長的脈絡：

　　1.家世及其早年的生活背景。殷海光出生於一個沒有前輩顯赫、只略有書香薰染的耕讀家庭，雖說其自認對中國傳統文化內心有切膚之痛，但就其誕生於1919年而言，他是真正意義上的文化新人。因此其生平所顯示的具有實質性的意義在於，殷海光成長於一個新的社會、政治、文化環境中，與五四時期作為過渡於新舊教育的知識群體迴然不同，其初年所學已完全是新式教育那一套，三民主義的意識形態已取代儒家學說對年輕人身心的塑造。由於所接受

的差不多已完全是西方近代型知識體系，因此自小就表現出與中國傳統文化的疏離；同時，他早年生活中富於意義的事件，即深契於具有濃厚工具性色彩的邏輯學，幾乎完全是純粹的知識興趣。他不僅翻譯了厚厚的邏輯書籍，還在著名的學術雜誌上發表了討論邏輯學的文字。

2.在烽火連天的歲月中問學。1936年殷海光首次離家遠行，先是在北京從金岳霖遊，然後從1938年開始，在西南聯大度過了七年的讀書生涯。通常青年時代是一個人思想與志業的定型期，然而殷海光此間所表現出的卻是一切都遠未定型。在專業方面的學習，固然滿足了他對邏輯學的求知，但這一時期學問的理知追求已為其湧動的道德激情所代替。許多研究者都肯定了由於西南聯大保持著五四遺風，體現著五四時代知識分子為科學、民主、自由奮鬥的理想，殷海光於此間也受到自由主義思想的洗禮。但我們所要強調的是，聯大的政治環境的影響是雙重的，而殷海光這時的政治取向所表達的是國家主義式的忠誠，他不僅成為法西斯色彩甚濃的右派學生，而且其政治抉擇因為虔誠擁戴國民黨政府得以暫時的安頓。

3.沈浮於國民黨輿論圈。從1945年開始一直到他加入《自由中國》集團，殷海光主要供職於國民黨系統的報刊雜誌，其摯熱的反共情感，以及對蔣介石和國民黨的謳歌，於此間得到充分的渲洩，《光明前之黑暗》、《中國共產黨之觀察》二書的出版，也明確無疑地說明其站在國民黨立場的發言位置。但沈浮於國民黨輿論圈，使他能夠洞悉他所擁戴的權力集團積弊已久的現實。這一時期，殷海光經歷著靈魂深處不斷拷問，徹底的反共立場並未稍或改變；心中的政治偶像又漸喪道義；尤有甚者，他還根本否認斯時的自由主義者的角色身分所具有的意義。唯一令我們覺察其心靈曙光的，是殷

海光將持「中立」路線的自由主義者與他所謂的真正的自由主義者區分開來，為其最終歸宿於自由主義的立場留下一絲轉機。只是這一時期殷海光的思想還停留在極為浮泛的階段，他對標榜走「第三條道路」的自由知識分子以及對胡適自由主義思想的認同，都還有頗多可議之處。

4.走向《自由中國》式的現實的抗爭年代。從1949年來到臺灣，加入《自由中國》集團，一直到1960年《自由中國》雜誌遭查禁，殷海光的角色身分定位於學術性與政治性的雙重身分，既成為在臺灣闡揚邏輯經驗論的教授，又努力於通過其學術訓練來表達他的政治理念，成為自由主義思想臺灣形態最雄辯的代言人。由於這十年在殷海光的生命歷程中的重要意義，其思想成長的脈絡又具有明顯的階段性，因此筆者分為兩個部分來考察。第一個部分分析了殷海光自由主義知識分子角色的凸顯，如何把一個具有濃厚國家主義意識的氣質陶鑄成理想中的自由主義者，以及在此過程中他所確立的基本的發言模態與問題意識；第二部分則分析在五〇年代的臺灣社會，面對政治立場愈益模糊的師長以及愈趨專制的當局，逸出黨派識見的殷海光，如何借助於重整五四精神，表達對現實的希望與沮喪。重點分析殷海光如何發揮自由主義立場的社會批判功能，走向了現實的抗爭時代。筆者也因此肯定，通過殷海光和他的同道們的努力，現代中國知識分子醉心的自由主義的理想，能夠維持不墜。殷海光也因此成為大眾心目中的道德英雄，並影響著周圍的一批關心中國社會與中國文化前途的年輕人。

5.擺脫泥沼，獨自尋求出路與答案的發言策略。自1960年《自由中國》雜誌因「雷震案」發生被迫停刊，殷海光昔日的主要發言場所即遭剝奪。他不再撰寫批評臺灣社會政治問題的文字，而是苦

心經營一種新的發言策略，努力鍛鍊「隔離的智慧」，遠離泥沼，希望在學術思想層次建構新的思想系統，包括在思考程序、思想結構、基本觀念諸方面都能有所突破，在悶塞的時代於環境裏為學問和思想打開僵結。除了在香港發表一些論學的文字，殷海光完成並出版了他的代表性論著《中國文化的展望》，既表達了這一時期他對於中國近百年來的社會文化對西方文化衝擊的反應、以及中國文化未來途徑這一課題的用心，也顯示其試圖建構討論中國文化新的發言模態。然而不願再捲入泥沼的殷海光還是不斷被拖進是非旋渦中，獲得學者好評的《展望》一書，1966年7月也被官方列入禁書的行列。於是，自《自由中國》事件後殷海光所苦心經營的發言策略，也基本上被瓦解。而且，種種迫害危及其基本的生存，被迫離開臺大。

　　6.晚年的思想與學術。1966年是殷海光生命歷程的轉折點，直到他辭世的三年時間裏，殷海光陷入了貧病交加、孤立無援的苦難之中。但他表現出作為一個理想主義的道德英雄不被生活壓垮的風骨。其生命歷程中「不憚以今日之我挑戰昨日之我」為人為學風格，在此有了最真實的寫照。除了一如既往地堅持自由主義的理想，對於其運思和為學所秉持的邏輯經驗論、以及對傳統文化的攻擊，他都進行了深刻的反省，而且由融匯其道德感召力和理性認知力的崇高境界漸漸發展出成熟的發言模態，渴望著能夠再出發。然而這項初顯端倪的工作未及展開，殷海光就極不甘心地離開了這個有負於他的社會。

　　殷海光思想歷程六個階段的劃分，除了可以清楚地顯示其思想成長的脈絡，本身即蘊涵著不可低估的意義。在現代中國自由主義思想傳統中，自由知識分子生存的空間處於兩大權勢集團的夾縫中，

從來未能真正改變其在現實環境中的淒楚命運。不僅自由主義所揭櫫的各種價值的終極正當理由沒有得到充分的闡釋，自由主義式漸進解決中國問題的方式，似乎也並不能適合民眾更為現實、更為急迫的心態。於是在這種「先天不足，後天失調」的現實窘況中，我們也見過太多原本以自由主義立言的知識分子守不住自由主義的立場，紛紛作向左或向右的調整，認同於主宰現代中國命運的權勢集團。而殷海光則是由法西斯色彩極濃的右派人物，過渡於較為徹底地抖落黨派識見的自由知識分子。這兩種選擇所形成的鮮明對比，已足可說明殷海光奮鬥的意義所在，為中國自由知識分子知其不可為而為之的真實的悲劇性意義增添了光彩。再就思想的不斷變化而言，在現代中國的著名知識分子中，我們也太多地見識過這樣一些人物：有的青年時即暴得大名，而終身為其身名所累，思想再也拓不開新的局面；有的則不能跟進於時代的變化步伐，漸漸成為思想學術界的邊緣人物；當然其中也不乏以善變著稱者，但所發生的立場轉換，得到時人讚賞者卻少之又少。相較而言，殷海光不僅極為艱難地由沈浮於政治圈中的人物向自由主義者過渡，而且能夠不斷地否認自己，一直在探索中轉進，愈益走向思想的成熟。這種轉向，既使他對後人產生無比的道德感召力，也樹立了捍衛知識尊嚴的典範。真正達至了知識分子成就道德與成就知識相結合的崇高境界。

二、「五四思想集大成的殿軍」

如同史華茲與林毓生先生在一次對話中所道出的，關於什麼是自由主義實質的核心這個問題，在西方本身也仍是一個激烈辯論的題目，但大致而言，它對於建立一個保障視「個人為一不可化約的

價值」的社會與政治制度，甚為關心。這種自由主義包括了一個基本的預設：任何國家的主要目的之一，應是保護與維持每個個人底身體與精神的完整❷。而在中國，單就自由、民主與法治等自由主義的中心觀念作為口號來說，已約有近百年的歷史。雖說自由主義在現代中國只是曇花一現地成為部分知識分子醉心的理想，而且作為一種政治與社會的理論在中國知識分子那裏並沒有得到應有的闡發，然而，如何在中國社會特定的政治、社會與文化環境中落實自由主義思想所肯定的諸價值，現代中國的自由知識分子也是甚為關心的。其中雖不免包含嚴重的思想混淆，但就現代中國自由主義的趨向來說，自五四以降，自由知識分子就與「民主政治」的理想緊密地聯繫在一起，而且還把這一理想與提倡科學方法以及反思中國的傳統文化資源結合起來。從較為寬泛的意義來講，我們大抵可以說，一個現代中國的自由知識分子是與嚮往民主政治、提倡科學方法、以及反思傳統文化的活動相聯繫的，這也代表著現代中國自由主義思想的趨向。實際上，我們也是從這三方面展開對殷海光思想的討論的，置於此背景，殷海光在中國自由主義思想傳統的地位及影響，也比較能清楚地把握。

就中國自由主義思想的發端來說，我們知道，個人自由之所以引起中國知識界的關注，主要是看重其作為達到國家富強的手段這一直接價值。在中國自由主義的先驅者嚴復與梁啟超那裏，個人自由作為目的本身就並沒有得到應有的闡釋，只是希望通過解放個人的能力以達國家富強的目標。到五四時期，個人主義也成為宣揚民主自由思想最重要的切入點，固然五四一代已不再傾力論證個人自由與國家富強之間有必然的聯繫，也摒棄了犧牲個人以忠於國家的思想傾向，然而當他們把社會本位的集體心態、群體意識納入對個

人意識的彰顯，也表明五四時期的自由主義者並沒有能真正釐清把個人價值當作手段的態度與把它視為目的的看法❸。尤其突出的是，五四以降的自由主義者對自由主義思想所肯定的諸價值抱持一種「不證自明」的態度，用心於以這些價值規劃一種生活的理想狀態，似乎只要人們有了這樣的信念，就會朝向一個理想的目標。於是流行於社會與思想界的是大家都隨聲附和地喊口號，不僅對自由主義的觀念如何深植於中國社會的政治文化土壤未及深思，甚至對於民主、自由、科學、法治這樣一些觀念彼此之間的關係，也沒有進行應有的討論。吾人所見於啟蒙年代的，是其所提供的不容置疑的思想內容與思維模式，任何思想資源都被整合於幾個簡要的價值目標之下。

　　殷海光在自由主義思想成長於理性遭大恐慌的年代，這使他有可能看到在中國現有的政治、經濟、社會與文化條件下，如何使自由主義觀念得到落實，將是比單純闡揚民主與自由的意義與效用更為艱難的工作。因此，他也著意於探討自由主義思想所肯定的諸價值的知識學基礎以及相應的倫理背景。單就自由主義的理論而言，殷海光也許並無原創性的貢獻，其一生闡釋自由主義的言論，主要仍偏重於民主與自由的意義及效用的說明，對於如何發展出一套支持這些觀念落實的健全的社會與文化，並未著力去思考，但較之於前輩的自由知識分子，殷海光逐漸使這些似乎不需要辨明的觀念具有理知的色彩，不僅修正了以往對自由主義思想鍾情式的理解，而且對民主、自由、法治這樣一些中心觀念彼此之間的關係進行了初步的辨明和釐清。尤其突出的是，殷海光在用心於把保障個人自由這個基本理念，作為討論自由主義理論的基本出發點，既針對種種不民主、反自由的思想進行深刻的批駁，還實際導出必須通過外在

的力量來限制與疏導政治權力的問題。就此而言，在中國自由主義的傳統中，殷海光自由主義思想的歷史性意義與貢獻，是值得充分肯定的。

在現代中國自由主義思想的發展歷程中，這一路思想與提倡科學方法以及反思傳統文化緊密地聯繫在一起，是極為突出的一幕。將西方思想化約為「科學方法」，並以此投射於廣泛的政治、社會與文化領域，成為具有明顯的意識形態特徵的唯科學主義，這一路思想在現代中國的發展情形，我們並不陌生。但就胡適等人所表現出來的立場來說，所謂「科學」其實更多地具有符號的象徵意義；所謂「科學主義」也是不甚清晰的。往往只是強詞奪理、甚至不需理由的就把科學的功能進行放大。相較而言，殷海光倒是真正地為樹立科學的道德權威進行辯護。他在為學上所秉持的邏輯經驗論的立場，尤其是把知識作為解決人類所面臨的一切問題根本，都有別於對科學浮泛的瞭解。因而無論是其主張認知的獨立，由有顏色的思想過渡到無顏色的思想，還是所表達的「科際整合」的理想，都是把現代中國這一路思想在學理層面發展到一個新的階段，科學主義也表現得較為清晰。而且，這一路思想在殷海光那裏實現了某種程度的轉型，他晚年對邏輯經驗論的批評，以及對科學方法的省思，也意味著一個時代的終結。在這個意義上，殷海光在為學方面的探索，也成為現代中國學術發展極為珍貴的遺產。

在有關五四思想的精闢研究中❹，現代中國自由主義思想的發展與激烈的反傳統思想密切地聯繫著的根源，得到富於創造性的闡釋。沒有藉著對傳統思想文化的創造性闡釋與改造，來支持自由主義在中國的發展，顯然是不爭的事實，加諸自由主義者「全盤西化」、「民族文化虛無主義」等「非中國化」罪名，也在在試圖說明

自由主義者與中國傳統的疏離。但中國自由知識分子由此對西方思想和價值的讚賞是否表明他們的民族文化虛無主義傾向，卻也是大可商榷的。這裏我們無意捲入種種紛爭之中，然而從已有的討論中，相當清楚地表明，中國自由知識分子對傳統文化的反思，到殷海光那裏已具有了不同的內涵。因此我們也用「傳統之內」與「傳統之外」不同的發言位置來表明一種業已改變的傾向。史華茲先生討論嚴復思想時曾揭示了，每當談及西方與「非西方」衝突，我們總是把西方假設為已知量，在現代西方本身對其紛爭的內在含義陷入令人迷惑、嘈雜喧鬧的爭論時，轉向非西方世界，曾經是模糊不清的西方世界突然顯得清楚明晰，儼然成了一個明確的已知量❺。五四時期對西方的理解，也存在著相似的情形，但把西方作為在政治、社會及文化各方面都可輕易理解的綜合體的表象背後，實際蘊涵的卻是對西方本身極大的誤解，而由於五四一代本身作為跨越兩個時代的知識群體，他們毋寧更熟悉傳統的中國，因此當他們進行文化的反思，往往主要是立足於「傳統之內」，西方倒成為隨意抽取或比附的參照系統。相較而言，殷海光表現出的卻是另一種情形，傳統本身在他那裏是模糊不清，他也不覺得對傳統進行仔細的疏理有何必要。而是立足於「傳統之外」，寄希望於建構一套理論的模式，作為對傳統文化的評判。《中國文化的展望》一書表明，殷海光的這一建構，得到充分的體現。單就對民主與科學的闡釋來說，殷海光無疑遠遠超過五四時期人物。在這個意義上說，近代以來中國知識分子所努力的一個方向，重新確立評判文化傳統的價值尺度，在殷海光那裏得到部分的滿足。而他晚年的反省，同樣具有象徵意義，預示著圍繞著中西文化論爭的古、今、中、外的認知模式的終結。

總的說來，殷海光在五、六十年代的臺灣社會，重整五四精神

是其努力的象徵，借助於發言位置的轉換，無論就其所捍衛的自由主義精神來說，還是其在認知模式方面的建構，以及所確立的反思傳統文化的發言模態，殷海光都代表了五四以來中國自由主義發展的新的趨向。林毓生先生曾稱其為「五四思想集大成的殿軍」❻，或許五四思想的內涵過於寬泛，容易產生歧見，但如果限定於現代中國自由主義思想的傳統來說，這一名謂實不為過，比較形象地說明了殷海光在現代中國自由主義思想史上的地位。

三、思想精髓與內在限制的二重性

我們知道，在某種程度上代表著五四精神的胡適，其所建構的可以投向社會、政治、文化各個方面的現代社會知識樣式，是以其所謂的「科學方法」為核心的。他所重視的永遠是一家或一派學術、思想背後的方法、態度和精神，也實際從他所熟悉的學術思想中抽離出科學方法來，從而開啟了現代中國意識形態立場的科學主義的濫觴。終其一生，胡適用力最深、且產生著極大影響的皆可謂緣於此❼。而殷海光作為五四思想集大成的殿軍，無論就其自由主義思想，還是他對科學方法的倡導以及對文化傳統的反思，都表現出彼此之間的聯繫性。尤其突出的是，如果說成為自由主義者之後的殷海光，確立把「人當人」的理念是其終極性的關懷，而闡述科學方法以及反思傳統都是圍繞著這一根本性的結論展開，那麼，同樣富於意味的是，殷海光也延續了五四以後科學主義的潮流——將科學尤其是科學方法廣泛投射於社會、政治與文化領域，其運思與為學也是以其所揭櫫的科學方法為主導的。闡述自由主義所肯定的諸價值，以及對中國傳統文化進行深刻的批判，都貫穿著他對於科學方

法與科學精神的信仰。正是在這個意義上，殷海光思想的精髓以及思想的內在限制，具有二重性。

從早年產生對邏輯學的興趣，一直到他服膺於邏輯經驗論，終其一生，除了生命的最後幾年，殷海光在為學的基本方法上，大致嚴守著邏輯經驗論的門庭，延續著近代以來中國經驗主義、實證主義的思潮。就邏輯經驗論作為其一生主要的學術志業來說，也許殷海光並無重大的原創性貢獻，他對邏輯經驗論的討論只是停留在一般性的介紹階段。但從一開始，殷海光也許就不是以學問為目的，而是注重發揮啟蒙的功效。在這個意義上，殷海光作為臺灣科學實證論述的催生者，所希望獲致的討論政治、社會與文化的新的問題結構，大致得到實現。借用邏輯經驗論的立場來闡述科學精神與方法，也實際地將近代以來中國思想界這一路思想發展到一個新的高度。這樣的科學精神與方法一方面無疑具有了更為嚴格的認知設準；另一方面，其所投射的領域也更為廣泛。單就對科學精神與方法的辯護來說，殷海光所達到的深度與力度，尤其是闡述的關於認知的獨立的見解，在現代中國可以說無出其右，而將此投射於政治、社會與文化領域，也建構了異於五四思想人物的發言位置與立場。這樣，對於民主、科學、自由的性質、功用與目的的純理的瞭解，以及反思中國傳統文化所建構的理論模態，往往能夠超過五四時期人物，成為五四思想集大成的殿軍。

那麼，如何理解殷海光思想的內在限制呢？許多研究者都揭示了殷海光在自由主義基本理論上並無原創的貢獻，甚至有觀念混淆的現象；他反思中國文化傳統的立場，人們的批評則更多。何以致此？恐怕問題還在於其所秉持的運思與為學的基本設準，這一方面與他的強烈的道德熱情構成了嚴重的緊張；另一方面則不利於在自

由主義理論上有所建構。基本上，殷海光是將邏輯經驗論的意義判
準作為「奧康剃刀」作為反思中國文化傳統的利器，亦即是依據經
驗與邏輯作為認知的基本設準，而排斥諸如情感、意義等在經驗上
不能驗證的建構。以此而言，或許中國文化傳統中的許多觀念性的
命題是無法滿足所謂的經驗命題與分析命題的基本判準的，很容易
就作出無認知意義的判定。問題在於，殷海光是極富道德感的知識
分子，反思傳統是其啟蒙工作的重要組成部分，這樣，他對於傳統
文化分析與判定並不能依據相應的認知設準不予討論就可滿足，必
然會對傳統文化進行滿足其道德熱情和啟蒙宣傳的價值判斷，而這
種價值判斷，無論是否定或肯定傳統文化中無法滿足證實原則的一
些命題，都會使人對他的結論同樣產生能否符合一定的認知設準的
問題。亦即是批判中國傳統文化缺乏邏輯與經驗的認知意義的殷海
光，其所加諸的價值判斷以及情感的渲洩，同樣產生著能否滿足其
所確立認知設準的問題。於是殷海光對中國文化的思考，也許最終
是滿足了他的道德熱情與啟蒙關懷的認知立場，但其哲學意涵究竟
何所指，倒成了嚴重的問題。

　　同樣的問題也出現在自由主義理論的建構上。從邏輯經驗論的
立場出發，固然有助於殷海光對科學、民主、自由的性質、功用及
目的作純然的瞭解，也可以幫助他批判那些反民主反自由的學說。
但如何建構自由民主的理論，在邏輯經驗論那裏也是毫無辦法的問
題，這主要在於自由主義理論所肯定的諸價值的終極的辯護理由，
涉及許多功利的觀點，道德的作用以及對人性的基本看法，所謂「不
證自明」的論證方式，實際蘊涵著無法滿足經驗的證實原則。這樣，
雖然殷海光最終是選擇、借用海耶克、波普爾等的學說作為建構其
民主自由理論的基石，但海氏與波氏的學術立場，又與他奉為圭臬

的邏輯與分析哲學構成了尖銳的衝突。所以，從根本上講，他所服膺的為學的基本立場，並不能有助於他積極地建立自由民主的正面理論。不僅不能，如果進一步追問，還顯示了殷海光作為引介邏輯經驗論的學者與作為自由主義思想家，其角色身分之間構成了某種緊張的關係。實際上，殷海光從排斥情感、意義的認知立場出發，最終的成就卻是賦予自由主義道德的力量，已足以說明歷史的弔詭。

　　殷海光於今仍然是充滿爭議的歷史人物，對於這樣的人物，蓋棺論定的話，通常是會被歷史的發展無情嘲諷的。所幸的是，度盡劫波的殷海光，終究轉化為恩怨將盡的純然的歷史命題，因而平心靜氣就殷海光論殷海光也成為可能。綜觀殷海光一生的奮鬥歷程，無疑的，其思想在今天看來是存在著相當大的內在限制的，但對於歷史人物，這並不能構成我們忽視他的理由，更不應對此做出一副不屑一顧的神情。每一代的學者都面臨著獨特的時空格局與問題結構，所追求的目標是否達成，對後人來說其實並不是最為重要的。對殷海光來說，尤其如此。這不僅意味著他所努力的方向——對科學與自由民主觀念的闡釋以及反思文化傳統的理論建構，以前所未有的深度，使他成為現代中國自由主義傳統中不可或缺的人物，更在於在這一過程中，殷海光呈現的巨大的道德感召力，具有永恆的意義。當自由主義的思想仍是以一種被壓抑的形式出現時，道德的激情是必不可少的歷史動力，因此，賦予自由主義道德尊嚴的殷海光，也必將給予關心自由主義在中國的前途的人士一種真切的精神力量。

注　釋

❶　愛因斯坦：〈悼念居里夫人〉，見許良英等編譯：《愛因斯坦文集》（北京：商務，1994），頁339–40。

❷　史華茲、林毓生：〈一些關於中國近代和現代思想、文化與政治的感想──對話錄〉，見周陽山編：《中國文化的危機與展望──文化傳統的重建》（臺北：時報，1982），頁413–25。

❸　關於中國早期自由主義者觀念上的含混，參見章清：〈自由主義：啟蒙與民族主義之間〉，見劉青峰編：《民族主義與中國現代化》，頁401–21。

❹　參見林毓生：《中國意識的危機》（貴州：人民，1988年增訂再版本）；《中國傳統的創造性轉化》（北京：三聯，1988）。

❺　史華茲：《尋求富強：嚴復與西方》，頁1。

❻　林毓生：〈殷海光先生終生奮鬥的永恆意義〉，《殷海光紀念集》，頁131。

❼　在以往筆者所從事的胡適研究中，對此多有所論。參見《胡適評傳》（江西：百花洲文藝出版社，1992）。

年　表

民國八年（1919）

　　12月5日殷海光生於湖北黃岡縣回龍山團鳳鎮殷家樓。這是一個極為普通的耕讀之家。祖父名明萬，字翼庭，以教書為業。下有三子：子衡、子林、子平。殷海光的伯父殷子衡，父親殷子平是這個家庭的兩個要角，主要從事傳教士和教書的工作。

民國十九年（1930）

　　湖北省教育廳公佈施行「湖北省中小學校學生畢業試驗暫行辦法」，規定中學成績計算法為：黨義、國文、英文、數學、歷史、地理、理科、圖畫手工、樂歌、體育。殷海光約在這個時期進入中學階段的學習，也意味著所學內容已完全是新式教育那一套；且三民主義的意識形態取代了儒家學說對青年人身心的塑造。殷海光在武昌一所中學唸書時並不順利，他的伯父和父親把他列入「不堪造就」之類，曾讓他輟學到漢口一家食品店做學徒。但做生意似乎更不適合他，經一再向伯父和父親懇求，才得以回到武昌復學讀書。

民國二十一年（1932）

　　任教於清華大學哲學系的張申府主編的《大公報》副刊《世界思潮》9月創刊，終刊於1934年12月。總計88期文字，對斯時流行的邏輯與分析哲學作了大量的介紹。《世界思潮》成為殷海光年少

時最喜愛的讀物，對他產生很大的影響。

民國二十四年（1935）

　　年僅15歲的殷海光1月在《東方雜誌》發表了迄今所能判明的第一篇學術文字〈意志自由問題底檢討〉，這篇文字受《世界思潮》的影響非常明顯。讀金岳霖的《邏輯》一書，對金產生景仰之情，直接致信金，金的回信除答覆其問題，還表示欣賞其見解。受金的鼓勵，殷海光更加著迷於邏輯學。當定購到Chapsman和Henle合著的*The Fundamental of Logic*（《邏輯基本》）一書，歷半年將其譯為中文。

民國二十五年（1936）

　　高中畢業，受金岳霖鼓舞的殷海光決心赴北平求學。在北平約一年的時間，殷海光受到金的言傳身教，並藉此結識了一些著名學者。那時，金岳霖、沈有鼎、張東蓀、張申府、汪奠基等清華、燕京大學的教授組織了一個邏輯研究會，每周聚會討論與邏輯有關的問題，殷海光前往旁聽，老一輩學者的為學風範使他大開眼界。但他明顯地表現出不喜歡張東蓀和熊十力的為學為人之道。該年，殷海光根據翻譯《邏輯基本》一書所寫的「譯者引語」改寫成的〈邏輯和邏輯學究竟是什麼〉一文，由金岳霖推薦發表於張東蓀主編的《文哲月刊》。

民國二十六年（1937）

　　夏天殷海光準備考入清華大學哲學系讀書，但中日戰事爆發了。他只好輾轉回到家鄉，靜待時局的改善。所翻譯的《邏輯基本》一書由正中書局出版。

民國二十七年（1938）

　　春天，當知悉清華大學與北京大學、南開大學南遷昆明，合組

國立西南聯合大學，殷海光決定赴昆明求學，繼續追隨金先生。秋天，通過全國高等院校統一招考，進入西南聯大文學院哲學心理學系。在各種學術與政治的思想都異常活躍的校園，除了在學術上繼續早年的追求，殷海光的政治關懷於此也有了最初的安頓。那就是認同於國民黨的統治之道，成為色彩鮮明的右派學生。當然，由於西南聯大保持有五四遺風，體現著五四時知識分子為科學、民主、自由奮鬥的理想，殷海光也受到自由主義精神的洗禮。

民國三十一年（1942）

夏天畢業於西南聯大哲學心理學系。入清華研究院文科研究所哲學學部，繼續讀書。

民國三十三年（1944）

10月蔣介石發出「十萬青年十萬軍」的號召，西南聯大也破例全校停課，進行動員。積極擁戴蔣介石與國民黨的殷海光，終止尚未完成的學業，投身其中。後來西南聯大為紀念從軍學生，「國立西南聯合大學紀念碑」的背面專門刻有「國立西南聯合大學抗戰以來從軍學生題名」，總計八百三十四人中，殷海光的名字（殷福生）也列於上。

民國三十四年（1945）

成為二〇七師炮一營補給連的二等兵，調往印度接受汽車駕駛訓練。八個月後，日本投降，殷海光退伍返國。其後在重慶的獨立出版社謀到一個編輯工作。殷海光的才識為擔任國民黨宣傳部長的梁寒操所賞識，將他延攬至宣傳部擔任編案工作。這年殷海光出版了他的第一本書《光明前之黑暗》，完全是站在國民黨與蔣介石忠誠的擁戴者立言。在這裏，殷海光結識了將成為其相濡以沫的伴侶的夏君璐小姐，以及在以後的歲月中時為朋友、時為論敵的徐復觀。

民國三十五年（1946）

9月重慶商務印書館出版了殷海光譯述的卡爾納普（Rudolf Carnap）所著《哲學與邏輯語法》(*Philosophy and Logical Syntax*)一書，顯示其對維也納學派（Wiener Kreis）的思想已有相當的瞭解。10月，來到重新成為政治中心的南京尋求發展。經徐復觀竭力向有關人士揄揚，殷海光被延攬進國民黨黨報《中央日報》任主筆；後又受聘於金陵大學任講師。

民國三十七年（1948）

由於《中央日報》的「社論」不署名，殷海光任主筆所寫文字無法一一判明。該年殷海光在報刊雜誌上所發表的文字主要包括〈五四與今日〉、〈我們走那條路?〉、〈我對國共的看法〉、〈趕快收拾人心〉等。9月，獨立出版社還出版了他所寫的《中國共產黨之觀察》一書。從中能發現殷海光思想轉變的契機，其思想經歷著靈魂深處的拷問，心中的政治偶像國民黨已漸喪道義；而又否認國共兩黨之外的「第三條道路」的可能性。只是泛泛地認為應該走政治民主、經濟平等的民主社會主義之路。由於〈趕快收拾人心〉一文為《大公報》轉載，殷海光名聞士林。

民國三十八年（1949）

3月，殷海光主編的《中央日報》《青年週刊》出版，從第三期開始，殷舉辦了題為《邏輯對話》的「青年知識講座」，共計刊發了十一講，一直到7月《青年週刊》轉由王新命主編。後隨《中央日報》遷臺。該報在臺灣發刊時，殷海光仍為主筆之一。同時兼任《民族報》（今《聯合報》前身）總主筆。在《中央日報》發表的主要文字有〈中國現代政治思潮〉、〈邏輯對話〉等文。6月和11月，匯聚於香港、臺灣的部分知識分子分別創辦了《民主評論》與《自

由中國》雜誌。殷海光參與了《自由中國》雜誌的創刊活動，在創刊號上發表〈思想自由與自由思想〉一文。因為徐復觀的關係，在《民主評論》創刊號上發表〈中國底前途〉，以後也常為雜誌撰稿。這年8月，殷海光還到臺大親訪校長傅斯年，謀得在臺大哲學系任講師的職位。

民國三十九年（1950）

仍是把自己的命運同潰敗臺灣的國民黨聯繫在一起，這年所寫文字大多是檢討國共這場戰爭的性質以及可能造成的後果，尤其是把中共同共產主義及蘇俄聯繫在一起思考。這些文字包括〈民族戰爭呢？還是社會戰爭？〉、〈中國會出現鐵托嗎？〉、〈反布爾希維克主義〉、〈戰爭與自由〉、〈這是唯一的出路〉、〈關於「統一思想」底問題〉、〈羅素論權威與個體〉、〈第二十世紀〉、〈蘇維亞怎樣管制思想〉。 該年較重要的文字是發表於《自由中國》的〈自由主義底蘊涵〉， 殷海光認為自由主義有四個層面，即政治的自由主義、經濟的自由主義、思想的自由主義、倫理的自由主義，所表達的主要觀點仍是政治民主、經濟平等的主張。

民國四十年（1951）

殷海光與徐道鄰、張佛泉、許冠三、周德偉等組織一個座談會，約每兩個星期在周德偉家聚會一次，討論反共思想及其他哲學思想問題。這年主要為《自由中國》撰寫文章，內容偏重於政論性質，較重要的有〈麥帥解職底教訓〉、〈共黨語言可以襲用嗎？〉、〈言論自由的認識及其基本條件〉。 還撰文〈我憶孟真先生〉紀念去年底逝世的臺大校長傅斯年，推崇其「象徵著反極權反奴役的自由主義的精神」。 討論邏輯與邏輯經驗論的文字主要有〈科學經驗論底徵性及其批評〉、〈邏輯底性質與範圍〉。

民國四十一年（1952）

　　6月在《自由中國》發表反思其心路歷程的長文〈我為什麼反共〉，聲稱自己的思想進入第三個階段，那就是抖落了以往以政治民主、經濟平等二者並重立論的因襲，認識到必須先求實現政治民主，才能打開中國數千年的死結。另外〈自由人底反省與再建〉的長文也是這年重要的文字。其他文字主要有〈為害於人類的觀念〉、〈經濟政策與經濟學理〉等。

民國四十二年（1953）

　　讀到海耶克出版於1944年的《到奴役之路》，殷海光形容說：「當我讀到這本著作時，好像一個寂寞的旅人，在又困又乏又渴時，突然瞥見一座安穩而舒適的旅舍。」並動手「翻譯」此書，從9月起在《自由中國》連載。譯述的《共產國際概觀》一書由中華文化出版社出版。另外還發表〈新蘇維埃帝國〉、〈治亂底關鍵──中國的治道讀後感〉、〈科學與人文之理則〉、〈邏輯究竟是什麼〉、〈實證論導引〉等文章。這年10月25日，殷海光與臺大農化系畢業的夏君璐小姐結婚。在給朋友的信中，他情不自禁地說：「我底太太真漂亮。有點西洋風。……而尤值得說者，她底心性之好，在現今實在少見。她有一個完整的人格，我常自覺慚愧。」

民國四十三年（1954）

　　以哈佛大學燕京學社訪問學人身分，赴美從事研究。在《自由中國》發表〈政治組織與個人自由〉、〈獨裁怕自由〉、〈這是國民黨反省的時候〉、〈從一點邏輯問題說起〉等文。

民國四十四年（1955）

　　殷海光春季由美返臺，行前曾到傅樂成處盤桓，傅的回憶顯示殷海光此時已對中國的思想文化發生興趣，見解甚高，而缺乏史實

的依據。在香港的《祖國週刊》發表〈民主底試金石〉、〈自由的真義〉、〈傳統底價值〉、〈論科學與民主〉等幾篇重要文章。所譯述的《西方之未來》一書，由華國出版社出版。

民國四十五年（1956）

7月所著《邏輯新引》一書由香港亞洲出版社出版；9月記述遊美經歷的《旅人隨記》一書由香港友聯出版社出版。在《自由中國》發表〈個人為國家之本〉、〈教育部長張其昀的民主觀──君主的民主〉、〈再論「君主的民主」〉等文。11月陳伯莊在香港創辦《現代學術季刊》，特邀請殷海光參加編述。殷在創刊號上發表〈邏輯經驗論導釋〉一文，以後這個雜誌也成為他闡釋邏輯經驗論的主要陣地。這年3月16日，殷海光的獨生女文麗出生。

民國四十六年（1957）

升任臺大教授。在《現代學術季刊》發表〈經驗科學整合底基礎〉、〈因果底解析〉、〈運作論〉等重要的論學文字。為祝賀胡適六十五歲生日，殷海光撰就〈胡適思想與中國前途〉一文，高度評價胡適自由主義思想在中國啟蒙運動中有創導作用；胡適思想普及，中國才有前途。5月在《自由中國》發表〈重整五四精神〉一文，在五四快要被人們忘卻的日子，殷海光道出未來要救中國，還須從五四所倡導的民主與科學的根本精神入手。從8月開始，《自由中國》雜誌推出總標題為「今日的問題」的一系列社論，全面檢討臺灣的政治、經濟、軍事、司法、教育、新聞等問題。殷海光所寫的代緒論〈是什麼，就說什麼〉，表達了《自由中國》知識分子不逃避現實，不作玄幻無益之談的決心。首先討論的是〈反攻大陸問題〉，殷提出無論就國際形勢還是就現代戰爭的必要條件來說，「反攻大陸」的「公算」都甚微，國民黨抓住這個口號不放，只能為此所誤，「弊

害橫生」。 這篇文字在臺灣社會激起軒然大波，國民黨官方給《自由中國》扣上提倡「反攻無望論」的帽子，而回國就任中央研究院院長的胡適，也認為不該去碰這個敏感問題。殷海光後又分別寫了兩篇文章〈關於「反攻大陸問題」的問題〉、〈與胡適先生論「反攻大陸」問題〉，只是後文當時沒有刊出。

民國四十七年 （1958）

在「今日的問題」中，殷海光又撰寫兩文〈我們的教育〉、〈近年的政治心理與作風〉。 在《自由中國》發表的有關思想文化方面的文字還有〈請勿濫用「學術研究」之名〉、〈跟著五四的腳步前進〉、〈學術教育應獨立於政治 〉、〈共黨為什麼清算 「胡適思想」?〉、〈政治的神經衰弱症〉、〈自由民主是反共的活路〉、〈創設講理俱樂部〉、〈論二分法〉、〈對梅部長的低調希望〉、〈為教師爭人格〉、〈認清當前形勢・展開自新運動 —— 向大陸作政治進軍〉、〈從衛星放射到彌賽亞精神〉、〈你要不要做人〉等文。學術性文字主要有〈論科學的說明〉、〈羅素底後設科學及其影響〉、〈論「大膽假設，小心求證」〉、〈後設歷史學試論〉等。12月，殷海光在臺大公開演講「胡適與國運」， 演講中提到對現代中國思想最有影響的人物，只列舉了康有為與梁啟超、陳獨秀與胡適四人，對官方所塑造的偶像和三民主義並無半句恭維，因此「招致了某黨人士的極度不滿」。自此以後，臺大同學再約請殷演講，概遭學校訓導處拒絕。

民國四十八年 （1959）

3月，胡適在《自由中國》發表〈容忍與自由〉，強調容忍是自由的根本，沒有容忍，就沒有自由。緊接著下期《自由中國》， 殷海光發表一篇回應性的文章〈胡適論「容忍與自由」讀後〉， 一方面對胡適的觀點表示了尊重；但同時對胡適的看法做了一些推衍與

批評性的補充。認為古往今來容忍的總是老百姓，從而導出必須以權力制約權力的觀點。這年所發表的政論性文字主要有〈論自由主義者及其任務〉、〈自由中國之路〉、〈展開啟蒙運動〉、〈胡適與國運〉、〈中國文化發展的新取向〉。學術性文章則只有〈科學與唯物論〉。另外，1月，文星書店出版了殷海光所著《怎樣判別是非》的小冊子。

民國四十九年　（1960）

政治恐怖已有「山雨欲來」之勢，5月石翠在《自由中國》發表〈學術自由在臺大〉一文，介紹了臺大學生刊物《華僑青年》約請殷海光寫稿，殷寫了〈人是不是人〉，但出版前校方堅持拿掉，不許刊登。讀了石翠文後，殷海光也接著發表一篇〈致雷震先生的一封公開信〉，詳述此事。雷震等人準備籌組新黨時，殷雖未直接參與，卻在7月的《自由中國》雜誌上發表〈我對於在野黨的建議〉一文，對未來新黨的稱呼、基本目標、政綱內容、工作重心和基本態度提出理論分析，以供參考。9月1日由殷海光執筆的《自由中國》社論〈大江東流擋不住〉，還在熱情地宣揚說，臺灣熱忱於自由民主憲政救國的人士積極籌組一個新黨，作為實現自己抱負的機構，乃「大江東流擋不住」。但三天以後，就發生了著名的「雷案」，雷震以包庇匪諜、知匪不報的罪名遭逮捕，結果不僅新黨胎死腹中，《自由中國》雜誌也遭查封。「雷案」發生後，同樣陷於隨時都可能被捕的危險之中的殷海光沒有忘卻其應盡的道義，除了在《民主潮》發表〈我看雷震和新黨〉和〈法律不會說話〉的抗議文章，還起草了以殷海光、夏道平、宋文明三人的名義發表的一份共同聲明：「雷震先生是《自由中國》半月刊的發行人，因而他對《自由中國》半月刊的言論負有法律的責任；可是，我們是撰稿人，對於我們自

己撰寫的文字，我們從來沒有規避自己應負的言論責任。」 這年，殷海光發表的嚴厲批評臺灣政治的政論性文字主要還有〈烏煙瘴氣的政治活動在臺大!〉、〈新中國出現的一天〉、〈「五四」是我們的燈塔!〉、〈「反共」不是黑暗統治的護符!〉、〈外傷與內潰〉、〈我對於三民主義的看法和建議〉、〈我們要有說真話的自由〉。 學術性文字主要有〈怎樣研究邏輯?〉、〈經驗科學底基本謂詞〉、〈邏輯經驗論再認識〉、〈從有顏色的思想到無顏色的思想〉， 發表於香港的《祖國週刊》和《大學生活》。

民國五十年 （1961）

不再撰寫批評臺灣社會政治問題的文字，專注於學術研究，主要文章有〈語言世界與經驗世界〉、〈試論信仰的科學〉。 並且頗有意味地發表在香港的《大學生活》。

民國五十一年 （1962）

2月《文星》雜誌第五十二期刊出李敖的〈給談中西文化的人看看病〉，掀開了在臺灣思想舞臺引起頗大反響的「中西文化論戰」。由於《文星》這時已逐漸成為殷海光門下弟子的主要發言場所之一，努力要鍛鍊「隔離的智慧」，「形同隱居」的殷海光再次被推到輿論中心，以其為背後的策動者。10月致信林毓生：「據道路傳聞，說在西化派這一方面，是我在後面調度。咳! 這真是天大的冤枉。年來我形同隱居，不問外事，報也不看了。除教書糊口以外，我唯一努力的工作就是完成中國近代思想史。那有閒空去攪這個混水!」

民國五十二年 （1963）

不願捲入新一輪論戰泥沼的殷海光，還是不斷被各種力量拖進是非圈中。7月，英國的《中國季刊》（*China Quarterly*）刊登了臺灣專論，其中易社強（John Israel）所寫的〈臺灣的政治〉一文有

論及殷海光處，大意說殷學崇羅素，隱然推崇其為臺灣自由主義思想的領袖。這樣的提法不為一些人士所容。在《文星》發表〈論科際整合〉的重要文章。

民國五十三年（1964）

　　〈臺灣的政治〉一文觸怒徐高阮，3月在《中華雜誌》發表了〈評倫敦「中國季刊」的臺灣特輯〉，全盤否定殷海光的人格與學問，指責其為學術欺詐者，沒有學術真誠。10月，殷海光的學術論著《思想與方法》一書由文星書店出版。半年後即再版，殷甚感快慰：「此間比較硬性的書能在不到七個月就需要再版，這種情形可能證明自由中國知識界對我有所瞭解和選擇。……在這種年月，還有什麼鼓勵比這更大呢？」

民國五十四年（1965）

　　徐高阮繼續在《中華雜誌》發表文章，指文星書店為賣國集團的知識欺詐教練。殷海光4月曾撰文〈讓我們攜手從事文化創建〉，但李敖認為與徐高阮等談攜手從事文化創建，乃與虎謀皮，故不予刊登在《文星》雜誌上。8月，胡秋原以為中西文化論戰是殷在幕後指使，加入《中華雜誌》的圍攻之列。斯時流行的出版物對殷的指控包括：殷是反民族、反傳統的毒素思想的泉源；係偽自由主義者、文字賣國者、知識欺詐者。為迎接海耶克的訪臺，殷海光籌劃在《文星》出專號，四處約稿。9月，他將所譯的《到奴役之路》一書重新修訂，交文星書店出版。殷所寫〈自序〉，承認過去的「翻譯」只能算是意譯，尤其是將激越之情沾染上去，與海耶克的蕭穆莊嚴頗不調和。10月，海耶克來臺訪問，《文星》以之為封面人物，殷海光也在該雜誌的第九十六期發表〈自由的倫理基礎〉一文，強調自由的倫理基礎有而且只有一個：把人當人。殷與海耶克曾晤談，

後來致信林毓生說:「在臺灣,能和他談經濟學的可以找出三五人。但是,能同他談philosophy和social thought的人就少之又少了。」「我和他討論時,除了學議上的滔滔不絕以外,所表現的愛智的真誠,在中國文化分子裏我只見於本師金先生等少數學人。這實在令人感動。」12月,《海耶克和他的思想》一書由文星書店出版。

民國五十五年 (1966)

1月1日,《中國文化的展望》一書由文星書店出版。這是殷海光被剝奪《自由中國》的發言位置以後,「獨自出發來尋找出路和答案」的結晶,主題是「論列中國近百年來的社會文化對西方文化衝擊的反應。以這一論列作基礎,試行導出中國社會文化今後可走的途徑」。 許倬雲與金耀基分別在臺灣的《思與言》和香港的《大學生活》發表中肯的評論,肯定此書的學術意義。春季,文星書店遭整肅。6月,由於胡秋原、張其昀的發難,殷海光被迫撤銷申請「國家長期發展科學補助金」, 放棄了最低生活費用的一半。7月,《中國文化的展望》一書被警總查禁,理由是「該書內容反對傳統文化精神,破壞社會倫常觀念,足以淆亂視聽影響民心士氣」。8月,教育部致函臺大,擬聘殷為教育部教育研究委員會委員。殷海光深知此乃當局以調職的掩人耳目的手法,達到「變相解聘」的目的,所以致函臺大校長錢思亮:「我並沒有一定在臺大待下去的意思。……我只希望得到一點時間,繼續努力,設法到別地謀生。如果一時還不成,我希望有機會轉到研究中國近代歷史之類的純學術機構,從事研究,完成我預備著作的中國近代思想史。如果連這都辦不到,我再設法做點小生意謀生。」雙方議定,今年形式上仍是臺大教授,但終止上課,明年7月與臺大的一切關係全部消失。9月,有關單位到殷家勸其接受教育部的聘書,而送聘書的居然是安全人員和黨部

人員，殷海光極其憤慨地說：「他們像惡霸一樣，強暴了女人，又要受害人自己代他們掩飾。」並表示：「我敢拿生命打賭，我不會接受那張聘書，我也不會去做官。」由於所有的生活來源均被切斷，殷海光計劃到美國教書謀生。致函美國朋友屈萊果教授：「我不能再在臺灣立足了。唯一的辦法就是到美國去謀生。……我現正填寫一份申請表格，要求你做我的諮詢人。」生活陷於極大的困境的殷海光，得到朋友和學生的仗義相助。9月起應齊世英之約開始為《時與潮》雜誌撰文，除了〈我與羅素的討論〉外，這些文字大多是圍繞大陸斯時所發生的「文化大革命」所寫的時評。計有〈這樣的紅衛兵〉、〈紅衛兵是義和團嗎?〉、〈自動的把膿包戳破了!〉、〈狂徒的暴跳〉、〈文化的自殺〉、〈向墳墓進軍〉等文，不用說撰寫這些文字主要是從生計上考慮。

民國五十六年〔1967〕

迫於生計，一向孤傲的殷海光也不得不向友人、學生求助。1月10日致信許冠三：「我是一個很不善謀生的人。說來也慚愧，離開校門以後二十多年後，依然『兩袖清風』。當然，這種待遇也不可能有積蓄的。我的收入被切掉了一半，另一半今年7月30日停止。所以，生計問題馬上臨頭，躲也躲不掉。這是必須跟老朋友們切實商量的，也必須老朋友們設法的。」3月8日又致信張灝：「我如今，頭髮如霜，現實裏的一切，什麼也不屬於我，連基本的生存也成問題，還要student-friends來支持，並且還要向那陌生的『學術市場』出售自己。我的心情，在某些方面，頗似晚年的陳獨秀，或流亡墨西哥的托洛茨基。每一念及，心靈怎不感到輕微的震動。」信中還談到，近年來，他常常要找個最適當的名詞來名謂自己在中國這一激盪時代所扮演的角色，現在終於找到了，那就是「五四後期人物」。

就在這個月，殷海光身體已感不適，食慾愈來愈低。到 4 月，在幾個學生的督促下到宏恩醫院檢查，確診為胃癌。後轉到臺大醫院。5月1日做了手術，胃切除三分之二，14日出院。這時，哈佛大學決定聘請殷海光到哈佛與史華茲從事中國近代思想史的研究，但出國手續一直未能辦妥。直到11月，哈佛燕京學社的主任裴理哲到殷宅晤訪，才當面議定，在殷未獲離臺前，研究費用照發。今年所寫的主要文字仍是發表於《時與潮》的〈人生的基石〉、〈背反的轉變〉、〈大地的震動〉。

民國五十七年（1968）

致信朱一鳴：「在這一段時間，我只有耐心等待、工作、讀書、著作。現在要完成中國近代思想史，再修改《中國文化的展望》，這都是著意使今後中國人瞭解近代中國，也是幫助外國人瞭解中國。在這完成之後，撰寫《中國與世界的前途》。」這一年，殷海光也主要為哈佛大學撰寫中國近代思想史做準備工作，但始終沒有動筆。而對他以往的工作進行了深刻的反省。5月致信盧鴻材：「我對我過去的寫作，相當的失去興趣了。我甚至往往對半年以前的作品不滿。我認為我過去的寫作，除了文筆鋒利及思想快捷以外，在內容方面距離成熟遙遠得很。《中國文化的展望》那部書，在我現在看來，只能算是開風氣的作品。」9月，又致信林毓生，稱「毓生真是我的一面鏡子」，「經弟的X光對我透視，我才自覺到，我二、三十年來與其說是為科學方法而提倡科學方法，不如說是為反權威主義、反獨斷主義、反蒙昧主義（obscurantism）、反許多形色的ideologies而提倡科學方法。」對於他所崇奉的五四本身，也進行了深刻的檢討：「自五四以來，中國的學術文化思想，總是在復古、反古、西化、反西化、或拼盤式的折衷這一泥沼裏打滾，展不開新的視野，拓不

出新的境界。」「在五四當時，領導人物又哪裏有深遠一點的眼光？
他們多會呼叫，少能思想。」

民國五十八年〔1969〕

　　拖著病身，仍在努力研究與思考。約在4月完成了英文長文〈剖
析國民黨〉，對國民黨政權的基本結構與形態，以及由於一黨專政
所造成的種種弊端，進行了頗為深透的分析。在生命的最後一刻，
五四仍是他心中的「魯殿靈光」，為紀念五四五十週年，他在家中
放炮竹慶祝，並在《大學生活》發表〈五四的隱沒與再現──紀念
五四五十週年〉，文章最後寫道：「五四運動倡導『民主』及『科學』
五十年後，民主完全落了空，科學的基本態度也很少被人接受。但
是，如果二者是人的生活所必不可少的要素，那麼就會有許多人不
斷的追求它們。如果有許多人不斷的追求它們，那足見它們還是社
會文化變遷的動力。如果它們還是社會文化變遷的動力，那麼遲早
可能有再現的日子。」5月18日羅素九十七歲誕辰，殷也約一些朋友
聚會在羅素照片下，切蛋糕慶祝。6月，癌病復發，入臺大醫院。
張灝前去探視，殷還能興奮地長談。張灝後來回憶說：「說話時那
種激動和興奮，顯示著：十年來政治上的迫害，社會上的冷漠與誣
蔑，長年的衰病和死亡的威脅，沒有絲毫冷卻他那特有的理想主義
精神。」由於病情愈益加重，醫院也束手無策，殷海光只有回家治
療。在與來探望他的朋友與學生的交談中，顯示了殷海光對於很多
問題留下了最後的見解。其中尤其是由陳鼓應等學生所筆錄的病中
語錄，顯示了殷海光對於他所竭力提倡的科學方法，以及反思傳統
文化的立場，都有了重大的改變。對他的一生，也進行了總結。其
中說到：「我思想發展的軌跡有明顯的條理的，一方面我跟反理性
主義、蒙昧主義、偏狹思想、獨斷教條作毫無保留的奮鬥，另方面，

我肯定了理性、自由、民主、仁愛的積極價值，我堅信這是人類生存的永久價值。」9月初病情惡化，再入臺大醫院，由學生輪流守候照顧。9月16日下午五時四十五分殷海光終告不治，病逝於臺大醫院。1967年4月22日在宏恩醫院口述的遺囑是:「我如今也快活到半個世紀了。對於個人的生死並不足惜，否則這五年以來也不會是這個樣子了。所憾我有四件事:第一，我覺得很對不起我的太太，她是很好的家庭出身的，她的身世和相貌，大可不必和我這樣的一個人在一起。我歷經窮困，有時連買菜的錢都沒有，我脾氣又大，十幾年來經歷這麼多艱險，受過那麼多人的攻擊構陷，她受盡委曲，但從無半句怨言。第二，對不起孩子，不能給她更好的教育和適當的環境。第三，在我的思想快要成熟時，我怕沒法寫下來，對苦難的中國人民有所貢獻。第四，對青年一輩，可能沒法有一個最後的交代，《思想與方法》《中國文化的展望》只是一個開始，何況我又一直在改變和修正我自己的思想。我若死在臺灣，希望在東部立個大石碑，刻著『自由思想者殷海光之墓』，身體化灰，撒在太平洋裏，墓碑要面對太平洋。」

主要參考書目

一、殷海光主要論著

《中國文化的展望》上、下（臺北：桂冠，1990），殷海光著

《春蠶吐絲——殷海光最後的話語》（臺北：寰宇，1971），陳鼓應編

《思想與方法》（臺北：文星，1964），殷海光著

《哲學與邏輯語法》（重慶：商務，1946），殷福生譯述

《殷海光書信集》（臺北：桂冠，1988），盧蒼主編

《殷海光先生文集》（臺北：九思，1978）

《殷海光全集》1～18（臺北：桂冠，1990），林正弘主編

《殷海光近作選》（香港：殷海光文選委員會，1969）

《殷海光選集》（香港：友聯，1971）

《殷海光選集・政論篇》（臺北：桂冠，1988），盧蒼主編

《殷海光・林毓生書信集》（臺北：遠流，1984）

《海耶克和他的思想》（臺北：傳記文學出版社，1979），殷海光等

二、有關殷海光的回憶資料

《中國自由主義的領港人》（臺北：四季，1981）

《我的殷海光》，《李敖全集》7（臺北：四季，1983），李敖著

《殷海光先生紀念集》（香港：友聯，1971），殷海光先生紀念
集委員會編

《殷海光紀念集》（臺北：桂冠，1990），殷夏君璐等著

三、殷海光任職或撰稿的主要報刊

《大學生活》

《中央日報》

《文星》

《民主評論》

《民主潮》

《民族報》

《自由中國》

《時與潮》

《現代學術季刊》

《祖國週刊》

四、其他參考資料

《開放中的變遷》（香港：中文大學，1993），金觀濤、劉青峰
著

《開放社會及其敵人》（臺北：桂冠，1978），卡爾・波普爾著，
莊文瑞、李英明譯

《五四與中國》（臺北：時報，1980），周策縱等著

《五四：多元的反思》（香港：三聯，1989），林毓生等著

《歷史決定論的貧困》（北京：華夏，1987），卡爾・波普爾著，杜汝楫、邱仁宗譯

《中國的啟蒙運動——知識分子與五四遺產》（太原：山西人民出版社，1989），舒哲衡著，李國英等譯

《中國文化的危機與展望——文化傳統的重建》（臺北：時報，1982），牟宗三等著

《中國文化的危機與展望——當代研究與趨向》（臺北：時報，1980），杜維明等著

《中國傳統的創造性轉化》（北京：三聯，1988），林毓生著

《中國現代化的區域研究：湖北省（1860～1916）》（臺北：中央研究院近代史研究所，1987），蘇雲峰著

《中國現代化的歷程》（臺北：時報，1981），金耀基等著

《中國現代思想中的唯科學主義》（南京：江蘇人民出版社，1989），郭穎頤著，雷頤譯

《中國意識的危機》（貴陽：貴州人民出版社，1988年增訂再版本），林毓生著，穆善培譯

《從傳統到現代》（臺北：時報，1986），金耀基著

《六十年來的「中央日報」》（臺北：中央日報社，1988）

《卡爾納普思想自述》（上海：譯文，1985），魯道夫・卡爾納普著，陳曉山、涂敏譯

《立足臺灣，關懷大陸》（臺北：東大，1991），韋政通著

《北京大學校史1898～1949》（上海：教育出版社，1981），蕭超然等著

《民族主義與中國現代化》（香港：中文大學，1994），劉青峰編

《西方哲學史》（北京：商務，1982），羅素著，何兆武、李約瑟譯

《西潮》（臺北：業強，1991），蔣夢麟著

《當代大思想家海耶克學術綜述》（臺北：正中書局，1975），周德偉著

《當代世界政治理論》（北京：商務，1983），愛・麥・伯恩思坦著，曾炳鈞譯

《當代哲學主流》（上卷）（北京：商務，1986），施太格繆勒著，王炳文等譯

《自由與人權》（臺北：臺菁，1979），張佛泉著

《自由主義政治哲學——哈耶克的政治思想》（北京：三聯，1992），霍伊著，劉鋒譯

《自由民主的思想與文化》（臺北：自立晚報社，1990），韋政通等著

《自由的憲章》（臺北：臺灣銀行經濟研究室，1981），海耶克著，周德偉譯

《名理論（邏輯哲學論)》（北京：北京大學出版社，1988），路・維特根斯坦著，張申府譯

《論傳統》（上海：人民出版社，1991），E.希爾斯著，傅鏗、呂樂譯

《論道》（北京：商務，1985），金岳霖著

《尋求富強：嚴復與西方》（南京：江蘇人民出版社，1989）本杰明・史華茲著，葉鳳美譯

《嚴復集》1～5（北京：中華書局，1986），王栻主編

《我的哲學的發展》（北京：商務，1985），羅素著

《近代中國思想人物論——自由主義》（臺北：時報，1980），
史華茲等著

《近代中國思想人物論——保守主義》（臺北：時報，1980），
傅樂詩等著

《近代中國思想人物論——晚清思想》（臺北：時報，1980），
張灝等著

《近代武漢城市史》（北京：中國社會科學出版社，1993），皮
明庥主編

《社會政治哲學論著》（臺北：商務，1968），周德偉著

《張申府學術論文集》（濟南：齊魯書社，1985），張申府著

《武昌革命史》（見沈雲龍主編：《近代中國史料叢刊續輯》851
～853），曹慶雲著

《現代政治分析》（上海：譯文，1987），羅伯特・A・達爾著，
王滬寧、陳峰譯

《到奴役之路》（臺北：桂冠，1982），海耶克著，張尚德譯

《國立西南聯合大學校史資料》（北京大學出版社、雲南人民
出版社，1986），西南聯合大學北京校友會校史編輯委員會編

《羅素與中國——西方思想在中國的一次經歷》（北京：三聯，
1994），馮崇義著

《羅素哲學譯述集》（北京：教育科學出版社，1989），張申府
著

《羅素哲學》（上海：上海人民出版社，1988），金岳霖著

《知識分子與中國》（臺北：時報，1980），徐復觀等著

《知識論》（北京：商務，1983），金岳霖著

《金岳霖與中國實證主義認識論》（上海：上海人民出版社，

1988)，胡偉希著

《金岳霖學術論文選》（北京：中國社會科學出版社，1990），
金岳霖著

《金岳霖學術思想研究》（成都：四川人民出版社，1987），中
國社會科學院哲學研究所編

《金陵大學史料集》（南京：南京大學出版社，1989），南京大
學高教研究所校史編寫組編

《波普爾思想自述》（上海：譯文，1988），卡爾·波普爾著，
趙月瑟譯

《政治學術史》（上、下冊）（北京：商務，1986），喬治·霍
蘭·薩拜因著，托馬斯·蘭敦·索爾森修訂，盛葵陽、崔妙因、
劉山等譯

《政治秩序與多元社會》（臺北：聯經，1989），林毓生著

《胡適與中國的文藝復興——中國革命中的自由主義》（南京：
江蘇人民出版社，1989），格里德著，魯奇譯

《胡適與近代中國》（臺北：時報，1991），周策縱等著

《胡適與現代中國文化轉型》（香港：中文大學，1994），劉青
峰編

《胡適之先生年譜長編初稿》1–10（臺北：聯經，1986),胡頌
平編著

《胡適之先生晚年談話錄》（臺北：聯經，1984），胡頌平編著

《胡適作品集》1～37（臺北：遠流，1986），胡適著

《胡適的日記》1～18（臺北：遠流，1990），胡適著

《胡適評傳》（南昌：百花洲文藝出版社，1992），章清著

《胡適·雷震·殷海光——自由主義人物畫像》（臺北：自立

晚報社，1990），張忠棟著

《思想與人物》（臺北：聯經，1983），林毓生著

《幽暗意識與民主傳統》（臺北：聯經，1989），張灝著

《科學知識進化論——波普爾科學哲學選集》（北京：三聯，1987），卡爾・波普爾著，紀樹立編譯

《客觀知識——一個進化論的研究》（上海：譯文，1987），卡爾・波普爾著，舒煒光等譯

《費正清對華回憶錄》（上海：知識出版社，1991），費正清著，陸惠勤等譯

《哲學研究》（北京：三聯，1992），路・維特根斯坦著，湯潮、范光棣譯

《徐復觀雜文——憶往事》（臺北：時報，1985），徐復觀著

《海耶克自由理論研究》（臺北：聯經，1988），何全信著

《理性與浪漫——金岳霖的生活及其哲學》（鄭州：河南人民出版社，1993），王中江著

《邏輯經驗主義》（北京：商務，1989），洪謙主編

《邏輯》（北京：三聯，1961），金岳霖著

《猜想與反駁》（上海：譯文，1986），卡爾・波普爾著

《清華大學史料選編》2（北京：清華大學出版社，1991）；3（北京：清華大學出版社，1994），清華大學校史研究室編輯

《清華大學校史稿》（北京：中華，1981），清華大學校史編寫組編著

《梁啟超與中國思想的過渡（1890～1907）》（南京：江蘇人民出版社，1993），張灝著，崔志海、葛夫平譯

《維也納學派哲學》（北京：商務，1989），洪謙著

《聯大八年》（昆明：西南聯大學生出版社，1946），西南聯大除夕副刊主編

《湖北革命知之錄》（見沈雲龍主編：《近代中國史料叢刊續輯》854），張難先著

《雷震全集》1～40（臺北：桂冠，1989），傅正主編

《擺脫困境──新儒家與中國政治文化的演進》（南京：江蘇人民出版社，1995），墨子刻著，顏世安等譯

《儒家與現代中國》（臺北：東大，1984），韋政通著

五、英文參考資料

Chow Tse-tsung , *The May Fourth Movement : Intellectual Revolution in Modern China* (Cambridge Mass.: Harvard University Press, 1960)

Hayek, Friedrich A., *The Road to Serfdom* (Chicago: The Un-iversity of Chicago Press, 1944)

── *The Counter-Revolution of Science-Studies on the Abuse of Reason* (Glencoe, I 11 .: The Free Press, 1952)

── *The Constitution of Liberty* (Chicago: The University of Chicago Press, 1960)

Popper, Karl R., *Conjectures and Refutations ── The Growth of Scientific Knowledge* (New York: Harper & Row, 1968)

── *The Opening Society and Its Enemies* (Princeton: Princeton University Press, 1971)

── *The Poverty of Historicism* (London: Routledge and Kegan Paul Limited, 1957)

Rawls, John, *A Theory of Justice* (Cambridge, Mass.: The Belknap Press of Harvard University Press, 1971)

主要參考書目　281

Rawls, John, A Theory of Justice (Cambridge, Mass.: The
　　　Belknap Press of Harvard University Press, 1971).

人名索引

二畫

四畫

五畫

六畫

七畫

八畫

九畫

主題索引

五畫

十四畫

十五畫

十六畫

二十四畫

二十五畫

書籍報刊索引

八畫

九畫

十畫

世界哲學家叢書（一）

書　　　　名	作　　　者	出　版　狀　況
孔　　　　　子	韋　政　通	排　　印　　中
孟　　　　　子	黃　俊　傑	已　　出　　版
荀　　　　　子	趙　士　林	撰　　稿　　中
老　　　　　子	劉　笑　敢	撰　　稿　　中
莊　　　　　子	吳　光　明	已　　出　　版
墨　　　　　子	王　讚　源	排　　印　　中
公　孫　龍　子	馮　耀　明	撰　　稿　　中
韓　　非　　子	李　甦　平	撰　　稿　　中
淮　　南　　子	李　　　增	已　　出　　版
董　　仲　　舒	韋　政　通	已　　出　　版
揚　　　　　雄	陳　福　濱	已　　出　　版
王　　　　　充	林　麗　雪	已　　出　　版
王　　　　　弼	林　麗　真	已　　出　　版
郭　　　　　象	湯　一　介	撰　　稿　　中
阮　　　　　籍	辛　　旗	已　　出　　版
嵇　　　　　康	莊　萬　壽	撰　　稿　　中
劉　　　　　勰	劉　綱　紀	已　　出　　版
周　　敦　　頤	陳　郁　夫	已　　出　　版
邵　　　　　雍	趙　玲　玲	撰　　稿　　中
張　　　　　載	黃　秀　璣	已　　出　　版
李　　　　　覯	謝　善　元	已　　出　　版
楊　　　　　簡	鄭　曉　江　李　承　貴	排　　印　　中
王　　安　　石	王　明　蓀	已　　出　　版
程　顥　、　程　頤	李　日　章	已　　出　　版
胡　　　　　宏	王　立　新	已　　出　　版

世界哲學家叢書 (二)

書　　　　　　名	作　　　者	出　版　狀　況
朱　　　　　　熹	陳　榮　捷	已　　出　　版
陸　　　象　　山	曾　春　海	已　　出　　版
陳　　白　　沙	姜　允　明	撰　　稿　　中
王　　廷　　相	葛　榮　晉	已　　出　　版
王　　陽　　明	秦　家　懿	已　　出　　版
李　　卓　　吾	劉　季　倫	撰　　稿　　中
方　　以　　智	劉　君　燦	已　　出　　版
朱　　舜　　水	李　甦　平	已　　出　　版
王　　船　　山	張　立　文	撰　　稿　　中
真　　德　　秀	朱　榮　貴	撰　　稿　　中
劉　　蕺　　山	張　永　儁	撰　　稿　　中
黄　　宗　　羲	吳　　　光	撰　　稿　　中
顧　　炎　　武	葛　榮　晉	撰　　稿　　中
顏　　　　　元	楊　慧　傑	撰　　稿　　中
戴　　　　　震	張　立　文	已　　出　　版
竺　　道　　生	陳　沛　然	已　　出　　版
真　　　　　諦	孫　富　支	撰　　稿　　中
慧　　　　　遠	區　結　成	已　　出　　版
僧　　　　　肇	李　潤　生	已　　出　　版
智　　　　　顗	霍　韜　晦	撰　　稿　　中
吉　　　　　藏	楊　惠　南	已　　出　　版
玄　　　　　奘	馬　少　雄	撰　　稿　　中
法　　　　　藏	方　立　天	已　　出　　版
惠　　　　　能	楊　惠　南	已　　出　　版
澄　　　　　觀	方　立　天	撰　　稿　　中

世界哲學家叢書（三）

書　　　　　名	作　　　者	出　版　狀　況
宗　　　　　密	冉　雲　華	已　　出　　版
永　明　延　壽	冉　雲　華	撰　　稿　　中
湛　　　　　然	賴　永　海	已　　出　　版
知　　　　　禮	釋　慧　岳	已　　出　　版
大　慧　宗　杲	林　義　正	撰　　稿　　中
袾　　　　　宏	于　君　方	撰　　稿　　中
憨　山　德　清	江　燦　騰	撰　　稿　　中
智　　　　　旭	熊　　琬	撰　　稿　　中
嚴　　　　　復	王　中　江	撰　　稿　　中
康　有　為	汪　榮　祖	撰　　稿　　中
譚　嗣　同	包　遵　信	撰　　稿　　中
章　太　炎	姜　義　華	已　　出　　版
熊　十　力	景　海　峰	已　　出　　版
梁　漱　溟	王　宗　昱	已　　出　　版
胡　　　　　適	耿　雲　志	撰　　稿　　中
殷　海　光	章　　清	已　　出　　版
金　岳　霖	胡　　軍	已　　出　　版
張　東　蓀	張　耀　南	撰　　稿　　中
馮　友　蘭	殷　　鼎	已　　出　　版
唐　君　毅	劉　國　強	撰　　稿　　中
牟　宗　三	鄭　家　棟	撰　　稿　　中
宗　白　華	葉　　朗	撰　　稿　　中
湯　用　彤	孫　尚　揚	已　　出　　版
賀　　　　　麟	張　學　智	已　　出　　版
印　　　　　順	林朝成 陳水淵	撰　　稿　　中

世界哲學家叢書（四）

書　　　　　名	作　　　者	出　版　狀　況
龍　　　　　　樹	萬　金　川	撰　　稿　　中
世　　　　　　親	釋　依　昱	撰　　稿　　中
商　　羯　　羅	江　亦　麗	排　　印　　中
維韋卡南達	馬　小　鶴	撰　　稿　　中
泰　戈　爾	宮　　靜	已　　出　　版
奧羅賓多・高士	朱　明　忠	已　　出　　版
甘　　　　　　地	馬　小　鶴	已　　出　　版
尼　　赫　　魯	朱　明　忠	撰　　稿　　中
拉達克里希南	宮　　靜	已　　出　　版
元　　　　　曉	李　箕　永	撰　　稿　　中
休　　　　　靜	金　煐　泰	撰　　稿　　中
知　　　　　訥	韓　基　斗	撰　　稿　　中
李　栗　谷	宋　錫　球	已　　出　　版
李　退　溪	尹　絲　淳	撰　　稿　　中
空　　　　　海	魏　常　海	撰　　稿　　中
道　　　　　元	傅　偉　勳	已　　出　　版
伊　藤　仁　齋	田　原　剛	撰　　稿　　中
山　鹿　素　行	劉　梅　琴	已　　出　　版
山　崎　闇　齋	岡田武彦	已　　出　　版
三　宅　尚　齋	海老田輝巳	已　　出　　版
中　江　藤　樹	木村光德	撰　　稿　　中
貝　原　益　軒	岡田武彦	已　　出　　版
荻　生　徂　徠	劉　梅　琴	撰　　稿　　中
安　藤　昌　益	王　守　華	撰　　稿　　中
富　永　仲　基	陶　德　民	撰　　稿　　中

世界哲學家叢書（五）

書　　　　　　　名	作　　者	出　版　狀　況
石　田　梅　岩	李　甦　平	撰　稿　中
楠　本　端　山	岡田武彥	已　出　版
吉　田　松　陰	山口宗之	已　出　版
福　澤　諭　吉	卞　崇　道	撰　稿　中
岡　倉　天　心	魏　常　海	撰　稿　中
中　江　兆　民	畢　小　輝	撰　稿　中
西　田　幾　多　郎	廖　仁　義	撰　稿　中
和　辻　哲　郎	王　中　田	撰　稿　中
三　　木　　清	卞　崇　道	撰　稿　中
柳　田　謙　十　郎	趙　乃　章	撰　稿　中
柏　　拉　　圖	傅　佩　榮	撰　稿　中
亞　里　斯　多　德	曾　仰　如	已　出　版
伊　壁　鳩　魯	楊　　適	排　印　中
愛　比　克　泰　德	楊　　適	撰　稿　中
柏　　羅　　丁	趙　敦　華	撰　稿　中
聖　奧　古　斯　丁	黃　維　潤	撰　稿　中
安　　瑟　　倫	趙　敦　華	撰　稿　中
安　　薩　　里	華　　濤	撰　稿　中
伊　本　‧　赫　勒　敦	馬　小　鶴	已　出　版
聖　多　瑪　斯	黃　美　貞	撰　稿　中
尼　古　拉　‧　庫　薩	李　秋　零	排　印　中
笛　　卡　　兒	孫　振　青	已　出　版
蒙　　　　　　田	郭　宏　安	撰　稿　中
斯　賓　諾　莎	洪　漢　鼎	已　出　版
萊　布　尼　茨	陳　修　齋	已　出　版

世界哲學家叢書（六）

書　　　　　名	作　　者	出　版　狀　況
牛　　　　　頓	吳　以　義	撰　　稿　　中
培　　　　　根	余　麗　嫦	撰　　稿　　中
托馬斯・霍布斯	余　麗　嫦	已　　出　　版
洛　　　　　克	謝　啓　武	排　　印　　中
巴　　克　　萊	蔡　信　安	已　　出　　版
休　　　　　謨	李　瑞　全	已　　出　　版
托馬斯・銳德	倪　培　民	排　　印　　中
梅　　里　　葉	李　鳳　鳴	撰　　稿　　中
狄　　德　　羅	李　鳳　鳴	撰　　稿　　中
伏　　爾　　泰	李　鳳　鳴	已　　出　　版
孟　德　斯　鳩	侯　鴻　勳	已　　出　　版
盧　　　　　梭	江　金　太	撰　　稿　　中
帕　　斯　　卡	吳　國　盛	撰　　稿　　中
達　　爾　　文	王　道　遠	撰　　稿　　中
施萊爾馬赫	鄧　安　慶	撰　　稿　　中
康　　　　　德	關　子　尹	撰　　稿　　中
費　　希　　特	洪　漢　鼎	已　　出　　版
謝　　　　　林	鄧　安　慶	已　　出　　版
黑　　格　　爾	徐　文　瑞	撰　　稿　　中
叔　　本　　華	鄧　安　慶	撰　　稿　　中
祁　　克　　果	陳　俊　輝	已　　出　　版
尼　　　　　采	商　戈　令	撰　　稿　　中
彭　　加　　勒	李　醒　民	已　　出　　版
馬　　　　　赫	李　醒　民	已　　出　　版
迪　　　　　昂	李　醒　民	排　　印　　中

世界哲學家叢書（七）

書　　　　　名	作　　者	出　版　狀　況
費　爾　巴　哈	周　文　彬	撰　　稿　　中
恩　　格　　斯	李　步　樓	排　　印　　中
馬　　克　　斯	洪　鎌　德	撰　　稿　　中
普　列　哈　諾　夫	武　雅　琴	撰　　稿　　中
約　翰　彌　爾	張　明　貴	已　　出　　版
狄　　爾　　泰	張　旺　山	已　　出　　版
弗　洛　伊　德	陳　小　文	已　　出　　版
阿　　德　　勒	韓　水　法	撰　　稿　　中
史　賓　格　勒	商　戈　令	已　　出　　版
布　倫　坦　諾	李　　河	撰　　稿　　中
韋　　　　　伯	韓　水　法	撰　　稿　　中
卡　　西　　勒	江　日　新	撰　　稿　　中
沙　　　　　特	杜　小　真	撰　　稿　　中
雅　　斯　　培	黃　　藿	已　　出　　版
胡　　塞　　爾	蔡　美　麗	已　　出　　版
馬克斯・謝勒	江　日　新	已　　出　　版
海　　德　　格	項　退　結	已　　出　　版
阿　　倫　　特	尚　新　建	撰　　稿　　中
高　　達　　美	嚴　　平	排　　印　　中
漢　娜　鄂　蘭	蔡　英　文	撰　　稿　　中
盧　　卡　　契	謝　勝　義	撰　　稿　　中
阿　多　爾　諾	章　國　鋒	撰　　稿　　中
馬　爾　庫　斯	鄭　　湧	撰　　稿　　中
弗　　洛　　姆	姚　介　厚	撰　　稿　　中
哈　伯　馬　斯	李　英　明	已　　出　　版

世界哲學家叢書（八）

書　　　　　名	作　　者	出　版　狀　況
榮　　　　　格	劉　耀　中	已　　出　　版
柏　　格　　森	尚　建　新	撰　　稿　　中
皮　　亞　　傑	杜　麗　燕	已　　出　　版
別　爾　嘉　耶　夫	雷　永　生	撰　　稿　　中
索　洛　維　約　夫	徐　鳳　林	已　　出　　版
馬　　賽　　爾	陸　達　誠	已　　出　　版
梅　露　‧　彭　迪	岑　溢　成	撰　　稿　　中
阿　爾　都　塞	徐　崇　溫	撰　　稿　　中
葛　　蘭　　西	李　超　杰	撰　　稿　　中
列　　維　　納	葉　秀　山	撰　　稿　　中
德　　希　　達	張　正　平	撰　　稿　　中
呂　　格　　爾	沈　清　松	撰　　稿　　中
富　　　　　科	于　奇　智	撰　　稿　　中
克　　羅　　齊	劉　綱　紀	撰　　稿　　中
布　拉　德　雷	張　家　龍	撰　　稿　　中
懷　　特　　海	陳　奎　德	已　　出　　版
愛　因　斯　坦	李　醒　民	撰　　稿　　中
玻　　　　　爾	戈　　革	已　　出　　版
卡　　納　　普	林　正　弘	撰　　稿　　中
卡　爾　‧　巴　柏	莊　文　瑞	撰　　稿　　中
坎　　培　　爾	冀　建　中	撰　　稿　　中
羅　　　　　素	陳　奇　偉	撰　　稿　　中
穆　　　　　爾	楊　樹　同	撰　　稿　　中
弗　　雷　　格	王　　路	已　　出　　版
石　　里　　克	韓　林　合	已　　出　　版

世界哲學家叢書（九）

書　　　　　名	作　　者	出　版　狀　況
維　根　斯　坦	范　光　棣	已　　出　　版
艾　耶　　爾	張　家　龍	已　　出　　版
賴　　　　爾	劉　建　榮	撰　　稿　　中
奧　斯　丁	劉　福　增	已　　出　　版
史　陶　生	謝　仲　明	撰　　稿　　中
馮　‧　賴　特	陳　　波	撰　　稿　　中
赫　　　　爾	孫　偉　平	撰　　稿　　中
帕　爾　費　特	戴　　華	撰　　稿　　中
梭　　　　羅	張　祥　龍	撰　　稿　　中
愛　默　生	陳　　波	撰　　稿　　中
魯　一　士	黃　秀　璣	已　　出　　版
珀　爾　斯	朱　建　民	撰　　稿　　中
詹　姆　斯	朱　建　民	撰　　稿　　中
杜　　　　威	葉　新　雲	撰　　稿　　中
蒯　　　　因	陳　　波	已　　出　　版
帕　特　南	張　尚　水	撰　　稿　　中
庫　　　　恩	吳　以　義	已　　出　　版
費　耶　若　本	苑　舉　正	撰　　稿　　中
拉　卡　托　斯	胡　新　和	撰　　稿　　中
斯　蒂　文　森	孫　偉　平	撰　　稿　　中
洛　爾　斯	石　元　康	已　　出　　版
諾　錫　克	石　元　康	撰　　稿　　中
海　耶　克	陳　奎　德	撰　　稿　　中
羅　　　　蒂	范　　進	撰　　稿　　中
喬　姆　斯　基	韓　林　合	已　　出　　版

世界哲學家叢書（十）

書　　　　名	作　　者	出 版 狀 況
馬 克 弗 森	許 國 賢	已　　出　　版
希　　　　克	劉 若 韶	撰　　稿　　中
尼　 布　 爾	卓 新 平	已　　出　　版
默　　　　燈	李 紹 崑	撰　　稿　　中
馬 丁 · 布 伯	張 賢 勇	撰　　稿　　中
蒂　 里　 希	何 光 滬	撰　　稿　　中
德　 日　 進	陳 澤 民	撰　　稿　　中
朋　 諤　 斐　 爾	卓 新 平	撰　　稿　　中